행복한 교실을 만드는
5가지 사랑의 언어

초등 1-6학년
교사용

게리 채프먼 · D. M. 프리드 지음 | 최재웅 옮김

생명의말씀사

DISCOVERING THE FIVE LOVE LANGUAGES AT SCHOOL
by Gary Chapman and D. M. Freed

This book was first published in the United States by Northfield Publishing, 820 N. LaSalle Blvd., Chicago, Illinois, 60610, with the title
Discovering the Five Love Languages at School
Copyright ⓒ 2015 by Gary Chapman and D. M. Freed.
All rights reserved.

Korean Edition published by Word of Life Press, Seoul 2015.
Translated and published by permission.
Printed in Korea.

이 책의 부록에 있는 '부모님께 드리는 편지', '학생용 활동지', '메모 및 적용 일지'는 복사하여 사용할 수 있습니다.

행복한 교실을 만드는
5가지 사랑의 언어

ⓒ 생명의말씀사 2015

2015년 9월 30일 1판 1쇄 발행

펴낸이 | 김재권
펴낸곳 | 생명의말씀사

등록 | 1962. 1. 10. No.300-1962-1
주소 | 서울시 종로구 경희궁1길 5-9(03176)
전화 | 02)738-6555(본사) · 02)3159-7979(영업)
팩스 | 02)739-3824(본사) · 08022-8585(영업)

기획편집 | 정설아
디자인 | 박소정, 최윤창
인쇄 | 예원프린팅
제본 | 정문바인텍

ISBN 978-89-04-12162-5 (03230)

저작권자의 허락 없이 이 책의 일부 또는 전체를
무단 복제, 전재, 발췌하면 저작권법에 의해 처벌을 받습니다.

행복한 교실을 만드는
5가지 사랑의 언어

CONTENTS

연구 결과가 말해 주는 것 _ 7
교육적 관계에 관한 연구 _ 10
웰컴 투 사랑의 언어 _ 14

Chapter 1. 사랑의 언어 교육 과정 활용법 _ 21
- 일반적 지침
- 요점

Chapter 2. 사랑의 언어란 _ 28
- 수업을 시작하며
- 1강_ 원고형 교안 / 요약형 교안

Chapter 3. 인정하는 말 _ 39
- 수업을 시작하며
- 2강_ 원고형 교안 / 요약형 교안
- 수업을 마치며
- 교실 이야기

Chapter 4. 함께하는 시간 _ 58
- 수업을 시작하며
- 3강_ 원고형 교안 / 요약형 교안
- 수업을 마치며
- 교실 이야기

Chapter 5. 봉사 _ 79
- 수업을 시작하며
- 4강_ 원고형 교안 / 요약형 교안
- 수업을 마치며
- 교실 이야기

행복한 교실을 만드는
5가지 사랑의 언어

Chapter 6. 선물 _ 102
- 수업을 시작하며
- 5강_ 원고형 교안 / 요약형 교안
- 수업을 마치며
- 교실 이야기

Chapter 7. 스킨십 _ 123
- 수업을 시작하며
- 6강_ 원고형 교안 / 요약형 교안
- 수업을 마치며
- 교실 이야기

Chapter 8. 사랑의 언어 선택하기 _ 156
- 수업을 시작하며
- 7강_ 원고형 교안 / 요약형 교안
- 수업을 마치며
- 교실 이야기

Chapter 9. 사랑의 언어 활용하기 _ 171
- 교사
- 전문가 및 지원 교사
- 관리자
- 자료
- 전 학년 대상 실행 방법
- 교실 내 동기 부여 방법

부록
부모님께 드리는 편지 _ 183
학생용 활동지 활용법 _ 185
- 활동지 1-2학년
- 활동지 3-4학년
- 활동지 5-6학년
- 메모 및 적용 일지

일러두기

이 교재는 말하기와 듣기 영역에서 미국 핵심 공통 교육 과정(Common Core State Standards) 29/36 항목을 적용하고, 초등학교 수준의 대학–직업 준비 과정(College Career Readiness)을 반영하여 제작한 것이다. 교사가 글쓰기와 같은 부수적인 강의 지원 과정을 선택한다면 반영 범위는 더 늘어날 수 있다. 수업은 거의 대화식으로 협력을 강조하며, 말하기와 듣기 영역의 공통 교육 과정 요건 대부분을 충족시킨다.

연구 결과가 말해 주는 것

관계가 중요하다!

나(D. M. 프리드)는 20여 년 동안 학교에서 일해 온 교육자로, 오늘날 교사와 학생 사이의 간격이 커지고 있음을 알고 있다. 교사들은 학생에게 '최고의 수업'을 제공하기 위해 매우 열심히 일하고 있다. 그래서 그런 것일까? 교사들이 학생에 대해 '알기' 위한 시간을 할애하는 것은 너무나도 어려운 일처럼 보인다. 물론 나는 교사가 최고의 수업을 제공해야 한다고 생각한다. 아울러 더 나은 수업을 위한 연구 역시 병행되어야 한다고 생각한다. 이것은 현재의 수업을 포함해 향후 만들어질 어떤 수업이든, 어떤 교육 과정이든 마찬가지다. 그럼 여기서 바로 이 연구를 위해 내가 조사하며 발견한, 관계에 대한 몇몇 중요한 개념을 만나 보자.

수많은 연구를 반복해서 꼼꼼히 살펴본 결과, 학생이 교사와 관계를 잘 형성하지 못하면 그 학생은 학업 성취에 도움이 되는 그 어떤 일에도 성공하기 어렵다는 사실을 알게 되었다. 그런데 우리는 교사와의 관계가 중요하다는 연구만큼 친구와의 관계, 가족과의 관계, 그리고 가족과 학교와의 관계에 대한 연구 역시 간과하지 말아야 한다. 나의 연구를 바탕으로 나는 학생과 학생을 둘러싼 모든 환경과의 관계가 학생의 성공에 가장 중요한 요소라고 말하고 싶다! 사실 내가 학생과의 유대가 필요하다는 연구 결과를 말해 주면, 동료들은 당연한 말을 한다는 듯 어이없는 표정으로 "아, 그래요. 네."라고 대답한다. 그러니 이 글을 읽는 독자들이 "아, 그래요. 네."라고 반응한다 해도 나는 충분히 이해할 수 있다.

물론 이런 아주 기본적인 내용을 알기 위해 연구를 해야 할 필요는 없다. 하지만 학문적인 검증을 위해 앞으로 펼쳐질 '연구의 길'을 함께 따라가 보는 것은 어떤가? 이 여정은 나에게 힘을 불어넣어 주었고, 교육자로서 해야 할 일 또한 가르쳐 주었다. 그럼 먼저 교실에서 교사가 정립해야 할 긍정적인 관계에 대해 알아보자.

교실에서 교사와 학생 사이에는 2가지 유형의 긍정적인 관계가 형성되어야 하는데, 여기서는 그중 첫 번째를 '인간관계'라고 하자. 이것은 개인과 개인의 관계를 의미하며, 다음과 같은 말로 표현될 수 있다. "나는 너에게 관심이 있어. 네가 우리 반이어서 나는 참 기뻐. 네 마음 잘 알아. 나는 널 믿어. 우리는 하나야. 나는 학생이란 신분이 정말 고귀하다고 생각해! 나는 너를 하나의 인격체로 존중해. 이 지구에 온 걸 환영해! 너와 진지하게 대화할게."

두 번째 유형은 '학업 관계'라고 칭하자. 이 유형은 다음과 같은 말로 표현될 수 있다. "우리는 중요하고 의미 있는 것을 공부하기 위해 이 자리에 있는 거란다. 이 수업을 들으면 정말 열심히 공부하고 싶어질 거야. 너희에 대한 기대가 크단다. 나는 너희가 큰 유익을 얻을 거라고 생각해! 우리는 함께 각자의 생각을 드러내고 토의를 통해 더 깊은 의미를 도출해 낼 거야. 너희에게 명료하고 간결하면서 적절한 정보를 제공해 줄게. 어떤 질문도 좋아. 나는 너희의 소중한 시간을 낭비하게 하고 싶지는 않아."

이렇게 교실에서 우리는 한편으로는 인간관계를, 다른 한편으로는 학업 관계를 형성하게 된다. 이 두 강력한 관계를 결합하면 최고의 학업 성과를 이루게 된다. 만약 우리가 인간관계에만 신경을 쓴다면, 학업 성과는 보장할 수 없을 것이다. 마찬가지로 우리가 학업 관계에만 집중한다면, 학생들의 진짜 실력에는 미치지 못하는 학업 결과를 보게 될 것이다. 그리고 이는 학생 개개인에게 내재해 있는 풍부한 잠재력을 끌어내지 못하게 할 가능성이 크다. 우수한 학업 성적과 성과는 '인간관계'와 '학업 관계'가 교차하는 지점, 바로 교실에서 이루어진다.

이제까지의 연구 결과를 보면, 5가지 사랑의 언어 학습은 인간관계 및 학업 관계를 형성하는 데 매우 효과적이라는 것을 알 수 있다. 이 수업은 학생, 교사, 가족 간 인간관계의 다리를 이어 주는 역할을 한다. 이러한 연결은 교실에서 일어나는 모든 학습에 영향을 끼친다. 5가지 사랑의 언어 교육은 학생, 교육자, 가족이 자신들에게 동기를 부여하는 것이 본질적으로 무엇인지를 알게 해준다. 우리에게 동기를 부여하는 것 그 중심에는 사랑을 느끼게 하는 것이 있다. 사랑을 느끼게 하는 그 무언가를 알게 되면 우리는 관계를 향한 인간의 가장 깊은 내면의 욕구와 만나게 된다. 관계가 형성되면 학교는 안전하고 만족스러운 학습 장소가 되고, 학생은 자신의 학습 잠재력을 최대한으로 끌어낼 수 있게 된다.

교실에서 필요한 학업 관계는 효과적인 교수와 수업을 통해 나타난다. 여기서 수업은 중요한 것에 초점을 두고 더 깊은 의미를 파헤치는 것이다. 이는 질문, 문제, 상호 작용, 토의 등을 포함하며, 학생을 더 깊이 생각하게 하고 교사와 학생이 같은 눈높이로 서로 교류하게 한다. 이 수업에 수반되는 '학생용 활동지'(The Academic Focus Pages)는 학년별 수준에 적절하고 효과적인 방식으로 교육하고 더 깊은 생각을 끌어내는 데 초점을 두고 만들어졌다. 문제 제기 및 접근법 대부분은 『효과적인 교실 수업』(Classroom Instruction that Works, Dean, Hubbell, Pitler, and Stone, 2012)이라는 책에 제시된 연구를 토대로 했다. 이 책은 학업 성취도 향상을 위한 연구 기반 전략을 소개하는 동시에 학생과 교사 간 관계의 중요성을 보여 주는 각종 연구를 인용하고 있다. 그래서 학생용 활동지에 학습 목표, 선행 조직자 (advance organizers, 새로운 정보를 학습하기 전에 제시되는 관련 정보—역자 주), 비교/대조, 비해당(非該當) 예시, 언어 및 비언어 표현, 사전 지식 도출을 위한 질문 등이 포함되었다. 5가지 사랑의 언어 수업도 비교/대조 형식으로 이루어져 학생들이 '하지 말아야 할 것'에 대비되는 '해야 할 것'을 쉽게 확인할 수 있게 된다.

교사와 학생이 맺게 되는 이 2가지 관계에 대해 논할 때, 사랑의 언어 학습만으로 학업 관계가 완성되는 것은 아님을 이해해야 한다. 이 사랑의 언어 학습은 교사가 교실에서 학생을 가르칠 때 앞서 언급한 2가지 중요한 관계를 조합하고 새롭게 만들게 하려는 의도로 개발되었다. 그러나 주된 목적은 교사와 학생 사이에 '인간관계'가 형성되도록 함으로써 다른 분야의 수업에서도 상호 작용을 하게 하는 것이다. 이 사랑의 언어 학습이 학년 내내 교실 안에서 완전한 관계를 조성하는 데 필요한 등식의 절반이라고 생각하라.

물론 이것은 내가 연구와 적용을 설명하는 것만큼 간단한 일이긴 하지만 굳이 내 말에만 얽매일 필요는 없다. 이미 수년간 이루어진 훌륭한 연구들이 이 내용뿐만 아니라 그 이상의 것을 충분히 설명해 주고 있다. 교실에서 형성되는 다양한 형태의 관계들을 설명하는 연구들은 그야말로 무수히 많다. 소수의 연구에 제한하는 것이 쉬운 일은 아니었다. 내가 인용한 대부분의 정보는 원문 그대로 인터넷상에서 쉽게 찾아볼 수 있다. 이 소수의 연구 자료를 읽어 보는 것만으로도 상당히 놀라게 될 것이며, 내가 그랬듯 이런 질문이 생길 것이다. "왜 우리는 교육 전반에 걸쳐 인간관계에 좀 더 집중하지 않을까?" 이는 실로 가장 적은 비용으로 학업 성취도를 높이고 평생에 걸쳐 다른 분야에도 큰 영향을 끼칠 수 있는 방법이다.

글을 보면 '주요 결론'이라는 표현으로 연구 내용을 인용, 정리했음을 알 수 있을 것이다. 나는 가능한 한 연구 내용을 직접 인용하거나 간략히 요약하려고 노력했다. 이는 독자들이 더 깊이 있는 내용을 알고자 할 때 그에 대한 실마리를 제공하기 위함이다. 참고 문헌은 대체로 심사를 거쳤기 때문에 '의견성'의 정보나 시류를 따르는 정보 등에 시간을 낭비하는 일은 막을 수 있을 것이다. 즉, 관련 전문가와 교수들이 그 결과를 인정하는 연구라는 의미다. 그리고 5가지 사랑의 언어 교육 과정에 대한 개념을 명백히 뒷받침한다고 생각하는 것들로만 엄선했다.

제시된 모범적 연구 외에도 살펴볼 연구들이 아직 많이 있다. 바라건대, 시간을 들여 이들 연구 일부를 공부해 보라. 웹사이트를 방문하거나 참고 문헌 역시 살펴보길 바란다. 이 자료들은 다양한 연구 분야를 망라하고 있고, 교실 내에서 교사들의 교육 효과를 더욱 증진해 줄 것이다. 이들 정보는 5가지 사랑의 언어 수업을 진행하는 교수법과 관련되어 있으므로 이해의 토대를 더욱 공고히 해줄 것이다. 부디 즐기기 바란다!

_ D. M. 프리드

I
교육적 관계에 관한 연구

학생-교사 간 관계의 중요성

『가시적 학습 : 성취도 관련 800여 개 메타 분석의 종합』[1]

주요 결론_ 교사와 학생 간의 관계는 학업 성취도를 향상시키는 데 결정적인 기능을 한다. 존 해티는 효과 크기(d=.72)를 바탕으로 교사-학생 간 관계를 138 요소 중 11번째 중요 요소로 평가했는데, 이는 교사-학생 간 관계가 성취도 향상을 위해 고려해야 할 최우선 순위에 속한다는 사실을 말해 준다. 이 저서는 교육적 영향과 관련된 다양한 분야에서 일종의 '표준'과 같은 역할을 하는 것으로 평가된다. 해당 연구는 5만여 건의 연구와 수백만 명의 학생을 토대로 도출된 것이다.

『효과적인 교실 수업 : 학생 성취도 증진을 위한 연구 기반 전략』[2]

주요 결론_ 교실 내에서의 학업 관계는 학생-교사 간 긍정적인 관계 형성에 기여하는 연구 기반 전략에서 도출된다. 미국중부지역교육연구소(McREL International) 연구진은 학습에 가장 긍정적 영향을 끼치는 교수 전략에 관한 책으로 크게 히트했다. 그들이 제시하는 전략은 고차원적으로 사고하는 기회를 포함하여 교사-학생 간 학업 관계를 형성한다. 또한, 존 해티의 『가시적 학습』 역시 인용하고 있다. 이 책은 모든 교사의 필독서다.

「관계가 중요하다 : 교사의 지원을 학생 참여 및 성취와 연계시키기」[3]

주요 결론_ "학생 및 교사들의 보고에 따르면 교사의 지원이 학생의 학습 참여도에 중대한 영

---

[1] Hattie, John. *Visible Learning: A Synthesis of Over 800 Meta-Analyses Relating to Achievement.* New York: Routledge, 2009.
[2] Dean, Ceri, et al. *Classroom Instruction that Works: Research-Based Strategies for Increasing Student Achievement.* 2nd ed. Denver: Association for Supervision & Curriculum Development, 2012.
[3] Klem, Adena M., and James P. Connell. "Relationships Matter: Linking Teacher Support to Student Engagement and Achievement." *Journal of School Health* 74, no. 7 (2004): 262-273. 해당 내용 270.

향을 끼친다. 학생이 교사를 배려심 많고, 명확하고 공정한 학습 환경을 잘 조성해 준다고 인식할 때 학습에 참여할 가능성이 더 크다는 것이다. 그리고 높은 수준의 참여도는 높은 출석률과 높은 학습 성과와 연결된다."

「교사에 대한 호불호 : 학생의 동기 부여, 참여도 및 성취도」[4]

주요 결론_ 교사를 좋아하는 학생과 싫어하는 학생을 대상으로 행해진 연구다. 본 연구는 교사를 좋아하는 학생들이 동기 부여 및 성취 측면에서 더 좋은 성과를 보인다는 사실을 말해 준다.

학생-학생 간 관계의 중요성

「학업 성취도의 예측 변수로서의 교실 내 사회적 경험」[5]

주요 결론_ "이 연구는 교실 내 교우 관계가 학업에 중요한 영향을 미친다는 사실을 보여 준다. 교우와의 관계는 자아 개념, 정신 건강 등에 영향을 끼치며 결과적으로 학업 성취에도 영향을 준다. 첫째, 이 같은 결과는 앞서 문제가 있는 교우 관계와 학업 성취 사이의 연관성을 보여 준 연구에서 얻은 결과와 반복된다. 교사가 교우 관계가 좋지 않다고 인식하는 학생은 더 낮은 학업 성취를 보여 주었다. 교우 간 관계성이 부족할 경우, 학업 성취에 1/4 정도의 차이가 나타났다."

『교우 간 상호 작용, 관계, 집단에 관한 핸드북』[6]

주요 결론_ 이 책은 교우 간 상호 작용 및 기타 관련 사항(제목에 제시된 바와 같이)에 대한 전문가들의 검토를 거친 다양한 유형의 연구들을 소개하고 있다. 캐스린 R. 벤첼이 쓰고 검토한 29장 "학습 현장에서의 교우 그리고 학업 기능"은 교우와 학업 성취 사이의 직접적인 상관관계를 언급하고 있다. 인용된 여러 연구를 바탕으로 이 책은 학생이 교우들의 지지와 관심을 받고 있다고 인식할 때 "긍정적인 학업 성과"를 낸다는 점을 보여 주고 있다.

「아동의 사회적 적응이 학업 성과에 미치는 영향」[7]

주요 결론_ 흥미롭게도 이 연구는 사회적 적응에 기반하여 학업 성과를 도출하는 측정법을

---

4) Montalvo, Gregory P., Eric A. Mansfield, and Raymond B. Miller. "Liking or Disliking the Teacher: Student Motivation, Engagement and Achievement." *Evaluation and Research in Education* 20, no. 3 (2007): 144-158.

5) Wentzel, Kathryn R. "Peers and Academic Functioning at School" in *Handbook of Peer Interactions, Relationships, and Groups,* edited by Rubin, Kenneth H., William M. Bukowski, and Brett Laursen, 531-547. New York: The Guilford Press, 2011. 해당 내용 537.

6) Wentzel, Kathryn R. "Peers and Academic Functioning at School" in *Handbook of Peer Interactions, Relationships, and Groups,* edited by Rubin, Kenneth H., William M. Bukowski, and Brett Laursen, 531-547. New York: The Guilford Press, 2011. 해당 내용 537.

7) DeRosier, Melissa E., and Stacey W. Lloyd. "The Impact of Children's Social Adjustment on Academic Outcomes." *Reading and Writing Quarterly* 27, no. 1-2 (2010): 25-47.

사용한다. 연구를 위해 사회적 적응 요소를 2가지 범주, 즉 사회적 수용과 사회적 공격으로 분류한다. 더 나아가 교실 내 행동 양식, 학업 성과, 학업 관련 도움 추구 행동, 학업적 자아 개념, 결석 양태 등을 살펴보고 이를 결부시켜 연구 결과를 도출한다. 본 논문의 저자들은 자료를 매우 쉽게 이해하고 적용할 수 있게 가공하여 연구를 뒷받침했다.

학생-부모-학교 간 관계의 중요성

「준비도 : 학교, 가족, 그리고 지역 사회 간 관계(연례 종합 2004)」[8]

주요 결론_ 학교, 가족, 지역 사회 간 관계와 학업 준비 사이의 상관관계에 대한 48개 연구에 관해 기술하고 있다. 특히 흥미롭게도 양질의 가족 관계 및 상호 작용, 즉 정서적인 행복, 사랑, 보살핌 등에 대한 필요성을 논하는 연구들이 언급되고 있다. 이 연구들은 유아기에 초점을 두고 있으나, 나는 모든 연령대의 학생들에게 관련된다고 생각한다. 점차 나이가 들어도 양질의 가족 상호 작용의 필요성은 사라지지 않기 때문이다. 나는 SEDL(www.sedl.org)이 제공하는 정보를 수년간 매우 유용하게 사용해 왔다. 이 기관은 교육자들을 위해 간단명료하면서 실용적인 조사 결과를 제공하고 있다. 이메일을 등록하면 온라인상에서 많은 자료를 얻을 수 있다.

코머(Comer) 학교 발전 프로그램

주요 결론_ 예일대학교 제임스 코머(James Comer) 박사는 1968년에 한 학교를 선택하여 학교 발전 프로그램(School Development Program, SDP)을 시작했다가 점차 국가적 모델로 발전시켰다. 이 프로그램의 목적은 아동의 신체적, 인지적, 심리적, 언어적, 사회적, 윤리적 발전을 이끄는 학습 환경 조성을 통해 아동이 총체적으로 발달하도록 돕는 것이다. 이 모델은 성취 간격을 상당히 좁히는 결과를 가져왔다. "어른의 사랑과 보살핌을 통해 학생-어른 간에 긍정적이고 옹호적인 관계가 형성됨으로써 가장 의미 있는 학습이 이뤄진다"는 것이 하나의 핵심 신념으로, 이 프로그램은 여타 관계 중에서도 부모, 교육자 등 어른과 관계를 형성하는 것이 아동에게 필요하다는 점을 분명히 전달하고 있다. 내가 코머 박사를 존경하는 것이 놀라운 일이겠는가? 아래 웹사이트에서 교육자들을 위한 풍부한 정보와 연구 자료를 찾아볼 수 있다.

Comer School Development Program
http://medicine.yale.edu/childstudy/comer/index.aspx

---

[8] Boethel, Martha. "Readiness: School, Family, & Community Connections." Austin: Southwest Educational Development Laboratory (SEDL), 2004.

학교-가족-지역 사회 파트너십 센터

주요 결론_ 존스홉킨스대학교 조이스 엡스타인(Joyce Epstein) 학장은 학교와 가족 및 지역 사회 간 연계 분야에서 손꼽히는 전문가다. "이 센터의 임무는 각종 연구, 프로그램, 정책 분석을 실행하고 보급함으로써 새롭고 유용한 지식과 실행 방안을 마련해 학부모, 교육자, 공동체가 함께 학교의 여건을 개선하는 것이다. 그리고 가족 유대감을 강화하며 학생의 학업 성취를 증대시키고 성장을 촉진하는 것이다." 가족 간 관계를 형성하고 유대감을 강화하는 데 초점을 두는 것은 5가지 사랑의 언어 교육 과정이 제공하는 여러 이점 중 하나로 우리의 비전과 맥을 같이 한다. 아래 웹사이트에 들어가면 교육자들과 가족들에게 매우 유용한 정보를 찾을 수 있다.

Center on School, Family, and Community Partnerships
www.csos.jhu.edu/p2000/center.htm

웰컴 투 사랑의 언어

5가지 사랑의 언어 수업을 진행하게 된 것을 진심으로 환영한다. 이 수업이 당신이 가르친 최고의 수업이 되길 바라는 마음이다. 학교에서 처음으로 5가지 사랑의 언어를 가르쳤을 때 나는 과연 이것이 어떻게 전개될 것인지 확신하지 못했다. 그러나 만약 당신이 내가 받았던 것과 같은 칭찬과 긍정적인 반응을 학부모와 학생 그리고 동료들에게 받는다면, 이 수업을 매우 만족스러운 경험이라고 생각할 것이다!

먼저 이 흥미로운 교육 과정에 대해, 그리고 이것을 어떻게 시작하게 되었는지에 대해 말해 보고자 한다. 당시 내가 근무했던 초등학교는 그 지역에서 두 개 고등학교에 이어 세 번째로 학생 수가 많은 학교였다. 그 학교의 유일한 상담 교사였던 나는 700여 명의 학생을 담당해야 했다. 시간이 정말 절대적으로 부족했다. 이 정도 규모의 학교라면 어떠할지 상상해 보라. 솔직히 다양한 요구를 다 다루지는 못했다. 소위 '문제 학생'에 집중하다 보면 나머지 아이들에 대해서는 아무것도 알 수 없었다. 문제 학생이라 불리는 아이들도 실은 큰 문제가 있는 게 아니라 무언가 도움이 필요한 아이들이었는데 말이다. 결국, 어떤 교육 과정이 필요했다. 학생들이 서로 잘 어울리고, 교사들이 학생들과 좋은 관계를 맺으며 그들을 더 잘 이해할 수 있는 교육이어야 했다. 그리고 학교 폭력, 괴롭힘, 다양성 문제 같은 부분에서 지역 사회의 요구에 부응해야 함은 물론, 무엇보다 학업 역량을 개선할 수 있어야 했다. 달성할 수 없는 목표 같은가? 나 역시 그렇게 생각했다.

다양한 유형의 교육 과정을 찾아보니 대부분 우리 학생들에게 적용하기에는 너무 수준이 높거나 너무 단순했다. 아니면 몇 가지 영역에만 국한되는 과정이었다. 나는 의미 있는 수업을 원했고 수업에 알찬 내용을 담고 싶었다. 현실적이고 실제적이며 이해하기 쉬운 수업, 학생의 가족에서부터 구청 직원에 이르기까지 모든 사람에게 영향을 미치는 수업을 하고 싶었다. 그때였다. 내 머릿속에 불현듯 '사랑'(love)이라는 단어가 떠올랐다.

오랫동안 교육 현장에 있으면서 나는 우리가 '사랑'이라는 단어를 그다지 자주 사용하지 않는다는 사실을 새삼 깨달았다. 우리는 보통 "관심을 보여라, 존중해라, 배려해라, 친절해라, 도와줘라." 같은 말은 많이 해도 사랑이라는 단어는 거의 사용하지 않는다. 그런데 앞서 얘기한 말들은 학생들이 따라야 할 덕목이긴 하지만 모두 사랑에서 비롯되는 것이 아닌가? 나는 감정에 사로잡힌 것도, 히피 시대로 돌아가려고 하는 것도 아니다.

교육 현장에서 사랑이라는 단어를 잘 사용하지 않는 이유는, 이 단어가 온갖 종류의 연애의 개념과 함께 사용되기 때문인 것 같다. "우리는 사랑에 빠졌다, 우리는 사랑하고 있다, 우리는 달콤한 사랑 표현을 하고 있다." 등 수많은 사랑 이야기에서처럼 말이다. 이는 마치 사랑에 연애 감정이 빠지면 완전히 쓸모없어지는 것으로 보인다. 이 단어를 사용할 때 어린아이들이 불쾌한 듯 얼굴을 찌푸리고, 남자들이 도망친다고 해서 놀랄 일인가? 사랑이라는 개념은 어느새 굉장히 상업화되어 버렸고, 사실상 우리는 장사꾼들이 이윤을 위해 논하고 있는 사랑의 개념에 대해 듣고 있을 뿐이다. 우리가 알고 있는 사랑의 개념은 이러한 장사꾼들에 의해 정의된 부분이 많으며, 그로 인해 사랑의 진짜 의미를 잊은 사람이 많다!

어른들이 진정한 사랑을 이해하지 못한다면, 아이들도 그렇게 될 것이다. 현대의 아이들은 우리가 어렸을 때보다 미디어의 영향을 훨씬 더 많이 받으며, 그에 따라 의사 결정을 하는 경향이 강하다. 요즘처럼 어린아이들이 상업적 목적의 대상이 되었던 적이 있는가? 인터넷, 텔레비전, 도서, 영화관, 심지어 운동 경기장까지도 상업성을 노골적으로 드러내는 공간이 되었다. 현실이 이런데 사랑이라는 단어를 학교에서 잘 사용하지 않는 것이 과연 놀랄 일인가? 장사꾼들의 정의에 의하면, 교사가 이 단어를 학생들에게 팔기 위해서는 미쳐야만 할 것이다.

그러나 다행히 우리는 장사꾼이 아니다. 우리는 학생들의 이익을 위해, 특히 학생들의 삶의 면면에 진리를 전달하는 데 매진해야 하는 교육자다. 인종, 종교, 국적에 상관없이 사랑은 우리의 삶에 어떻게든 영향을 끼칠 것이다. 사랑의 언어에서 발견된 심오한 정보들로 우리는 예전과는 비교할 수 없을 정도로 여러 세대의 학생들이 서로를 이해하는 데 도움을 줄 수 있다. 이러한 이해는 그들의 삶 가운데 우리가 대부분 꿈조차 꿔보지 못했던 관계들을 창조할 것이다. 이해가 되는가? 이것이 바로 사랑의 언어 교육 과정이 시작된 배경이다. 부디 이 모험에 흥미를 느끼길 바란다. 하지만 그 전에 우리가 사용할 사랑의 정의를 먼저 정립하자.

사랑(love)이라는 단어는 명사인가, 동사인가, 아니면 둘 다인가? 이 단어는 많은 형태를 취할 수 있다는 점에서 매우 흥미롭다. 몇 번의 수정을 가하면 이 단어에서 형용사를 뽑아낼 수도 있을 것이다. 그러나 한 가지 확실한 것은 학생들은 그저 그간 사용되었던 가능한 방식에 한해서만 그 단어를 접해 왔다는 점이다. 어떤 가정에서는 사랑을 매일 주고받는다. 그 단어를 '끌고 와서', '스포트라이트를 비추고', '적절히 제어하고', '힘을 얻도록 만드는' 것이 우리의 일이다. 우리는 사랑이 그 본연의 의미, 즉 '강력함'(powerful)을 찾게 해야 한다! 더 이상 빛바랜 형식적인 사랑은 필요 없다. 우리는 사랑에 합당한 정의를 부여할 예정이다. 그리고 그것을 동사로 여길 것이다.

서론이 많이 길었는데 일단 결론을 내리자면, '사랑을 동사로 생각하자'는 것이다. 나는 학생들과 그 외 다른 사람들이 이 짧고 무해한 단어를 생각할 때 이들의 뇌리에 떠오르는 것이 무엇인지를 교사가 알았으면 한다. 이 수업이 효과를 발휘하기 위해서는 우리 모두 사랑이라는 단어가 동사로 사용되는 것에 동의해야 한다.

동사로서의 사랑은 행위어가 되어야 하며, 이는 이 단어를 사용하는 사람이 어떤 행동을 하리라는 것을 의미한다. 이 '어떤'이란 말이 상당히 중요하다. 학생들은 교사가 사랑이라는 단어를 사용하면 처음에는 이상하게 여길 것이다. 물론 그들이 내린 사랑의 정의도 분명 있을 것이다. 교사는 생각의 틀을 넓히는 데 도움이 되는 수업(1강 참조)을 통해 반드시 학생들의 편견을 깨뜨리고 극복해야 한다. 또한, 교사 자신도 이 단어에 대한 편견을 깨고 다시 생각해야 한다. 앞서 언급했듯이, 교육자들이 이 단어를 사용하는 것이 아주 일반적인 일은 아니다. 물론 그럴 만한 이유가 있다. 교사들이 대부분 이 단어를 사용하는 것을 불편하게 생각하는 이유는 교실에서 이 단어를 어떻게 써야 하는지 모르기 때문이다. 어떤 형태의 의미 있는 수업에서도 역시 마찬가지다. 진지하게 생각해 보라. 가장 최근에 학생에게 "사랑하고 있니?"라고 말했던 적이 언제인가? 또는 동료 교사가 학생에게 이런 말을 했던 것을 언제 마지막으로 들어 보았는가?

이 수업이 다른 수업과 구별되는 가장 큰 3가지 장점은 (1) 연구에 기초한 것으로 매우 새롭고 신선하며, (2) 놀라운 관계를 형성하며, (3) 매우 강력하다는 것이다. 내가 다시 '강력한'이라는 말을 사용한 것에 주목하라. 사람마다 사랑의 의미를 다르게 생각할 수는 있겠지만, 거의 모든 사람이 사랑이라는 감정에 공감할 수 있기 때문에 강력한 것이다. '거의 모든'이라고 말한 이유는 세상에는 정말 매우 드물게 생물학적으로 사랑에 공감하지 못하는 사람도 존재하기 때문이다. 그러나 우리는 학교 안에 있는 모든 사람이 사랑을 표현하고 수용하는 능력이 있다고 가정할 것이다. 모든 세대가 가슴 깊이 공감하며 이해할 수 있는 아주 본질적인 내용을 아이들에게 가르친다는 것은 정말 흥분되는 일이다. 나는 안다. 나는 그 경험을 했기 때문이다! 물론 교사라면 누구나 할 수 있다.

사랑의 언어 수업 첫날, 이것이 좋은 것이라는 사실은 알고 있었지만, 얼마나 좋은지는 다음 날이 되어서야 제대로 알 수 있었다. 다음 날 아침 한 학부모가 교문 앞에서 나를 붙잡고는 "프리드 선생님, 제 딸에게 사랑에 대해 가르쳐 주셔서 정말 감사해요. 아이가 굉장히 신나고 들떠 하면서 다음 사랑의 언어 수업을 목 빠지게 기다리고 있어요."라고 말했다. 이처럼 직접 만나거나 전화 또는 이메일을 통해 이런 칭찬을 많이 들었다. 그런데 칭찬은 여기서 멈추지 않았다. 수업이 진행될수록 학생들은 사랑이 무엇인지 제대로 이해하기 시작했고, 나는 무려 7주간 매일 그런 칭찬을 들었다! 다른 사람들은 어떤지 모르겠지만, 나는 세 명 이상이 좋다는 수업을 진행해 본 것이 거의 처음이었던 것 같다. 말했듯이 이런 수업을 진행한다면 누구나 알게 될 것이다.

사랑의 언어 수업이 바로 이런 것이다. 학생, 교사, 부모 모두 이전과는 다른 수준으로 자신과 타인에 대해 이해할 수 있게 된다. 우리는 교사-학생 간 역동적인 관계 변화를 보았다.

자녀-부모 간 관계에서도 역시 변화를 목격했다. 모두 더 나은 쪽으로 변화했다. 그런데 그냥 변화만 한 게 아니었다. 더 나은 쪽으로의 변화는 그 나름의 목적만을 위한 변화가 아니라 깊은 의미가 있는 변화였다.

학생의 인생 면면에 영향을 줄 수 있는 수업을 하고 있다는 사실을 인식하면 놀라운 일들이 일어난다. 앞으로 사랑의 언어들을 하나하나 살펴보면서 몇몇 놀라운 이야기들을 소개할 것이다. 분명 크게 감동할 것이다. 내가 좀 과하고 흥분된 듯한 느낌을 주고 있음을 알고 있다. 하지만 이런 흥분의 감정은 다 이 수업을 해오면서 겪었던 경험에서 비롯된 것이다. 이 경험들은 나의 삶을 완전히 바꾸어 놓았다.

사랑의 언어 첫 수업은 멋대로 날뛰는 4학년 아이들을 대상으로 진행되었다. 아이들 모두가 책상에 앉아 수업받을 준비를 다 마쳤을 때, 나는 큰 소리로 말했다. "오늘은 사랑에 대해 이야기해 볼까?" 그 말을 들은 아이들은 마치 레몬 먹기 시합에라도 참가한 듯 얼굴을 찡그리며 "윽! 아니요!"라고 외쳤다. 나는 아이들의 표정이 풀릴 때까지 조용히 기다리다가 "이젠 사랑에 대해 배울 준비가 되었니?"라고 물었다. 그러자 잠시 조용해지더니, 아이들의 마음이 느껴졌다. '네, 사랑에 대해 배울 준비가 되었어요.'

초등학생은 혼자 힘으로 할 수 있는 것이 많지 않아 여러 모로 도움을 받아야 한다. 그래서 우리는 보통 그들을 '수용자'(受用者)로 생각한다. 물론 전후 관계가 올바르다면 아이들이 '수용자'가 되는 것은 문제가 없다. 그것이 세상사가 돌아가는 방식이니 말이다. 아이는 받고 어른은 아이가 어른이 될 때까지 주고 주고 주고 또 준다. 하지만 유감스럽게도, 나는 우리가 '아이는 수용자'라는 사고방식에 때로는 너무 과하게 빠져 있는 것은 아닐까 생각한다. 아이든 그 누구든, 상대가 지금보다 더 나아질 수 있다는 사실을 망각하면 그 사람의 잠재력을 제한하는 것이다. 사랑의 영역에서도 아이들이 종종 그런 대상이 되는 것은 결코 놀라운 일이 아니다. 보통 우리가 아이들에게 기대하는 사랑은 그냥 친절한 행동 정도에 지나지 않는다. 친절한 말 한마디를 해준다거나, 소파에 앉아 있는 내 옆에 와서 앉는다거나, 침대에 누워 있는데 아침 식사를 가져다준다거나, 선물을 준다거나, 또는 포옹을 해주는 정도 말이다. 하지만 이러한 사랑의 표현들도 늘 하는 것이 아니라 가끔 타인에 의해 일어나는 일이다. 그런데 실상 이러한 사랑의 표현들이 때로는 온전히 자발적으로 나오기도 한다. 어떻게 이것이 가능할까? 이런 행동을 하는 누군가를 보고 따라 하는 것일까? 아마 그럴지도 모르지만, 나는 이런 행동이 본질적으로 아이 자신에게서 나오는 행동이라고 생각한다.

기본적으로 사람들이 사랑을 표현하고 수용하는 방법에는 5가지가 있다. 이 '사랑의 언어'들은 게리 채프먼이 부부들을 위해 쓴 첫 번째 저서 『5가지 사랑의 언어』에서 증명되고 세상에 알려졌다. 상담 전문가인 게리 채프먼은 많은 부부가 특별한 이유 없이 상대방에게서 사랑받지 못한다고 느낀다는 사실을 발견했다. 그가 상담하는 부부들에게서 반복적으로 나타나는 특징은, 부부가 서로 사랑을 표현하고자 하지만 남편과 아내가 각각 '다른 언어'로 이야기하는 것 같아 보이는 가운데, 결국 서로에 대한 이해에는 도달하지 못한다는 것이다. 그들은 배우자를 어떻게 사랑해야 할지 모르거나 상대방이 공감하지 못하는 방법으로 사랑하려 애쓰고 있었다. 게리 채프먼은 예리한 관찰 결과, 사랑을 표현하고 수용하는 것이 5가지 주요 영역에서 일어나고 있음을 발견했다. 이 교육 과정의 기초가 바로 이런 관찰에서 나온 것이다. 그리고 우리는 비단 부부뿐만 아니라 모든 사람의 사랑의 표현과 수용이 이 5가지 영역에서 이루어지고 있음을 알게 되었다. 이는 놀라운 일이 아니다.

내가 그랬듯 이제는 이런 질문이 생길 것이다. "사랑을 표현하고 수용하는 방법이 정말 이 5가지뿐일까?" 대답은 희한하게도 "그렇다."이다. 사랑을 표현하기 위해 우리가 행하는 모든 것은 이 5가지 주요 영역 또는 5가지 언어 중 하나에 속한다. 5가지는 다음과 같다. (1) 인정하는 말, (2) 함께하는 시간, (3) 봉사, (4) 선물, (5) 스킨십. 처음 이 5가지를 들었을 때 나도 다른 사람들처럼 예외를 찾기 위해 머리를 쥐어짰다. 하지만 결코 찾을 수 없었다. 당신도 한번 찾아보라. 아마 찾아보고 싶을 것이다. 다 찾았는가? 자, 그럼 이제 이 교육 과정을 자세히 들여다보자.

오직 5가지 사랑의 언어만 있으니 학생들에게 이 언어들을 가르치는 것부터 시작하는 것이 타당해 보일 것이다. 수학처럼 5가지 사랑의 언어도 명료하고 일정하다. 사랑과 같은 감정을 정량화할 수 있다고 생각하기는 쉽지 않겠지만, 이 경우에는 실제로 가능하다! 사랑의 언어가 5가지뿐이라는 사실을 경험을 근거로 증명할 수 있기 때문에 우리는 이 교육 과정의 기반을 공고하게 다질 수 있다. 알다시피, 교육 과정은 군더더기 없이 명료하고, 이해하기 쉽고, 응용 가능하며, 평가할 수 있어야 한다. 그리고 가장 중요한 것은 그것이 참(진실)이어야 한다. 수학, 읽기, 쓰기 등을 가르칠 때와 마찬가지로, 학생들이 학습 자료를 이해하고 숙달했는가를 측정하는 방법이 있어야 한다. 평가 방법이 있어야 좋은 교육 과정이라 할 수 있다. '생활 기술' 유형의 수업은 대부분 훌륭한 메시지는 있지만 평가가 어렵다는 문제를 안고 있다. 물론 그래서 가르칠 가치가 없다거나, 참이 아니라거나, 좋지 않다거나, 도움이 안 된다는 의미는 아니다. 다만 가르치는 이유를 정당화하기가 쉽지 않다는 것이다. 더구나 우리는 아직도 이 같은 수업을 가끔 가르치고 있다. 그것이 옳다고 믿기 때문이다.

사랑의 언어를 가르치는 일이 불확실한 도전을 요구하는 것은 아니다. 이 수업의 본질 자체가 견고한 커리큘럼이 지닌 모든 면을 갖추고 있다. 일단 학생이 배울 수만 있다면 나이와 능력에 상관없이 어느 학생에게나 효과를 발휘한다. 학생용 활동지는 연구에 기초한 수업을 하도록 초점을 맞추고 있다. 질문, 단서, 선행 조직자, 언어 및 비언어 표현, 비교/대조, 해당 예시/비해당 예시, 주 등으로 구성되었고, 이 모두는 철저한 조사를 기반으로 하여 가능한 한 최선의 결과를 도출하고 더 깊은 사고를 할 수 있도록 만들어졌다.

이 수업을 진행하면서 다양한 일들을 경험할 수 있을 거라 기대해도 좋다. 학생들은 자의식과 주변 존재들에 대한 인식을 발전시키게 될 것이다. 학생들이 처음에 사랑을 어떻게 실천하고 그에 대한 반응은 어땠는지 이야기를 듣는 일이 낯설게 느껴질지도 모른다. 학생들은 서로 교류하는 방식을 바꾸기 시작할 것이고, 하루하루 이것을 강화하는 무수한 기회를 접하게 될 것이다.

    교사 역시 이전과는 다른 방식으로 학생과 교류하게 될 것이다. 그렇다. 내가 말하지 않았는가? 이 교육 과정은 교사도 변화시킨다. 이 수업에 더 집중해 학생들의 사랑의 언어를 발견하게 되면, 무엇이 학생들에게 동기를 부여하는지 알게 되고, 또 무엇이 자신에게 동기를 부여하는지도 알게 될 것이다. 그러면서 교사들도 사랑의 언어에 대해 서로 대화하기 시작하고 기존과는 다른 관계를 맺게 될 것이다. 이는 자연스러운 과정이다. 기존과 다른 말을 하는 법을 알게 되면서 겪는 총체적인 경험은 경이로울 뿐 아니라 자신의 삶을 탈바꿈시킬 것이다.

    이 교육 과정을 활용하는 방법은 매우 다양하다. 이는 다른 장에서 다룰 것이다. 이 교육 과정은 학습장애 또는 행동장애를 지닌 학생에서부터 '특출한' 학생에 이르기까지 모든 학생의 요구를 충족시킨다. 이 후광 효과는 실로 놀랍다!

    자, 이제 이 교육 과정의 효과적인 활용법에 대한 몇 가지 지침과 제안들을 살펴보자.

Chapter 1
사랑의 언어 교육 과정 활용법

일반적 지침

이 수업을 시작하면서 다양한 반응들을 기대해도 좋다. 대부분의 관리자, 학생, 교사, 부모는 지금까지 학습 현장에서 '사랑'이라는 단어를 거의 들어 본 적이 없다는 점을 기억하자. 또한, 사랑에 대한 실질적인 정의는 전혀 배우지 못했을 가능성이 매우 크다. 이를 생각하면 교육 내용을 누구나 이해할 수 있게 꾸민다는 것이 매우 중요하다.

몇몇 지역은 교육 과정을 사전에 점검한 뒤 채택하는 과정을 거치기 때문에 새로운 형식의 수업 자료를 활용한 수업 역시 이 과정을 거쳐야 한다. 따라서 수업을 시작하기 전에 먼저 학교 교장 또는 지역 교육청의 승인을 얻어야 한다. 이 수업 자료는 교육 과정으로 만들어지지 않더라도 다양하게 활용할 수 있다. 따라서 내가 '교육 과정'이라는 단어를 사용할 때는 모든 교실 또는 특정 학년에서 필수적으로 다루어져야 하는 자료를 의미하는 것이다. 각 지역은 대부분 필수 교육 과정이 교육위원회에서 채택되었기 때문에 모든 학생 또는 특정 그룹에 일정 기간 반드시 수업해야 하는 중요한 과정이라는 사실에 동의한다. 그러므로 필수 교육 과정은 보통 누구나 꼭 들어야 하는 수업이다. 이 수업은 필수 교육 과정으로 쉽게 승인을 받는다 해도 그리 놀랄 일이 아니다. 최근의 연구는 학생의 학업 성취도가 학교 내 어른(가급적 교사)과의 의미 있는 관계에 달려 있다는 사실을 명백히 보여 준다. 지역 교육청 직원들은 이 사실을 늘 인식하고 있지만, 지금까지는 '꼭 들어맞는' 교육 과정을 구성하기가 매우 어려웠다.

혼란을 없애기 위해, 이 책 다른 부분에서 내가 사용하는 '교육 과정'이라는 단어는 해당 지역이 영구적으로 채택한 교육 과정을 의미하거나, 최근에 해당 지역이 요구하는 어떤 수업이든 그와 상관없이 보충 자료로 사용하기 위해 선택한 교육 과정임을 밝힌다. 이것을 설명하는 이유는 교육 과정이든 보충 자료든 관계된 어떤 질문에도 대답하기 위함이다. 대답은 '이것 또는 저것'의 형식이 될 것이다. 그러나 나는 이를 간단히 '사랑의 언어 교육 과정'으로 지칭할 것이다.

팀 티칭(Team-Teaching)을 해야 할까?

팀 티칭이 좋은 결과를 얻기 위해 꼭 필요한 것은 아니다. 그러나 전문가와의 협력은 학생들이 교실 내에서 또 하나의 중요한 관계를 형성할 기회를 얻는다는 점에서 부수적인 이점과 함께 훌륭한 결과를 가져올 수 있다. 수업은 교사와 학생, 학생과 학생, 학생과 그들의 가족 간 관계를 형성하도록 설계되어 있다. 나는 교사와 전문가가 협동한다면 완벽한 수업이 가능하리라고 생각한다. 교사는 사랑의 언어로 학생들과 온전한 관계를 형성하는 이점을 얻게 되고, 전문가는 개인의 안전이라는 측면에서 학생들과 관계를 맺게 된다. 교사든 전문가든 교실에서 이런 수업을 진행한다면 가능한 한 함께하도록 노력하라. 공동 작업은 긍정적인 관계가 이루어지는 장면을 학생들이 목격할 수 있게 하고, 학교에서 어른과 또 하나의 중대한 관계를 맺는 경험을 그들에게 선사하게 된다.

이러한 제안들은 본 교육 과정이 다양한 인적 구성의 여러 학교 환경에 적용될 것이라는 이해하에서 제시되었다. 안타깝게도, 모든 사람이 전문가나 학교 상담가의 혜택을 받지는 못한다. 이 수업 설계에는 선택 사항이 많으므로 자신의 학교에 가장 적합한 사항들을 선택하면 된다. 예를 들어, 해당 지역이 학교 폭력 및 괴롭힘 등에 관한 교육 과정을 이미 보유하고 있다면, 개인의 안전을 다루는 수업은 지역의 승인을 얻어 맥락을 같이하는 교육 과정으로 대체될 수 있다.

모두가 학습 목표를 알게 하라

학부모가 이 수업의 목표를 알도록 하라. 나는 부모들에게 편지로 수업 목표를 알려 주었다(부록 참조). 이를 복사해서 활용해도 좋다. 사람들은 대부분 사랑의 실질적인 정의를 알지 못한다. 사랑의 정의를 알게 되면 사람들은 한결 안도하며 이 수업이 학생들의 잠재력을 끌어올려 최상의 학업 성취를 가능하게 하는 훌륭한 일임을 깨닫게 될 것이다.

전문가로서 수업을 진행하기 전 교사의 허가를 받을 필요가 없거나 팀 티칭을 계획하지 않는다 하더라도 부모에게 학습 목표를 알려야 한다. 해당 교사의 지원을 얻는 것이 매우 중요한 이유는 이 수업이 그 교사의 반 학생들에게 커다란 영향을 끼칠 것이기 때문이다. 그러므로 전문가가 수업을 진행한다 하더라도 교사에게 수업에 참여할 기회를 제공해야 한다. 일단 해당 수업 자료가 학생과 동료 교사의 삶을 어떻게 변화시키는지를 목격하면, 교사는 학생들의 사랑의 언어를 아는 것이 얼마나 큰 도움이 되는지 이해하게 될 것이다. 하지만 그때까지는 지속적으로 정보를 제공해야 한다.

누구나 한 가지 사랑의 언어를 가지고 있다

그리스 철학자 플라톤이 설립한 학교 입구에는 "너 자신을 알라."는 말이 새겨진 돌비가 있다. 플라톤은 뭔가를 알고 있었던 듯하다. 내가 확신하는 한 가지는 이 수업을 누가 하든 수업 자료를 적용할 때 그 자료를 제대로 이해해야 한다는 것이다. 이 수업은 가르치는 사람을 포함해 모든 인간에게 적용 가능한 중요한 수업이다. 때로 교사는 자신에 대해 또는 어떤 사적인 문제에 대해 말하는 것을 꺼린다. 물론 가끔은 바람직한 일이다. 하지만 대부분의 경우, 단순히 수업만 하는 교사들은 따분하고 학생들과 인간적인 관계를 형성하지 않는다. 더욱 중요한 점은 학생, 특히 아동이 자신을 가르쳐 주는 교사와 관계를 형성하기 어렵다는 것이다. 사랑의 언어 수업은 매우 사적인 자료를 다룬다. 그것은 사랑을 표현하고 수용하는 방법에 대한 것이며 교사와 학생의 관계 형성에 관한 것이다. 그러므로 자신이 사랑을 어떻게 표현하고 수용하는지 생각해 보라.

누구나 자신만의 한 가지 사랑의 언어는 있다. 심지어 2가지일 수도 있다. 교사는 이 수업을 진행하기 전에 자신의 사랑의 언어를 꼭 발견해야 한다. 자신의 사랑의 언어를 알게 되는 시간과 상황을 타당성 있게 제시할 수 있다면 아주 좋겠다. 나는 현재의 내 이야기나 어릴 적 이야기들을 활용한다. 실전에서 가르치는 법에 대해서는 뒤에서 더 상세히 설명하겠다. 학생들은 교사가 교사 자신의 자부심을 모범으로 보여 주길 바라며, 교사가 자신의 사랑의 언어를 인식하고 있음을 보고 싶어 한다. 교사의 본보기는 학생들이 자신의 사랑의 언어를 발견하는 것을 도와준다. 그리고 자신에게 사랑의 언어가 있다는 것을 자연스럽게 받아들이도록 해준다. 이 수업 자료를 읽으면서 자신의 사랑의 언어를 발견하고, 흥미로웠던 삶의 에피소드들을 간략히 적어 놓은 뒤 자료를 개인화하라. 하지만 너무 사적인 내용이 되어서는 안 된다. 예를 들어, 교사가 이혼 후 함께하는 시간이 사랑의 언어가 아니었다는 사실을 어떻게 발견했는지는 어떤 학생이라도 듣고 싶어 하지 않을 것이다. 그러니 상식적인 이야기를 하고 잘 웃으라.

또한, 동료와 학부모의 반응에 대비하라. 나의 경우, 학교 동료들이 매년 내 수업을 매우 기대하고 있다는 얘기를 얼마나 많이 들었는지 모른다. 어른들은 대부분 이 교육 내용을 본래의 목적인 결혼 생활에 활용한다. 부모도 같은 범주에 속한다. 학생들은 집으로 가서 배운 것을 부모에게 알려 준다. 그럼 부모들이 그들의 결혼 생활이나 삶을 위해 그 내용을 매우 알고 싶어 한다는 사실을 발견하게 될 것이다. 결국, 관련 서적이나 정보에 대한 요청이 쇄도할 것이다. 어쩌면 교사는 『5가지 사랑의 언어』를 원하게 될지도 모른다. 그리고 부모가 자녀의 사랑의 언어를 발견하는 데 도움을 주는, 게리 채프먼과 로스 캠벨 공저의 『자녀의 5가지 사랑의 언어』 역시 갖고 싶어질지도 모른다.

전문가들을 위하여

앞서 나는 "너 자신을 알라."는 말을 했다. 그런데 여기서 나는 "당신의 동료를 알라."는 말도 하고 싶다. 교실을 돌아다니며 수업을 하는 전문가라면, 각 반의 교사를 잘 알아야 하고 그들이 함께 수업에 참여할 수 있도록 해야 한다. 사랑을 표현하고 수용하는 방식을 교실에서 실연해야 할 경우, 나는 종종 다른 교사들의 도움을 받곤 한다. 이 교육 과정은 전문가가 수업을 진행하는 동안 교사가 자리를 피해 있어야 하는 그런 과정이 아니다(연구 관련 장 참조). 이 수업은 '모두'를 포함한다.

교사는 매일 학생들과 수업하며 이 자료를 참고하게 될 것이다. 이는 어려운 일이 아니다. 그저 자연스럽게 참고하게 될 것이다. 전문가가 수업을 하거나 자율학습 시간에 그 수업을 활용하는 경우, 교사들이 교실에 없으면 교사들은 상당 부분을 놓치게 된다. 부모들은 수업에 대해 많은 질문이 생길 것이고, 따라서 교사들은 수업 내용을 알고 싶을 것이다. 또한, 모든 사랑의 언어에는 학교나 지역 정책과 관련하여 반대되는 면이 있기 때문에 교사들은 이를 위해서도 참여하길 원할 것이다. 어떤 일이 일어나기 전 교실에서 미리 다뤄졌던 주요 이슈는 교사들을 위해 기록해 둔다. 학생들이 못된 짓을 하거나 규율을 어길 때가 있을 것이다. 학생 출석 현황을 확인할 수 있다는 것은 학생이 저지른 잘못보다는 그들이 무엇을 배웠는지에 대한 대화를 시작하는 데 도움을 준다. 수업을 화두로 활용하는 것은 부적절한 행동을 교정하기 위한 하나의 방법으로 오래도록 지속할 것이다.

규범 준수에 감사하기

각 사랑의 언어의 반대되는 면에 관한 수업을 알려 주면 학교 관리자와 해당 지역은 분명 만족할 것이다. 그 이유는, 앞서 말했듯이 이 수업 자료가 (영구적인) 교육 과정이나 보충 자료로 활용될 수 있기 때문이다. 일반적으로 어떻게 작용하는지 알아보자.

5가지 사랑의 언어는 사랑을 표현하고 수용하는 긍정적인 방법이다. 수업 시간은 하지 말아야 할 점보다는 긍정적인 면, 즉 무엇을 행해야 하는지에 초점을 둔다. 그러나 모든 사랑의 언어 수업은 비교 및 대조를 위해 반대되는 면 역시 다뤄진다. 학년 중 어떤 시점이 되면 실상 모든 지역에서 언급되는 것이 바로 이 반대되는 면을 다루는 수업이다. 이러한 내용은 보통 학교의 안전 유지와 그 지역의 법적 의무 사항을 준수하기 위해 다뤄지게 된다. 이런 점에서 사랑의 언어 수업은 학교 입장에서 보면 매우 놀라운 수업이다. 사랑의 언어 수업은 학생들이 해야 하는 긍정적인 일들에 초점을 맞추면서 하지 말아야 하는 일을 다룬다. 최소한의 시간만을 할애하여 단 몇 주 만에 지역의 모든 문제가 적어도 한 번씩은 깊이 있게 다뤄지게 된다. 일종의 교육 과정으로 다루는 지역의 문제들은 언어폭력, 왕따, 괴롭힘/고자질, 불법이거나 부적절한 물품을 학교에 가져오는 것, 속임수, 성추행/아동 학대 등이다. 이런 소재는 모두 '개인의 안전'이라는 범주에 속한다. 사랑의 언어 수업은 각 수업을 진행할 때 이 이슈를 구체적으로 다룬다.

대학에서 비교/대조법은 참, 거짓보다 더 높은 수준의 사고(思考)라고 교육받았던 것을 기억하는가? 비교/대조법으로 교육함으로써 교사는 사랑의 언어의 긍정적인 면(해야 하는 것)과 그 반대되는 면(하지 말아야 하는 것)을 모두 다루게 될 것이다. 교사가 비교/대조법을 제시할 때 학생들은 이 두 측면을 모두 접하게 된다. 그러면 그림이 더욱 명확해지고 학생들은 연관성을 더 잘 찾아내게 된다. 이렇게 우리는 모두 '관계'와 관련되어 있다! 사랑의 언어는 반대되는 면보다는 긍정적인 면, 즉 '해야 하는 것'에 중점을 둔다. 학생들이 사랑의 언어를 그들의 삶에 적용하기 시작하면 스스로 위험한 행동 방식을 버리게 될 것이다. 학생들은 타인과의 관계 속에서 무엇을 해야 하는지, 어떻게 행동해야 하는지 알게 된다. 이는 비단 학창 시절뿐만 아니라 일생을 통해 지속할 것이다.

요점

사랑의 언어 수업은 관계를 형성하기 위해 창안된 수업이기 때문에 학년 초에 하는 것이 좋다(관계에 관한 연구 관련 장을 읽어 보라). 나는 보통 사랑의 언어 수업을 7주에 걸쳐 진행한다. 하지만 때로는 8주가 되거나 6주만 하는 경우도 있었다. 수업을 제대로 진행하기 위해서는 7주가 적당하다. 특히 처음 이 수업을 진행하는 경우라면 이 기간을 지키는 것이 중요하다. 이 수업을 진행하고 싶어 하는 교사들이 있을 거라 확신하지만, 아마 그들에게 주어지는 시간은 매우 제한적일 것이다. 그래도 안 하는 것보다는 하는 것이 더 낫다고 생각한다. 이 수업은 연속해서 7일간 진행할 수도 있지만, 그렇게 되면 학생들은 아마도 과제를 수행하는 이점을 놓칠지도 모른다. 이 수업은 학교에 있는, 그리고 가능하다면 설계된 대로 수업할 충분한 시간을 보유한 교육자들을 대상으로 쓰였다. 하지만 다른 상황에 있는 교육자의 경우, 예를 들어 여름 캠프에서도 필요에 따라 수업을 쉽게 변형할 수 있을 것이다.

이 책의 교육 과정은 수업이 짧고 간단명료하게 진행되도록 만들어졌다. 나는 교사들이 난해한 내용을 애써 풀어 가야 하는 상황을 원치 않는다. 각 장과 수업은 의미 있고 효율적으로 설계되었다. 수업은 거의 45분이 넘지 않고 가끔은 그보다도 짧다. 다만 7장 '스킨십'의 반대되는 면 수업과 8장 '사랑의 언어 선택하기' 수업은 예외다. 이 두 수업은 중요도, 실습, 정보의 속성 등으로 말미암아 60분가량 소요된다. 따라서 7장은 교사가 원할지도 모른다는 생각에 두 부분으로 나눠 수업할 것을 제시했다. 물론 그렇게 되면 하루가 더 필요하다. 이 자료를 읽은 뒤 자신에게 잘 맞는 방법을 선택해야 한다.

각 장은 '수업을 시작하며'라는 서론으로 시작하며 이는 수업 계획에 중요한 정보를 포함한다. 즉, 배경 지식, 그 장에서 다루는 사랑의 언어의 중요성, 교육 철학, 그리고 어떤 경우에는 주의해야 할 문제점을 다룬다. 서론을 읽는 동안 중요한 점이나 아이디어에 밑줄을 그어도 좋다. 서론은 수업이 진행되는 양상을 명료하게 이해할 수 있는 기초를 제공할 것이다.

모든 수업은 2가지 유형의 교안으로 제시했다. 첫 번째는 볼드체로 쓰인 원고형 교안으로, 대부분은 학생들과 자리에 앉아 교안을 그대로 읽으면서 진행할 수 있다. 원고형 교안에는 소괄호 '(   )'로 묶인 내용이 있는데, 이 부분은 하나의 질문 뒤에 나와 답을 제공하거나 실행해야 할 행동 지침들을 제시한다. 대괄호 '[   ]'에 묶인 내용은 교사에게 유용한 아이디어나 생각을 포함하고 있지만, 반드시 어떤 행동을 요구하는 것은 아니다.

원고형 교안에는 큰 장점이 있다. 내가 실제로 수업에서 사용했던 말들을 접할 수 있다. 앞서 언급했듯이, 이 형식의 교안을 학생들에게 그대로 읽어 주기만 해도 효과가 있겠지만, 이는 내가 추천하는 방법은 아니다. 차라리 교사가 이 형식의 교안을 몇 번 읽고 수업에 대해 충분히 이해하고 공감한 뒤 요약형 교안을 수업에 사용하길 권한다. 읽는 것으로 끝낼 수도 있지만 그러면 자발성을 잃기 쉽고 독창성도 느껴지지 않는다. 하지만 이 모든 말에도 불구하고 교사가 실제 이 형식의 교안을 읽어야만 하고, 다른 형식은 활용할 수 없는 때도 분명히 존재한다.

원고형 교안은 꽤 훌륭한 직접교수 방식이다. 학생과 교사 모두 목표 달성에 집중할 수 있게 하기 때문이다. 아래는 원고형 교안이 아주 유용한 경우다.

1. 갈팡질팡하지 않고 직접교수법을 사용해야 할 때.
2. 준비 시간이 충분하지 않을 때.
3. 해당 내용이 편하지 않고 중요한 점들을 놓칠지 모른다는 염려가 들 때.
4. 완전 초보일 때, 교사가 아닌 경우, 또는 원고형 교안을 마치 자신의 말처럼 잘 표현할 수 있다고 느낄 때.

두 번째 교안은 요약된 형식이다. 요약형 교안은 원고형 교안 뒤에 이어지며, 요점을 강조하고 방향을 제시한다. 각 요점은 순차적으로 번호가 매겨져 있고, 원고형 교안의 각 단락과 관계가 있다. 예를 들어, 이 교안의 시작 단계에는 1번에서 4번까지의 내용이 하나의 그룹으로 묶여 원고형 교안의 첫 번째 단락에서 그 내용을 찾아볼 수 있다는 것을 알려 준다. 원고형 교안은 추가 설명이 필요한 요점에 통찰력을 제공할 목적으로 활용될 수도 있다.

두 유형의 교안은 모두 6개의 주요 구성 요소로 작성되었다.

1. 목표(학생의 학습 목표 포함)
2. 복습
3. 도입
4. 전개
5. 정리
6. 개별 학습 및 과제

본 수업을 위한 가장 좋은 방법을 요약하자면 다음과 같다.

1. 각 장의 '수업을 시작하며' 부분을 꼼꼼하게 읽고 요점에 밑줄을 긋는다.
2. 수업의 흐름을 알 수 있도록 원고형 교안을 미리 몇 번 읽는다. 특히 괄호 안에 나온 답과 지침을 주의 깊게 읽는다.

3. '수업을 마치며' 부분을 읽는다. 교안에 대해 더 깊이 이해할 수 있을 것이다.
4. 영감을 얻기 위해 '교실 이야기' 부분을 읽는다.
5. 교수를 위해 요약형 교안을 활용한다. 자신의 이야기, 수업 절차, 아이디어 등을 추가한다.

학생용 활동지는 수업 내용에 상당한 중점을 두고 학생을 위한 개념을 공고히 한다. 다양한 단서와 질문 등은 더 깊은 이해와 더 큰 의미를 가져올 것이다. 학생용 활동지의 수립과 이행을 위해 많은 시간과 연구가 필요했다.

나머지 장들은 똑같이 중요한 자료를 제공한다. 9장에서는 수업 중에 얻어진 자료의 활용법에 대한 정보를 얻게 될 것이다. 모든 사람이 각각의 이유로 이 자료가 필요하다. 예를 들어, 상담 전문가는 아이가 도움을 요청할 때 이를 사용할 것이다. 양호 선생님은 양호실을 자주 찾는 아이를 다루는 데 도움이 될 만한 내용을 참고할 것이다. 교사는 학생들에게 동기를 부여하고 그들과 관계를 맺기 위해 사용할 것이며, 관리자는 학교의 분위기를 판단하고, 긍정적인 관점에서 학생의 행동 문제를 언급하며, 학교의 안전 문제가 전반적으로 철저하게 다루어졌음을 기록하기 위해 사용할 것이다.

Chapter 2
사랑의 언어란

수업을 시작하며

이미 이야기했듯이 사랑의 언어 수업을 처음 하던 날, 나는 4학년 교실로 들어갔다. 그 모험을 시작하기에 앞서 나는 초조하기보다는 몹시 흥분되어 있었다. 나의 첫마디는 "오늘은 사랑에 관해 이야기해 볼까?"였다. 나는 그 충격 요법이 아이들의 의식을 높이고 내가 말하고자 하는 매우 중요한 메시지를 알게 해줄 것으로 생각했다. 한 가지는 확실했다. 아이들의 의식을 깨우기는 했다.

내 입에서 사랑에 관한 단어들이 쏟아져 나오자 교실에서는 온갖 탄성이 들렸다. 마치 목장에 들어와 있는 것만 같았다. '우우' 대는 소리, '에이' 하는 불평, 냉소와 반문들이 넘쳐 났다. 나는 조용히 서 있었고 초조한 웃음소리가 들려왔다. 그러다가 "아! 이 선생님은 심각하구나!" 하는 듯한 소리가 잦아들었다. 어떤 아이들은 나를 장난꾸러기라고 말할지도 모르겠다. 물론 그 이유로 나는 수업을 이렇게 소개한다. (다른 사람들은 기발하다고 하겠지만, 평가는 독자의 몫이다.)

소란이 잠잠해지자 누군가가 물었다. "저희가 사랑에 대해 배우는 건가요?" 그 질문이 나오자 나는 내가 승기를 잡았음을 알 수 있었다. 교실은 조용해졌고 모두 이 똑똑한 학생의 질문에 대한 답을 기다리고 있었다. "글쎄, 그건 네가 생각하는 사랑의 정의가 무엇인지에 달렸지. 너는 사랑의 정의가 뭐라고 생각하니?" 이 4학년 아이(더구나 남자아이)가 말을 더듬거리자 누군가 그 아이를 돕기 위해 불쑥 끼어들어서는 일반적인 사랑의 정의에 대해 이야기했다. "키스하는 그런 거랑 남자 친구, 여자 친구, 뭐 그런 거 아니에요?" 내가 아이들을 확 끌어들일 기회였다. "자, 내가 여기에 데이트하는 방법을 알려 주러 왔을 거라 생각하는 사람? '이성 교제'에 대한 조언을 해주러 왔다고 생각하는 사람 있니?" 학생들은 모두 웃었다. 그때 다른 학생이 정말 중요한 질문을 던졌다. "그러면 사랑의 정의가 무엇인가요?"

"아! 그 질문을 해줘서 참 기쁘구나!" 나는 학생들에게 사랑이 어떻게 동사이고 행위어가 되는지 설명하기 시작했다. 아이들이 처음에 생각한 사랑은 '연애'였다. 실로 큰 차이가 있지만 아이들 대부분이, 그리고 어른들도 많은 경우 이 개념을 헷갈리는 것이 놀랄 일은 아니다.

여기서 잠시, 사회에서 어떤 문제를 일으키는 것은 다름 아닌 로맨스와 사랑 사이의 이런 혼란 때문임을 알려 주고자 한다. 예를 들어, 선천적으로 연애를 피하는 사람들은 연애와 사랑을 하나로 묶어 '지나치게 감상적인 쓰레기'라고 여기며 사랑 역시 피해 버린다. 우리에게 지속되어 온 이러한 사고방식은 다양한 형태의 대중 매체로 계속 강화되고, 사랑을 표현하고 수용하는 방법을 제대로 이해하지 못하게 만드는 첫 번째 걸림돌이 된다. 일단 연애와 5가지 사랑의 언어 사이의 차이점을 이해할 수 있도록 돕는다면, 그때부터 문이 활짝 열리게 되고 타당성이 명확해질 것이다. 따라서 학생들에게 이 둘의 차이점을 분명히 알려 주고 사랑을 실천할 수 있도록 하는 것은 정말로 중요한 일이다.

> **알아 둘 것!**
>
> 다음의 사랑의 언어 수업은 따로 가르쳐도 좋고, '인정하는 말' 수업(3장)을 곧바로 연결해서 가르쳐도 좋다. 이를 인정하는 말 수업에 포함하지 않은 이유는 수업 목표에 대한 명확한 이해를 도모하기 위해서다.

1강
사랑의 진정한 의미
(원고형 교안)

목표

학생들은 5가지 사랑의 언어가 고유한 것으로, 행동을 수반한다는 사실을 이해하게 된다. 특히 학생들은 이 수업에 사용되는 '사랑'이라는 단어의 조작적 정의를 파악하게 된다(즉, 사랑은 '동사'이며 '행위어'다). 나아가 학생들은 사랑과 연애가 다르다는 사실을 이해하게 된다.

  칠판에 목표를 적는다.

1. 이 수업에서 사용되는 '사랑'이라는 단어를 정의할 수 있다.
2. 사랑과 연애의 차이를 설명할 수 있다.

  (30초간 오늘 배우게 될 것에 대해 학생들끼리 이야기하게 한다.)

도입

교사 : "오늘은 사랑에 대해 배워 보자." (학생들의 반응을 기다린다.) 학생들에게 묻는다. "너희가 생각하는 사랑의 정의는 무엇이지?"

> **1-2학년, 여기서부터 이어서 하세요.**　　　　　　　　　1강, 1-2학년, No. 1
>
> 학생들에게 1강 활동지의 1번 문제에 자기 생각대로 그림을 그리고 글을 쓰도록 한다. 이 수업은 학생들이 그들의 능력과 수준에 따라 글을 쓰도록 설계되었다는 사실을 기억하라. 학생들이 짝과 이야기를 나누게 한 다음, 자원자를 선택해 발표하게 한다.

1강
사랑의 진정한 의미
(요약형 교안)

목표

학생들은 5가지 사랑의 언어가 고유한 것으로, 행동을 수반한다는 사실을 이해하게 된다. 특히 학생들은 이 수업에 사용되는 '사랑'이라는 단어의 조작적 정의를 파악하게 된다(즉, 사랑은 '동사'이며 '행위어'다). 나아가 학생들은 사랑과 연애가 다르다는 사실을 이해하게 된다.
 칠판에 목표를 적는다.

1. 이 수업에서 사용되는 '사랑'이라는 단어를 정의할 수 있다.
2. 사랑과 연애의 차이를 설명할 수 있다.

 (30초간 오늘 배우게 될 것에 대해 학생들끼리 이야기하게 한다.)

도입

1. "오늘은 사랑에 대해 배워 보자."

2. 학생들에게 그들이 생각하는 사랑의 정의를 묻는다.
   - **활동지 [1강, 1-2학년 및 5-6학년, No. 1]**

3. 데이트 방법 등 연애를 가르치기 위한 자리가 아님을 명확히 한다.

4. 학생들이 살아가면서 필요한 중요한 것을 배우는 시간임을 알린다.

활동지 : 1강, 1-2학년, No. 1

1강

이름_____ 날짜_____

사랑의 진정한 의미

시작!

1. 내가 진정으로 가족에게 사랑받는다고 느낄 때는 언제인지 그림으로 그려 보세요.

왜 이때 사랑받는다고 느끼는지 글로 써보세요.

_1-2학년_

> 5-6학년, 여기서부터 이어서 하세요.   1강, 5-6학년, No. 1
>
> "1강 활동지의 1번 문제에 답해 볼래?" 작성이 끝난 뒤 학생들끼리 서로의 답을 나누도록 한다. 아직은 사랑과 연애의 차이를 지적할 필요는 없다. 곧 전개 부분에 가서 다루게 될 것이다.

(몇 가지 답을 선택한다.) [많은 답이 분명 연애와 관련된 내용일 것이다.]

학생들에게 질문한다. "너희는 내가 데이트를 잘하는 방법을 가르치기 위해 여기에 있는 것 같니? 남자 친구나 여자 친구 찾는 방법 같은? (적절하다면 학생들과 함께 웃는다.) 나는 데이트 방법을 가르치기 위해 이 자리에 있는 것이 아니야. 앞으로 7주간 너희의 삶을 완전히 바꿔 줄 수업을 7회에 걸쳐 가르칠 거야. 이 수업들은 너희에게 자신과 타인에 대해 큰 통찰력을 주게 될 거란다. 내가 너희에게 가르칠 내용은 앞으로 너희 인생에 두고두고 활용될 거야. 어때, 기대되지?"

전개

(칠판에 '사랑'이라고 적는다. 사랑이라는 단어가 문장 속에서 명사, 형용사 등 다양한 방식으로 쓰일 수 있음을 학생들에게 설명한다. 몇 가지 예를 말해 준다. 앞으로 진행할 모든 수업에서 사랑은 동사 또는 행위어로 쓰일 것을 학생들에게 이야기한다. 앞서 칠판에 써 놓았던 '사랑' 다음에 줄표 '—'를 긋고 '동사/행위어'라고 쓴다.) 다음과 같이 말한다. "**앞으로 이어질 모든 수업에서 '사랑'이라는 단어를 들으면 그 즉시 행위어로 인식했으면 좋겠어. 그러면 누군가를 위해 어떤 행동을 하게 될 거야. 이 수업은 사랑을 어떻게 표현하고 수용하는지를 가르쳐 주는 수업이기 때문에 이 점은 매우 중요하지. 자, 이제 사랑과 연애의 차이점을 이야기해 보자.**"

(사람들은 보통 '사랑'이라는 단어를 어색해 하는데, 이는 사랑에 대해 들을 때 '지나치게 감상적이고 감정적인' 것을 떠올리기 때문임을 설명한다. 대체로 사람들이 사랑은 '지나치게 감상적이고 감정적인' 것이라고 강하게 인식하는 이유는, TV에서 '사랑'하는 사람들이 키스를 하거나 손을 잡는 등 신체적으로 접촉하는 모습을 많이 접했기 때문이다.)

다음과 같이 말한다. "**너희 중에 몇 사람이나 그런 모습을 실제로 봤지? 사랑이라는 단어는 이 문장에서 어떻게 쓰이지? '그들은 사랑에 빠져 있다.' (명사) 그런데 우리는 그 단어를 어떻게 사용하고 있지? (동사) 이제 우리가 사랑에 대해 배울 내용과 그동안 TV에서 본 사랑의 모습 또는 보통 사람들이 쓰는 사랑의 의미에 얼마나 큰 차이가 있는지 알 수 있을 거야. TV**

전개

1. 칠판에 '사랑'이라는 단어를 쓴다.

2. 사랑이라는 단어가 쓰이는 여러 형태에 대해 설명한다(명사, 동사 등).

3. '사랑'이라는 단어를 행위어로 쓸 것을 공표한다.

4. 사랑과 연애의 차이점에 대해 토의를 시작한다.
   - **활동지** [1강, 5-6학년, No. 2]
   - **활동지** [1강, 3-4학년, No. 1]

5. 사람들이 사랑받는다고 느끼게 하는 5가지 기본 방식이 있다는 사실에 대해 토의한다.
   - **활동지** [1강, 3-4학년, No. 2]

에서 보는 그런 것들을 우리는 보통 연애라고 부르지. 그건 지금 우리가 다루는 사랑의 정의와는 매우 달라. 물론 이것이 우리의 수업이 매우 흥미로운 이유이기도 해. 앞으로 사랑이라는 단어를 다르게 보는 방법을 알려 줄게. 그리고 너희의 인생을 비롯해 사람들의 삶을 더 나아지게 하기 위한 방법으로 이 단어가 어떻게 쓰일 수 있는지 가르쳐 줄게. 자, 그럼 다음 질문을 해볼까? '너희가 사랑받는다고 느끼게 해주는 게 뭐지?'"

> **5-6학년, 여기서부터 이어서 하세요.**　　　　1강, 5-6학년, No.2
>
> "내가 2번 문제를 읽을 테니 너희는 나를 따라서 조용히 눈으로 읽어 보렴." 문제를 읽고 학생들이 답하도록 한다. 그런 다음 각자 친구에게 왜 그 2개를 선택했는지 설명하게 한다. 어쩌면 별 이유 없이 선택했을 수도 있다. 하지만 그래도 괜찮다. 이는 학생들에게 왜 그것을 선택했는지 생각해 보게 하고, 수업이 진행되면서 결국에는 그것을 사랑의 언어와 관련시키도록 하는 데 목적이 있다. 자유롭게 토의할 수 있도록 신경을 써주고, 다양한 이유가 도출될 수 있음을 알아야 한다. 예를 들어, "생일 축하해!"라는 말에 사랑받는다고 느끼는 이유는 친절한 말 때문에 친구가 자신을 인정해 준다고 생각해서일 수도 있고, 선물을 받을 것이라는 기대감 때문일 수도 있다. "내가 사랑받는다고 느끼게 하는 것은 무엇인가?"라는 원래의 질문과 관련해 생각하도록 격려한다.

(학생들이 대답하지 않는다면 대답을 유도한다. 이런 답은 어떤가? "엄마가 제 잠자리를 정돈해 주실 때요." 또는 "아빠가 저랑 놀아 주실 때요.") 그때 질문한다. "**다른 사람들도 그럴 때 사랑받는다고 느낄 거라 생각하니?**"

> **3-4학년, 여기서부터 이어서 하세요.**　　　　1강, 3-4학년, No. 1
>
> "1강 활동지의 1번 문제에 답해 보자." 학생들에게 답을 작성할 시간을 준다. 학생들이 작성한 답을 서로 나누도록 하고, 자원자 몇 명을 선택해 발표하도록 한다.

(학생들에게 답을 물어보고 왜 그렇게 생각하는지 또는 왜 그렇게 생각하지 않는지에 대해 설명하게 한다. 분명한 답은 '아니요'다. 모든 사람이 사랑받는다고 느끼는 방식이 다 같지는 않기 때문이다.)

그리고 이야기한다. "맞아. 사람들이 다 같은 방식으로 사랑을 느끼지는 않는단다. 실제로는 사람들이 사랑받는다고 느끼게 하는 5가지 기본 방식이 있지. 거의 모든 사람이 5가지 중 2가지 유형에서 가장 많이 사랑받는다고 느껴. 너희도 마찬가지야. 그런데 그 2가지는 사람마다 다를 수 있어. 이렇게 사람을 사랑하는 5가지 방식을 '사랑의 언어'라고 부른단다. (칠

활동지 : 1강, 5-6학년, No. 2

이름 _____ 날짜 _____

1강

사랑의 진정한 의미

시작!

1. 내가 생각하는 사랑의 정의는 무엇인가요? (문장 또는 각기 다른 단어들로 자신만의 정의를 내려 보세요.)

_____
_____
_____
_____

위에 쓴 정의에서 사랑은 동사, 명사, 형용사 중 무엇으로 설명되었나요? (해당 사항에 동그라미를 치세요.)

　　　　　동사　　　명사　　　형용사

2. 내가 사랑받는다고 느끼게 하는 것은 무엇인가요? 이 질문에 너무 오래 생각하지는 마세요! (아래에 나온 말들을 읽고 바로 해당하는 말 2개를 찾아 원 안에 체크 표시를 하세요. 선택한 2개 원에서 중간에 있는 물음표까지 선을 그으세요.)

- 포옹
- 넌 정말 멋져!
- 생일 축하해!
- 같이 놀래?
- 네 일을 내가 대신 해줄게.

?

5-6학년

활동지 : 1강, 3-4학년, No. 1

이름 _____ 날짜 _____

1강

사랑의 진정한 의미

시작!

1. 모든 사람이 사랑을 느끼는 방식이 같다고 생각하나요? (같다고 생각하면 왜 같은지, 다르다고 생각하면 왜 다른지 그 이유를 써보세요.)

_____
_____
_____
_____

2. 내가 진정으로 사랑받는다고 느끼게 하는 사람은 누구인가요? (아래 5개의 원 안에 그 사람들을 적으세요. 만약 5명까지 생각나지 않는다면 적을 수 있는 만큼만 적으세요.)

3-4학년

판에 '사랑의 언어'라고 쓴다.) 앞으로 6주 동안 너희가 해야 할 일 중 하나는 그 2가지를 찾아보는 거야. 그렇게 자신의 사랑의 언어를 발견하려고 노력하는 동안 5가지 사랑의 언어를 모두 배우게 될 테고, 그러면서 다른 사람이 어떤 방식으로 사랑을 느끼는지 더 잘 이해할 수 있게 되지. 그런데 한편으로 이런 것도 생각해 보렴. '내가 사랑받는다고 느끼게 해주는 사람은 과연 누구일까?'"

> **3-4학년, 여기서부터 이어서 하세요.**　　　　　　　　　　1강, 3-4학년, No. 2
>
> 학생들에게 자신이 진정으로 사랑받는다고 느끼게 하는 다섯 사람을 쓰게 한다. 5명까지 생각하지 못한다 해도 괜찮다. 어떤 아이들은 정말 자신을 사랑하는 사람을 많이 생각해 내지 못할 수도 있다. 그런데 바로 이 지점에서 교사나 상담 전문가는 그 아이의 삶에 진정으로 필요한 것이 무엇인지 발견할 수 있다. 자신을 사랑하는 사람들이 충분치 않다고 생각하는 학생에게는 여러 문제가 발생할 수 있다.

"가끔 우리는 상대방이 이해하지 못하는 언어로 사랑하려 할 때가 있어. 하지만 이런 경우, 상대방은 결코 사랑받는다고 느끼지 못한단다. 우리는 다른 사람들도 분명 내가 사랑을 느끼는 방식으로 사랑받길 원한다고 생각하지만, 모든 사람이 같은 방식으로 사랑을 느끼지는 않는다는 사실을 이젠 알았을 거야. 이렇게 다른 사람이 느끼는 사랑의 방식을 이해하면 너희는 그 사람과 더 좋은 친구가 될 수 있어. 앞으로 수업 시간마다 사랑의 언어를 한 가지씩 가르쳐 줄 거야. 그 첫 번째가 무엇인지는 다음 시간에 알려 줄게."

정리

1. 학생들이 엄지손가락을 위로 들거나 아래로 내리는 방식으로 '사랑'이라는 단어가 앞으로 동사/행위어로 쓰일 것이라는 데 동의하는가를 표시하게 한다. (동의한다면 엄지손가락을 위로 들게 한다.)
2. 두 학생을 지목해 사랑과 연애의 차이점을 발표하게 한다. 이는 앞으로 진행할 수업과 연결되는 내용이다. (사랑은 행위어로서 상대방을 위해 무언가를 할 것이라는 의미인 반면, 연애는 상대방을 어떻게 느끼는가와 관련된다.)
3. 학생들에게 사람을 사랑하는 기본적인 방식이 몇 개가 있는지 모두 손을 들어 손가락으로 세어 보도록 한다. (5가지)
4. 칠판에 적힌 학습 목표를 소리 내어 반복해서 읽도록 하고, 얼마나 숙지했는지 토의한다.

정리

1. 학생들이 엄지손가락을 위로 들거나 아래로 내리는 방식으로 '사랑'이라는 단어가 앞으로 동사/행위어로 쓰일 것이라는 데 동의하는가를 표시하게 한다. (동의한다면 엄지손가락을 위로 들게 한다.)
2. 두 학생을 지목해 사랑과 연애의 차이점을 발표하게 한다. 이는 앞으로 진행할 수업과 연결되는 내용이다. (사랑은 행위어로서 상대방을 위해 무언가를 할 것이라는 의미인 반면, 연애는 상대방을 어떻게 느끼는가와 관련된다.)
3. 학생들에게 사람을 사랑하는 기본적인 방식이 몇 개가 있는지 모두 손을 들어 손가락으로 세어 보도록 한다. (5가지)
4. 칠판에 적힌 학습 목표를 소리 내어 반복해서 읽도록 하고, 얼마나 숙지했는지 토의한다.

Chapter 3
인정하는 말

수업을 시작하며

내가 가르친 첫 번째 사랑의 언어는 '인정하는 말'이었다. 이것은 2가지 이유에서 적합해 보였다. 1. 모든 사람이 공감할 수 있는 내용이다. 2. 가장 남용되는 사랑의 언어다. 솔직히 말해 보자. 우리는 모두 칭찬이 매우 중요하다는 것을 알고 있다. 학계에서도 이에 대한 강조는 넘쳐 난다. 어느 날, 어느 학교에서든, 미소 띤 얼굴, 긍정적인 격언, 오늘의 명언, 교사들이 전하는 풍성한 인정의 말들을 접하게 될 것이다. 따라서 내가 "이것은 모든 사람이 공감할 수 있는 것이다."라고 말하는 것이 꼭 잘된 것을 의미하는 것은 아니다.

교육자들은 보통 내가 즐겨 부르는 '샷건 어프로치'(shotgun approach, 산탄총으로 여러 개의 목표물을 잡는 방법-역자 주)를 사용한다. 이는 모든 아이에게 영향을 미칠 것이라고 생각하며 칭찬을 하는 것인데, 실상 그 효과는 일부 아이들에게만 미친다. 긍정적인 말은 그것이 아이들의 사랑의 언어이든 아니든, 분명 아이들에게 힘을 북돋워 준다. 그러나 모든 아이가 '인정하는 말'에 똑같이 힘을 얻는 것은 아니다. 이 책의 주요 강조점 중 하나는, 교사와 학생들에게 긍정적인 칭찬을 포함한 각 사랑의 언어에 누가 사랑의 느낌을 받는지 발견하는 방법을 가르치는 것임을 기억해야 한다.

나는 '샷건 어프로치'의 사용을 막으려는 의도는 전혀 없다. 아무것도 하지 않는 것보다 더 낫기도 하거니와, 이것 역시 격려가 되는 좋은 말들에 가장 큰 힘을 얻는 사람들이 누구인지 발견할 수 있는 훌륭한 방법이기 때문이다. 여기서 나의 목표는 교사가 사랑의 언어와 마찬가지로, 자기 자신과 다른 이들이 사랑을 느끼는 아주 의미 있는 방식들을 발견하고 이를 알아보는 전문가가 되는 것이다. 다시 한 번 말하지만, 나는 '샷건 어프로치'에 반대하지 않는다. 모든 학생을 칭찬해 주는 것은 중요하기 때문이다. 그 칭찬이 그들의 사랑의 언어인가 아닌가는 중요하지 않다. 아이에게 특정한 사랑의 언어가 있다고 해서 그 아이에게 다른 사랑의 언어를 절대 사용해서는 안 된다는 것을 의미하지는 않는다. 일반적으로 모든 사람은 친절을 좋아한다. 설령 그것이 그들의 사랑의 언어가 아닐지라도 말이다.

2강
인정하는 말
(원고형 교안)

목표

학생들은 첫 번째 사랑의 언어인 '인정하는 말'을 알게 된다. 그리고 그것이 무엇인지, 어떻게 사용하는지를 설명할 수 있게 된다. 또한, 이 사랑의 언어의 반대말을 '괴롭힘'으로 규정할 수 있게 되고, 보고 절차, 학교 규칙, 그리고 괴롭힘이 사람들에게 끼치는 악영향을 이해할 수 있게 된다. 더 나아가 학생들은 아첨이 무엇인지, 그리고 왜 아첨이 신뢰를 떨어뜨리는지 이해하게 된다.

칠판에 다음과 같이 쓴다.

1. 나는 인정하는 말이 무엇인지 설명할 수 있다.
2. 나는 괴롭힘이 무엇인지와 그것을 신고하는 방법에 관해 이야기할 수 있다.
3. 나는 아첨이 무엇이고 그것이 왜 신뢰를 떨어뜨리는지 설명할 수 있다.

(30초간 오늘 배우게 될 것에 대해 학생들끼리 이야기하게 한다.)

복습

지난 시간에 진행한 수업을 복습하는 차원에서 자원하는 학생을 지목해 수업 내용을 설명하게 한다.

1. 지난 시간에 칠판에 썼던 수업 목표들을 복습한다.
2. '사랑'이라는 단어를 듣고 가장 먼저 무엇을 떠올리길 바라는가? (이 수업에서 사랑은 동사/행위어로 쓰이며, 이는 누군가를 위해 또는 누군가에게 무엇을 행한다는 것을 의미한다.)
3. 사랑과 연애의 차이점은 무엇인가?

도입

오늘 우리는 첫 번째 사랑의 언어를 배울 거야. '인정하는 말'이라고 부르는 사랑의 언어지. (모든 학생이 함께 이 사랑의 언어를 말하게 하고 칠판에 '인정하는 말'이라고 쓴다.) **'인정'이**

2강
인정하는 말
(요약형 교안)

목표
학생들은 첫 번째 사랑의 언어인 '인정하는 말'을 알게 된다. 그리고 그것이 무엇인지, 어떻게 사용하는지를 설명할 수 있게 된다. 또한, 이 사랑의 언어의 반대말을 '괴롭힘'으로 규정할 수 있게 되고, 보고 절차, 학교 규칙, 그리고 괴롭힘이 사람들에게 끼치는 악영향을 이해할 수 있게 된다. 더 나아가 학생들은 아첨이 무엇인지, 그리고 왜 아첨이 신뢰를 떨어뜨리는지 이해하게 된다.

칠판에 다음과 같이 쓴다.

1. 나는 인정하는 말이 무엇인지 설명할 수 있다.
2. 나는 괴롭힘이 무엇인지와 그것을 신고하는 방법에 관해 이야기할 수 있다.
3. 나는 아첨이 무엇이고 그것이 왜 신뢰를 떨어뜨리는지 설명할 수 있다.

(30초간 오늘 배우게 될 것에 대해 학생들끼리 이야기하게 한다.)

복습
지난 시간에 진행한 수업을 복습하는 차원에서 자원하는 학생을 지목해 수업 내용을 설명하게 한다.

1. 지난 시간에 칠판에 썼던 수업 목표들을 복습한다.
2. '사랑'이라는 단어를 듣고 가장 먼저 무엇을 떠올리길 바라는가? (이 수업에서 사랑은 동사/행위어로 쓰이며, 이는 누군가를 위해 또는 누군가에게 무엇을 행한다는 것을 의미한다.)
3. 사랑과 연애의 차이점은 무엇인가?

도입
1. 첫 번째 사랑의 언어인 '인정하는 말'을 알려 준다.
2. 학생들에게 '인정'의 정의를 말해 준다.

란 말이나 글로 대단한 어떤 것이 있음을 말하는 거야. 달리 말하면, 우리가 사람들에게 진심으로 좋은 것을 말하는 하나의 방식이지. '인정하는 말'은 말 또는 글로 표현되는 진실한 언어야. 이를 통해 상대방을 높여 주고 기분 좋게 하면서 격려하거나 사랑받는 느낌이 들게 할 수 있단다. ('진실한 언어'라고 칠판에 쓴다.)

전개

자, 시작하자. 사랑의 언어에 대해 먼저 하고 싶은 말은, 사랑의 언어가 5가지이긴 하지만 사람들은 대부분 그 5가지 중 2가지를 선호한다는 거야. 다시 말해, 사람들은 보통 그 2가지가 가장 좋아하는 사랑의 언어임을 알게 된다는 거지. 그리고 그 2가지가 바로 그 사람이 '가장 사랑받는다'고 느끼게 해주는 것이란다. 너희가 앞으로 해야 할 일은 매주 수업을 듣고 나서 "오늘 배운 이 사랑의 언어가 나를 기분 좋게 하거나 사랑받는다고 느끼게 하는 언어인가?"라고 스스로 생각해 보는 거야. 때로 이 일은 매우 혼란스러울 수도 있어. 모든 사람이 이 5가지 사랑의 언어를 좋아하는 건 사실이지만, 모든 사랑의 언어가 사랑받는다고 느끼게 해주지는 않기 때문이지.

내가 너희에게 이 언어들을 가르치는 목적은 2가지야. 첫째, 너희가 사랑받는다고 느끼게 해주는 것이 무엇인지 알게 되는 것. 둘째, 다른 사람들이 사랑받는다고 느끼게 해주는 것은 무엇인지 알게 되는 것이지. (칠판에 다음과 같이 적는다. '내가 사랑받는다고 느끼게 해주는 것이 무엇인지, 다른 사람들이 사랑받는다고 느끼게 해주는 것이 무엇인지 알아보기.')

앞서 말했듯이, 인정하는 말은 사람들에게 힘을 주는 진실한 언어란다. 늘 그런 것은 아니지만 가끔은 인정하는 말이 칭찬이 아닐 수도 있지. "사랑해."와 같은 인정하는 말들이 꼭 칭찬은 아닐 수도 있는 거야. 너희가 들어서 기분이 좋았거나 힘을 얻었던 말들을 얘기해 볼래? (칠판에 학생들이 이야기한 예들을 쓴다.)

사람들에게 힘을 주는 말들은 많이 있단다. 가끔은 그런 말을 글로 써서 기분을 좋게 할 수도 있어. 예를 들면 카드나 편지 같은 것 말이야. 인정하는 말은 이렇게 말뿐만 아니라 글로도 전달할 수 있어.

1-2학년, 여기서부터 이어서 하세요. 　　　　　　　　　　　2강, 1-2학년, No. 1

학생들에게 2강 활동지의 1번 문제를 읽어 주고 격려의 말 5개를 말풍선에 채워 넣게 한다. 능력에 따라 자신만의 말을 생각해 내는 학생도 있고, 교사가 칠판에 써 놓은 말을 선택하는 학생도 있을 것이다. 다시 말하지만, 이 활동지는 두 개 학년을 위해 만들었음을 잊지 말라. 1학년이라면 한두 개 정도의 문장을 완성할 것이고, 2학년이라면 5개 모두를 완성할 수 있을 것이다.

3. 칠판에 '진실한 언어'라고 쓴다.

전개

1. 사람들이 5가지 언어 중 일반적으로 2가지 언어를 선호하는 양상에 관해 설명한다.

2. 학생들이 할 일은 그 2가지 언어가 어떤 것인지 알아내는 것임을 설명한다.

3. 2가지 수업 목표를 설명한다.
    (1) 학생들이 자신의 사랑의 언어를 알 수 있다.
    (2) 다른 사람들의 사랑의 언어를 안다.

4. 학생들이 들어 본 말 중 사랑받는다고 느끼게 하는 말들을 설명하게 한다.

5. 인정하는 말에 글도 포함된다는 사실을 설명한다.
    • **활동지** [2강, 1-2학년, No. 1]
    • **활동지** [2강, 3-4학년, No. 1]
    • **활동지** [2강, 5-6학년, No. 1]

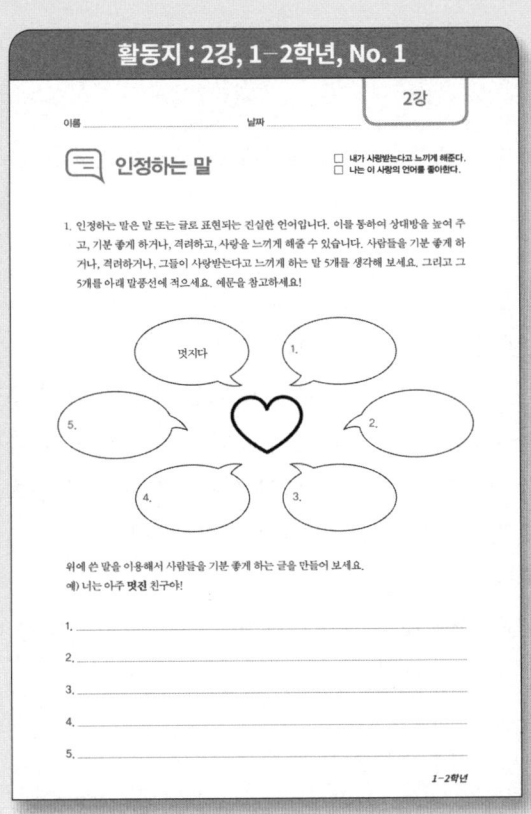

> **3–4학년, 여기서부터 이어서 하세요.**　　　　2강, 3–4학년, No. 1
>
> 자, 지금부터 2강 활동지의 문제 1번을 해볼 거야. 내가 문제를 읽을 테니 너희는 눈으로 조용히 따라 읽어 보렴. 학생들에게 문장을 쓰게 하고, 몇 명을 지목해 발표하게 한다.

> **5–6학년, 여기서부터 이어서 하세요.**　　　　2강, 5–6학년, No. 1
>
> 자, 지금부터 2강 활동지의 문제 1번을 해볼 거야. 내가 문제를 읽을 테니 너희는 눈으로 조용히 따라 읽어 보렴. 학생들에게 인정하는 말을 상자 하나에 쓰게 하고, 또 다른 상자에는 의미가 담긴 하나의 기호 또는 그림을 그리게 한다. 학생들이 문제를 다 풀면 칠판 앞으로 불러(한 번에 두 명씩) 하나씩 그 말을 쓰게 하거나 기호 또는 그림을 그리게 한다. 새로운 생각이 더 이상 떠오르지 않을 때까지 모든 학생에게 이것을 하게 한 다음, 왜 그런 말이나 기호 또는 그림을 택했는지 이야기하게 한다. [기호란 비언어적인 표현으로 매우 강력한 의미를 전달할 수 있다. 자신을 표현하는 하나의 좋은 방법이긴 하지만 학생들은 가끔 이를 간과한다.]

자, 지금부터 실습을 하나 할 거야. 나는 이것을 '가상 수업'이라고 부르지. 말이 얼마나 강력한 도구가 될 수 있는지 보여 줄게.

실습

1. 학생들을 2인 1조가 되게 한다. 만약 학생 수가 홀수이면, 마지막 한 학생은 교사와 짝을 짓는다.
2. 각 조당 한 명씩 손을 들게 한다.
3. 손을 든 학생들이 먼저 시작할 것이라고 말한다.
4. 손을 든 학생들에게, 짝에게 "**너는 정말 멋져.**"라고 말하게 한다.
5. 틀림없이 학생들은 이 말을 큰 감정 없이 말할 것이다. 그럴 때면 나는 항상 소들이 우는 것 같다고 이야기한다. 한 학생이 한 것을 그대로 따라 해본다. 그리고 학생들에게 다시 한 번 해보라고 하면서, 이번에는 목소리에 약간의 감정을 담아 이렇게 말한다. "**너는 정말 멋져!**" 그렇게 시범을 보인 뒤 처음에 했던 학생들이 다시 한 번 말하게 한다.
6. 이번에는 반대로 짝이 먼저 말한 학생에게 같은 말을 하게 한다.
7. 이제 다시 처음에 손을 들었던 학생들에게, 짝에게 다음과 같은 말을 하게 한다. "**나는 너와 같은 반이어서 정말 기뻐!**"
8. 짝이 다시 상대방에게 같은 말을 하게 한다.
9. 학생들을 자리에 앉게 한다.

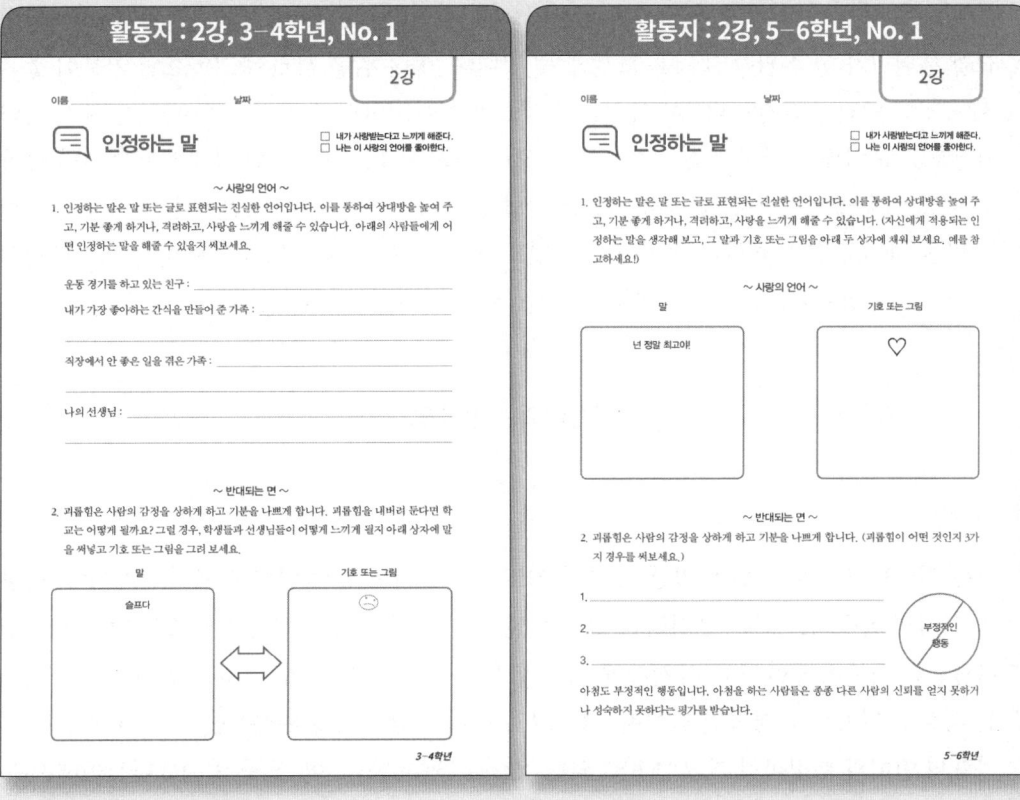

6. 실습 : 가상 수업

7. 가상 수업 종결.

8. 반대되는 면 수업으로 전환.

(이 실습이 끝나면 거의 모든 아이가 소리 내어 웃거나 미소를 짓고 약간은 흥분되어 있어 교실 분위기가 한층 밝아진 것을 느끼게 될 것이다. 좋은 말을 서로 주고받으면 기분이 좋아지는 것이 인간의 본성이다. 이 사실을 학생들과 이야기하면서 이런 실습으로, 진짜가 아닌 가상으로도 이렇게 기분이 좋아지는데, 진심으로 좋은 말을 해준다면 상대방이 얼마나 좋아할지 상상해 보라고 한다. 인정하는 말은 사람에게 힘을 주는 진실한 언어다. 학생들에게 이런 말을 하려고 늘 노력하는 것이 좋다고 알려 준다. 그러나 불행히도 일부 학생들은 부정적인 방식으로 말한다. 그 학생들에게 인정하는 말의 반대되는 면을 듣게 한다.)

[반대되는 면 수업]

도입

모든 것에는 반대되는 면이 있단다. 내가 가르치는 모든 사랑의 언어 역시 마찬가지야. 사랑의 언어의 반대되는 면은 부정적인 행동을 설명해 줘. 우리가 사람들에게 좋은 말을 해주면 사람들은 기분이 좋아지고, 사기가 오르고, 힘을 얻고, 사랑을 느껴. 이것은 '인정하는 말'이라는 사랑의 언어의 긍정적인 면이지. 그리고 우리가 사람들에게 부정적인 말을 하면 그건 이 사랑의 언어의 부정적인 면 또는 반대되는 것으로 간주하는 거야. 모두 이해했니? (이해 여부를 확인한다.)

> **1-2학년, 여기서부터 이어서 하세요.**　　　　　　　　**2-1강, 1-2학년, No. 1**
>
> 학생들에게 2-1강 활동지 1번 문제에 나온 팔각형 그림을 짚어 보게 한다. '괴롭힘'이라는 단어에 주목하게 한 다음, 그 단어를 모든 학생이 들을 수 있도록 크게 말한다. 학생들도 따라서 말하게 한다. 그리고 이 단어의 의미를 아는지 묻고, '예' 또는 '아니요'에 동그라미를 치게 한다. 괴롭힘의 정의를 읽어 주고 학생들이 따라서 그 정의를 읽게 한다.

전개

사랑의 언어의 반대되는 면은 절대 사람의 기분을 좋게 하지 않아. 좋게 하지 않는 정도가 아니라 사실상 언제나 사람의 마음을 상하게 할 가능성이 있지. '인정하는 말'의 반대는 사람에게 상처를 주는 말이야. 우리는 이러한 말을 깎아내리는 말이라고 해. 그 말들이 사람을 깎아내리니까. 학교에서 아이들이 화가 났을 때 이런 종류의 말을 하는 것을 들어 봤을 거야. 예를 들면, "넌 바보야."라든가 "넌 정말 똑바로 하는 일이 하나도 없구나!"와 같은 말들이지. 학교에서는 이런 말들을 굉장히 심각하게 받아들인단다. 실제 서로 그런 말을 해서는 안 된다는

[반대되는 면 수업]

도입

1. 반대되는 면을 지닌 다양한 사례를 학생들과 함께 이야기해 본다. 그 안에는 5가지 사랑의 언어 역시 포함된다.
   긍정적인 면 = 좋다
   부정적인 면 = 나쁘다

2. **활동지** [2-1강, 1-2학년, No.1]

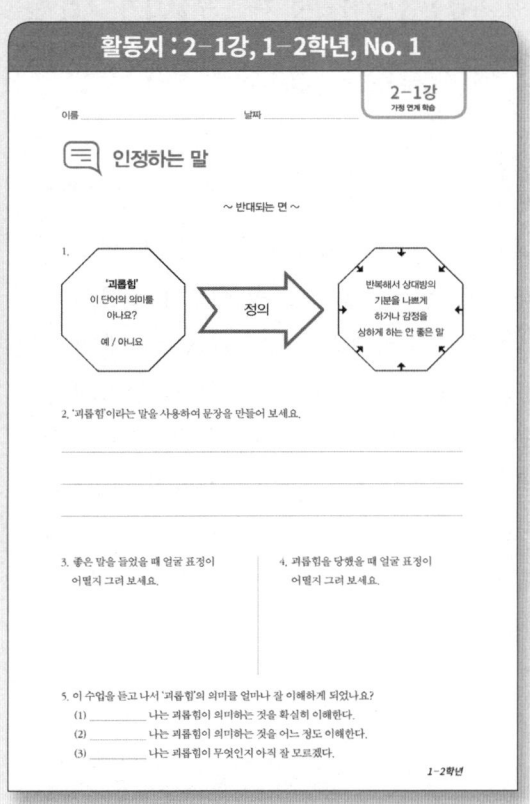

전개

1. 사랑의 언어의 반대되는 면은 절대 사람의 기분을 좋게 하지 못하며, 언제나 사람의 마음을 상하게 할 가능성이 있다.

2. 깎아내리기에 관해 토의한다.

학교 규칙이 있지.

한 사람 또는 여러 명이 다른 사람을 계속 욕하거나 반복해서 깎아내리는 것을 '괴롭힘'이라고 하는데, 이런 괴롭힘은 학교 규칙에 어긋나는 행위야. [실제 학교 방침이나 규율을 소개해도 좋다.]

국가에서도 학내 괴롭힘을 매우 심각하게 받아들이고 있단다. 법률에 따르면, 괴롭힘은 그저 무례한 말을 하는 것 이상으로 훨씬 많은 것을 포함해. 물리적으로 상대방 또는 상대방의 소유물에 해를 끼친다거나 학습을 방해하는 행위, 교실에서 위협적인 분위기를 조성하는 행위, 학교의 질서를 파괴하는 행위, 전화로 위협하는 행위, 위협적인 문자나 이메일을 보내는 행위 등이 모두 포함되지.

선생님들은 모든 학생이 안전하길 원한단다. 그건 다른 학생들에게 괴롭힘을 당하는 학생이 없어야 한다는 얘기지. 그래서 만약 자신이 괴롭힘을 당하거나, 다른 누군가가 그런 일을 당하는 모습을 보면, 아무에게라도 바로 이야기해야 해. [학교에서 이런 괴롭힘을 신고할 수 있는 방법을 소개한다.]

> **1−2학년, 여기서부터 이어서 하세요.**　　　　**2−1강, 1−2학년, No. 2, 3, 4, 5**
>
> 학생들이 2번 문제를 보게 한다. 괴롭힘의 사례들을 다시 읽고 '괴롭힘'이라는 말을 사용하여 문장을 만들어 보게 한다. 그런 다음 3, 4번에 그림을 그리게 하여 그 말의 의미를 더 잘 이해할 수 있게 한다. 괴롭힘을 당한다고 느꼈던 상황에 관해 토의해 보고, 토의가 끝나면 페이지 하단에 있는 반응 중 하나에 표시하게 하여 학생들이 '자체 평가'를 하게 한다. 선택된 반응들을 학생들에게 읽어 준다. 학급 전체를 대상으로 이를 진행할 수도 있고, 한 학생을 선택해 개별적으로 진행할 수도 있다. 개별적으로 진행할 경우, 필요하다면 개념을 다시 가르쳐 줄 기회를 얻을 것이다. 둘 중 어떤 방식으로든, 학생들은 개념을 명확히 이해할 기회를 얻어야 한다. 학생들이 개념을 더 명확히 이해한 뒤에 다시 한 번 자체 평가를 하게 한다.

3. 괴롭힘의 정의를 소개한다.

4. 괴롭힘과 관련한 학교 방침에 대해 토의한다.

5. 자신이 괴롭힘을 당하거나 다른 누군가가 그런 일을 당하는 장면을 목격했을 경우, 어떻게 대처해야 하는지 그 신고 절차를 이야기한다.

6. 괴롭힘과 관련한 법률에 관하여 이야기한다.
    - **활동지 [2-1강, 1-2학년, No. 2, 3, 4, 5]**
    - **활동지 [2강, 3-4학년, No. 2]**
    - **활동지 [2강, 5-6학년, No. 2]**

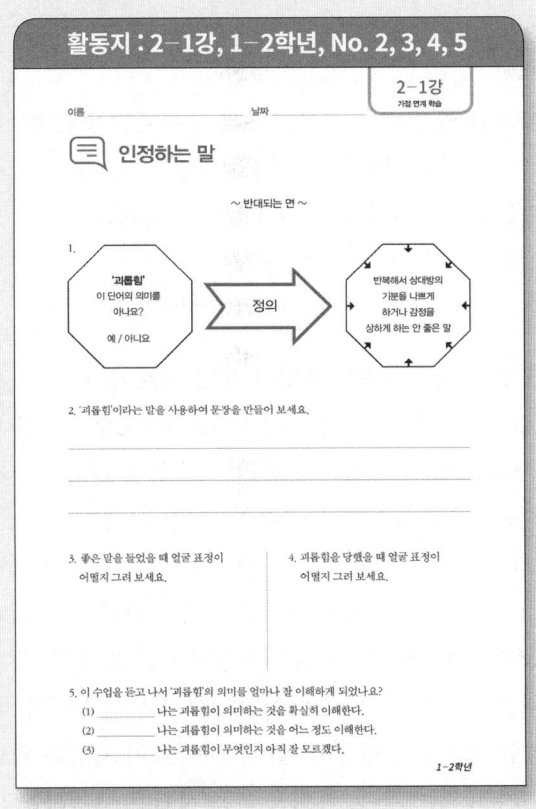

> **3-4학년, 여기서부터 이어서 하세요.**　　　　　2강, 3-4학년, No. 2
>
> **지금부터 2번 문제를 해볼 거야. 내가 문제를 읽을 테니 너희는 조용히 눈으로 따라 읽어 보렴.** 괴롭힘을 내버려 둔다면 학생과 교사에게 학교란 어떤 곳이 될지, 이를 설명하는 말을 쓰거나 기호 또는 그림을 그려 보게 한다.
> 학생들이 문제를 다 풀면 짝과 답을 나누게 한다. 각자 자발적으로 답을 이야기하게 하고 반 전체 토의를 진행한다. 학생들에게 학교가 어떻게 될지 설명하게 하고, 교사가 원한다면 사회적으로 괴롭힘을 내버려 둘 경우 국가가 어떻게 될지 더 깊이 토의해 본다. 토의를 마친 뒤 다음과 같은 질문을 던진다. "**괴롭힘을 금지하는 법이 있어 기쁘지 않니?**"

> **5-6학년, 여기서부터 이어서 하세요.**　　　　　2강, 5-6학년, No. 2
>
> **지금부터 2번 문제를 해볼 거야. 내가 문제를 읽을 테니 너희는 조용히 눈으로 따라 읽어 보렴.** 문제를 읽어 준 다음, 학생들에게 자신이 알고 있는 범위 안에서 괴롭힘이 어떤 것인지 3가지 경우를 쓰게 한다. 그리고 그 내용을 짝과 함께 이야기하게 한 다음, 자진해서 발표하게 한다.

　법에 어긋나는 것은 아니지만, 부정적인 면에 해당하면서 우리가 논할 필요가 있는 또 하나의 행동이 있어. 바로 아첨이지. 아첨이란 자신을 위해 무언가를 얻고자 상대방에게 좋은 말을 하는 행동이야. 나는 너희 중에 이런 행동을 한 적이 있는 사람은 거의 없을 거라고 생각해! (실제로는 그랬던 경험이 많아서 학생들은 보통 낄낄대며 웃을 것이다. 다음과 같은 행동을 하면 이 역시 아첨이라는 사실을 상기시킨다. 나는 보통 한 예로 다음과 같은 역할 놀이를 한다. "엄마, 엄마는 정말 최고예요! 나 친구 집에 놀러 가도 돼요?") 무언가를 얻기 위해 인정하는 말을 하는 것은 잘못된 거야. 누군가에게 칭찬을 하거나 좋은 말을 하고 나서 "내가 …… 가져도 될까?" 또는 "내가 …… 가도 되겠니?"라는 질문이 이어진다면 그건 아첨이지. 따라서 보통 자신이 아첨을 하는지 안 하는지는 스스로 구별할 수 있어. 사람들이 자신을 위해 무언가를 얻을 목적으로 아첨을 할 때 신뢰가 깨지는 거야. 아첨을 듣는 사람은 아첨하는 사람의 말이 진실하지 않다는 것을 느끼면 곧 그 사람을 의심하게 되지. 그 사람이 하는 말을 믿어도 될지 고민하기 시작하는 거야. 사람들은 대부분 아첨꾼과 친구가 되길 원치 않는단다.

　어떤 것을 원할 때는 분명하고 정직하게 요청해야 해. 상대가 그 요청을 흔쾌히 수락하든 수락하지 않든 그 결과를 받아들일 마음의 준비도 갖춰야 하고, 달리 말하면, 대답이 "싫어."이면 그건 그대로 "안 된다"는 거야. 그때는 그 대답을 두고 논쟁하지 말고 너희가 원하는 것을 나중에는 얻을 수 있을지 묻는 거지. 어른이 되고 성숙해진다는 것은 타인의 선택을 수용

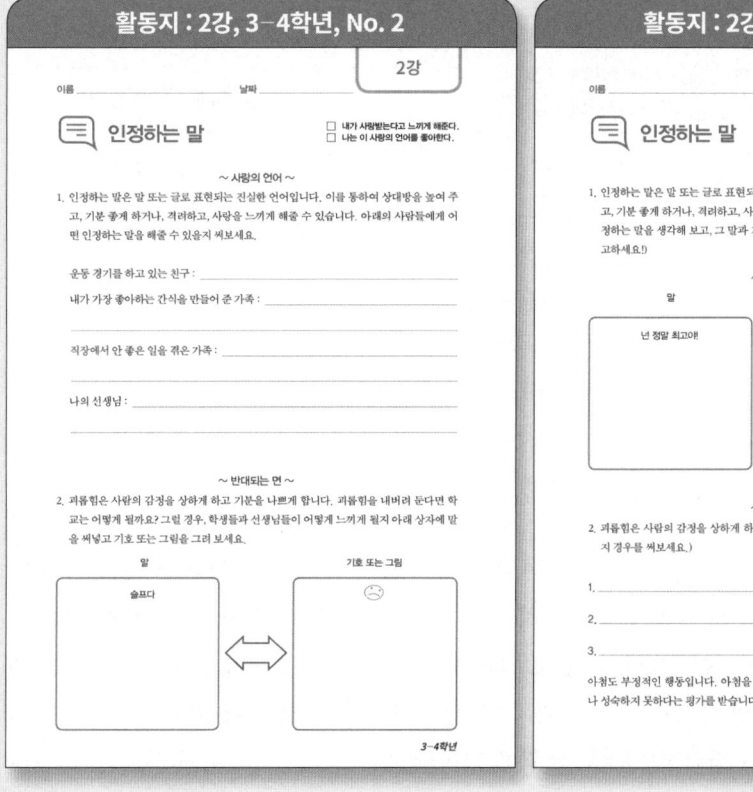

7. 아첨의 개념을 소개한다.

8. 아첨의 해로운 결과에 관해 토의한다.

9. 타인에게 부탁할 일이 있을 때, 이런 상황에 대처하는 성숙한 방법에 관해 토의한다.
   • **활동지** [2강, 5-6학년, No. 2]

할 줄 알게 된다는 거야. 설사 그 선택이 듣기 싫은 결과라도 말이야.

> **5-6학년, 여기서부터 이어서 하세요.**　　　　　　　　　　2강, 5-6학년, No. 2
>
> 학생들에게 활동지의 아래쪽을 보게 한다. 각자 아첨의 정의를 읽게 하고, 아첨하는 사람들이 왜 종종 신뢰를 잃고 성숙하지 못한 사람으로 평가받는지에 대해 반 전체 토의를 진행한다.

자, 지금부터 오늘 배운 것들을 복습해 보자.

정리

오늘 우리는 인정하는 말이라는 사랑의 언어에 대해 배웠어. 인정하는 말은 진실한 언어(말 또는 글)로 이에는 사람들을 세워 주고 격려하는 칭찬도 포함된다는 걸 배웠지. 또한, 모든 사랑의 언어에는 반대되는 면이 있다는 사실도 알게 됐어. 오늘 배운 2가지 부정적인 행위는 괴롭힘, 즉 말로 사람들에게 상처를 주는 행위와 아첨이 있었지. 아첨은 자신만을 위해 무언가를 얻고자 듣기 좋은 말을 하는 이기적인 행위를 의미해.

　이 사랑의 언어를 가르치면서 내가 세운 2가지 목표가 무엇일까? (학생들에게 말해 준다. 첫째, 너희가 각자 자신의 사랑의 언어를 알게 하는 것, 그리고 둘째, 다른 사람들의 사랑의 언어를 알아낼 수 있게 하는 것이란다.) 이 질문에 대해 생각해 보렴. "인정하는 말이 내가 사랑받는다고 느끼게 해주는 사랑의 언어인가? 아니면 친절한 말을 듣는 건 좋아하지만, 사랑받는다는 느낌이 들지는 않는가?" 활동지의 상단 오른쪽에 있는 두 문장 중 하나를 선택해 그 옆에 있는 네모 칸에 표시해 보렴. 문항은 "내가 사랑받는다고 느끼게 해준다."와 "나는 이 사랑의 언어를 좋아한다."야.

　사랑의 언어를 익히는 가장 좋은 방법은 실제로 사용해 보는 거야. 너희가 생각하기에 친절한 말을 들으면 사랑받는다고 느낄 사람들을 떠올려 보렴. 아주 간단한 과제를 내줄 테니까 이 과제를 하면서 그 과정을 기억하고 다음 시간에 발표할 준비를 해오렴. 다음 수업 시간에 몇 명은 발표를 시켜 볼 거야. 과제는 다음과 같아.

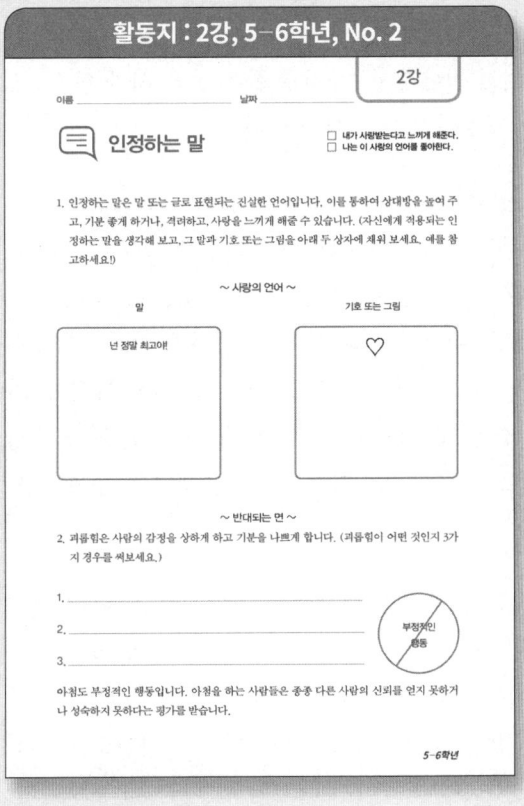

정리

1. 인정하는 말의 정의를 복습한다.

2. 2가지 부정적인 행위를 다시 말해 본다.
   (1) 괴롭힘
   (2) 아첨

3. 사랑의 언어를 가르치는 목표를 학생들이 다시 말하게 한다.
   (1) 학생들이 자신의 사랑의 언어를 배운다.
   (2) 다른 사람들의 사랑의 언어를 알아낼 수 있다.

4. 활동지의 상단 오른쪽에 있는 두 문장 중 하나를 선택해 그 옆에 있는 네모 칸에 표시하게 한다. 문항은 "내가 사랑받는다고 느끼게 해준다."와 "나는 이 사랑의 언어를 좋아한다." 이다.

5. 개별 학습을 위한 설명을 한다.

개별 학습 및 과제

1. 각각의 학생이 이 수업을 듣지 않는 학생에게 적어도 한 가지씩 좋은 말을 하게 한다. 그 말은 진실하고 예상치 않은 말이어야 하며 격려의 뜻을 담아야 한다.

2. 각각의 학생이 자신들의 부모님에게 좋은 말을 하게 한다. 그 말은 진실하고 예상치 않은 말이어야 하며 격려의 뜻을 담아야 한다. 부모님에게 사랑한다는 말을 잘 하지 않거나 특히 한 번도 한 적이 없는 학생이 있다면 부모님에게 사랑한다는 말을 하도록 독려한다. [모든 학생에게 다 적절한 것은 아닐 수 있다. 이를 편안해 할 경우 말하게 하라. 때로 억지로 부모님에게 "사랑해요."라고 말하도록 강요하면 안 되는 상황들이 있다. 이 경우 가족 중에 칭찬해 줄 사람을 생각하게 한다. 실상 대부분은 "사랑해요."라는 말을 해도 괜찮은 상황일 것이다. 이 책은 일반적인 학생들을 위해 쓰였다. 교사가 상황에 잘 맞게 적용하길 바란다.]

3. 사람들에게 이것이 과제라고 말해 줄 필요는 없다고 학생들에게 이야기한다. 나는 학생들에게 만약 내가 누군가에게 다가가서 다음과 같이 말한다면 그 말이 어떻게 들릴지 물어본다. "이건 과제라서 하는 말인데, 야구를 하는 너의 모습이 정말 멋지다고 이야기하고 싶어." 그리고 학생들에게 과제로 하는 말을 상대방이 진실하거나 정직하다고 생각하지는 않을 거라고 설명해 준다. 그것은 마치 엄마나 아빠가 다가와서 "나는 네 부모란다. 그래서 너를 사랑한다고 말할 거야. 그게 내 의무니까. 사랑해."라고 이야기하는 것과 같다. 그럼 학생들은 보통 웃으며 요점을 이해한다.

4. 학생들이 다른 사람들에게 할 수 있는 얘기들의 예를 들어 보게 하고, 매우 구체적으로 얘기할 수 있게 한다. 단순히 "멋져 보이는데!"라고 말하기보다 "파란색 셔츠가 진짜 잘 어울린다. 정말 최고로 멋져 보여!"와 같이 말이다.

5. 보통 학생들은 자신의 가족을 칭찬하는 일이 거의 없으므로 칭찬을 듣는 가족은 그 동기를 의심할 수 있다는 사실을 상기시킨다. 나는 이 과제를 수행했던 학생들이 나에게 와서 부모님이 자신이 건넨 좋은 말을 듣고 첫 번째 하신 말씀이 "뭐 원하는 것이 있니?"였다는 말을 많이 들었다. 그럴 경우에는 부모님에게 인정하는 말을 연습하고 있는 거라고 설명해도 좋다고 이야기해 준다.

6. 학생들에게 다음 수업이 언제이며 과제를 언제까지 완수해야 하는지 알려 준다.

7. 칠판에 써 놓은 학습 목표를 복습한다. 이 3가지 목표를 얼마나 잘 달성했는지 학생들끼리 아주 짧게 이야기하게 한다.

개별 학습 및 과제

1. 학생들에게 다음과 같이 인정하는 말을 사용하게 한다.
   (1) 다른 반 학생에게 칭찬하기.
   (2) 부모님에게 좋은 말 해드리기.

2. 사람들에게 이것이 과제라고 말해 줄 필요는 없다고 학생들에게 이야기한다. 그 이유도 설명한다.

3. 다음에 있을 사랑의 언어 수업 시간에 이번에 내준 과제에 대해 질문할 것이라고 학생들에게 공지한다.

4. 다음에 있을 사랑의 언어 수업 시간을 공지한다.

5. 칠판에 써 놓은 학습 목표를 복습한다. 이 3가지 목표를 얼마나 잘 달성했는지 학생들끼리 아주 짧게 이야기하게 한다.

수업을 마치며

아이들은 서로 난폭하게 굴기도 한다. 학교에서는 매일 상처 주는 말들이 오고 간다. 그래서 학생들에게 괴롭힘이 무엇인지 알게 하고, 이를 신고할 수 있게 하는 것은 굉장히 중요하다. 신고는 고자질과 다른 것이다. 나는 학생들에게 고자질은 누군가를 곤란에 빠뜨릴 목적이 있는 행위라고 말한다. 만약 학생들이 이에 대해 자세히 배운 경험이 없다면, 나는 보통 따로 한 수업을 마련해 신고와 고자질 간의 차이점을 구별하는 방법을 가르쳐 준다. 교사들은 대부분 자신의 기준으로 그 차이점을 훑어보고 지나가는 정도다.

이러한 부정적인 행동에 대해 가르칠 때, 가끔 나는 시 한 수를 읊으며 시작한다. "막대기와 돌로 내 뼈를 부러뜨릴 수는 있어도……." 그리고 학생들에게 이 시의 나머지를 읊어 보게 한다. "말로는 절대 나를 다치게 할 수 없다." 아이들이 다 읽고 나면 나는 이렇게 말한다. "이 시는 거짓이야. 말은 사람을 다치게 할 수 있고 또 다치게 하지. 가끔은 물리적인 행동보다 더 큰 상처를 입히기도 한단다." 그리고 말이란 입을 떠나 귀를 지나서 바로 마음으로 가는 것이라고 말해 준다. 일단 사람이 말을 한번 내뱉으면, 그 말은 다시 주워 담을 수 없다. 말한 것에 대해 용서를 구할 수는 있으나 그렇다고 그 말이 사라지는 것은 아니다. 그래서 나는 학생들에게 말을 아주아주 신중하게 하라고 가르친다.

과제는 보상의 수단으로도 활용한다. 과제가 어떻게 진행되었는지 매주 다른 학생들에게 발표할 기회를 제공한다고 말하라. 발표하는 학생들은 마지막 수업 시간에, 상품을 놓고 제비를 뽑을 기회를 얻을 것이다. 제비뽑기 참여권을 얻는 것은 아주 좋은 일이다. 발표를 자원하는 학생에게 제비를 주며 그 제비에 자신의 이름을 쓰게 한다. 사랑의 언어 수업을 모두 마치면 최종 추첨을 진행한다.

교육자로서 우리는 학생을 칭찬하는 일에 매우 능숙하다. 만약 우리가 그렇게 하지 않는다면, 학생들은 수업 시간을 좋아하지 않을 것이다. 비록 칭찬이 그들의 사랑의 언어가 아닐지라도 말이다. 칭찬을 연습하라. 그리고 칭찬할 때는 구체적으로 하라. 이 수업을 진행하면서 인정하는 말이 사랑의 언어인 학생들을 찾아보라. 학생들의 사랑의 언어를 발견하고 그에 맞는 방법으로 사랑하기 시작하면, 학생들은 학습 목표 달성을 위해 노력할 가능성이 훨씬 더 클 것이다. 교사와 학생 간의 관계는 교육 성과에 매우 중요한 역할을 한다.

교실 이야기

이 수업이 끝나고 일주일 뒤 나는 또 다른 사랑의 언어를 가르치러 다시 그 반으로 들어갔다. 학생들에게 과제가 어떻게 진행되었는지 물었다(각 사랑의 언어를 가르치기 전에 하는 일이다). 다소 원만하지 않은 가정 환경에서 사는 한 4학년 여학생이 손을 들었다. 나는 그 여학생에게 과제에 관해 물었다.

그 아이는 조용한 목소리로 "엄마에게 사랑한다고 말씀드렸어요."라고 말했다.

"잘했구나! 어머님께 그런 말씀을 드린 것이 처음이었니?"

"네." 아이는 조용히 대답했다.

"어머님의 반응은 어떠셨니?" 내가 물었다.

"엄마가 울기 시작하시더니 저를 꼭 안아 주셨어요. 그렇게 한참을 안아 주셨어요."

"그것이 네 어머니의 사랑의 언어일까?" 내가 물었다.

"네, 그리고 엄마도 저를 사랑한다고 말씀하셨어요. 엄마에게 사랑한다는 말을 들은 게 저도 처음이었어요. 우리는 같이 울었어요."

나는 그 아이의 얼굴을 보았다. 눈시울이 살짝 붉어져 있었다. "과제를 진지하게 받아들이고 노력해 주어서 고맙구나. 그런 모습이 나에게는 큰 의미가 있단다. 너와 네 어머니가 앞으로도 좋은 말들을 서로 훨씬 많이 주고받을 수 있길 바란다."

부모와 자식 사이에 서로 사랑을 말로 표현하지 않는 가정이 여전히 많다는 것은 놀라운 일이다. 이날 내가 배운 교훈은 이런 과제를 절대 과소평가하지 말자는 것이었다. 아주 단순한 행동만으로도 이렇게 닫혀 있던 많은 문이 열릴 수 있다.

Chapter 4
함께하는 시간

수업을 시작하며

함께하는 시간은 내가 아주 좋아하는 나의 제1의 사랑의 언어다. 진심으로 내 인생에 관심을 두고 나와 함께하기 위해 기꺼이 자신의 시간을 쓰는 사람. 내게는 이보다 더 큰 사랑을 느끼게 하는 사람은 없다. 그런데 말은 이렇게 해도, 누군가와 시간을 함께하는 방법을 제대로 아는 사람을 찾기란 매우 어렵다는 것을 나는 잘 안다. 사랑의 언어가 함께하는 시간인 사람을 사랑하는 것은 상당한 노력을 요한다.

   교육자로서 꾸준히 관찰해 보니, 함께하는 시간이 사랑의 표현이 될 수 있다는 사실을 천성적으로 이해하고 있는 학생은 소수에 불과한 듯하다. 이런 학생들은 친구들에게 인기가 많은 편이다. 비록 소수의 학생만이 이런 특성을 타고나긴 하지만 모든 학생에게는 이를 배울 만한 능력이 있다. 학생들에게 함께하는 시간으로 사랑을 표현하는 법을 가르치는 것은, 우정을 쌓을 수 있도록 돕는 것과 같다.

   모든 사랑의 언어 중 함께하는 시간은 교육자들에게 가장 어려운 과제일 수 있다. 먼저, 학생들은 많은데 이를 가르치는 교사는 단 한 명이라는 점과 둘째, 사랑의 언어가 함께하는 시간인 학생들은 오랜 시간을 함께하고 싶어 하는 경향이 있다는 점에서 그렇다! 이러한 학생들은 보통 학기가 시작되는 첫 주에 알 수 있다. 손을 들어 자기 생각을 발표하거나, 양호실에 가거나, 쉬는 시간에 교실에 머물면서 지속적으로 교사에게 다가가 도움을 요청하는 학생들이 바로 그런 학생들이다. 엎친 데 덮친 격으로 함께하는 시간을 원하는 학생들은 누군가가 자신의 이야기를 들어 주길 원한다. 이 말은 종종 그런 학생들이 한꺼번에 이야기할 수 있으며, 각자 하고 싶은 말을 하기 위해 경쟁한다는 뜻이다! 물론 이런 학생들을 대할 때, 교사는 몇 가지 대처 방안을 생각하는데, 아래 1-7번 방안은 실용성이 없다.

1. 학생들을 무섭게 대하여 자신의 말을 따르게 한다. 나는 이것을 '힘 있는 자의 비열한' 전략이라고 부른다.
2. 학생들을 무시하고 가까이 오지 않길 바란다.
3. 규율 준수에 대해 끊임없이 토의한다.

4. 학생들을 복도나 다른 곳에 있게 한다.
5. 조기 퇴직을 선택하거나 이직을 모색한다.
6. 사랑의 언어가 함께하는 시간인 학생들에게 모든 관심을 쏟고, 나머지 학생들은 스스로 알아서 하게 둔다.
7. 위 1에서 6까지의 태도를 동시에 보이거나, 다른 대처 방안을 실행하기도 한다.
8. 학생들에게 함께하는 시간에 대해 가르쳐 주고, 무엇이 그들의 행동에 동기를 부여하는지 발견할 수 있게 도와준다.

교사가 학생과 더 깊이 소통할 때, 학생은 일반적으로 더욱 순응하게 되고 기꺼이 교사를 돕는다. 왜 그럴까? 교사가 학생을 잘 알고 이해한다는 사실이 학생들에게 더 큰 안정감을 주기 때문이다. 학생들은 대부분 지속적인 관심을 원하는데, 이는 자신의 욕구가 충족되지 않는다고 느끼기 때문이다. 설령 교사가 이 세상에서 행해지는 모든 함께하는 시간을 이 학생들에게 제공한다고 해도, 학생들에게는 여전히 충분하지 않을 것이다. 함께하는 시간이 충분하다고 느껴지게 하려면, 이해가 동반되어야만 하기 때문이다. 함께하는 시간을 원하는 학생들은 상대방이 기꺼이 자신을 위해 함께할 때만 만족을 느낀다. 그러려면 학생들이, 교사가 학생의 욕구를 알고 그 욕구를 충족시켜 주기 위해 노력하고 있다는 것을 느껴야 한다.

한편, 학생이 자신의 욕구를 이해하는 것 또한 상당히 중요하다. 그래야 교사와 학생 모두 같은 목적으로 함께할 수 있기 때문이다. 어떨 때 자신이 사랑을 느끼는지를 아는 학생은 자신에게 필요한 것도 더욱 분명히 표현할 수 있을 것이다. 이는 매우 중요한 개념이며 사랑의 언어 수업 전반에 걸쳐 흐르는 주요 주제 중 하나다. 학생이 자신의 욕구를 교사에게 표현할 수 있을 때, 교사와 학생 모두 해답을 찾을 수 있는 공통의 토대가 생기는 것이다. 이 기본 원칙은 모든 사랑의 언어에 적용된다. 사랑받거나 사랑받지 못한다고 느끼는 것은 학생의 태도와 직접적인 관련이 있다는 내 말을 믿길 바란다!

내가 재직 중인 학교에서 1학년부터 5학년까지 학생 600명을 대상으로 설문 조사를 했다. 우리는 대부분 학생들이 가장 많이 선택한 제1의 사랑의 언어가 '선물'일 것이라고 예상했다. 하지만 놀랍게도 '함께하는 시간'이 압도적인 1위를 차지했고, '선물'은 최하위에 머물렀다. 왜 이런 결과가 나왔는지 궁금한가? 생각해 보라. 바쁘게 일하는 부모들이 얼마나 많은지, 엄청난 책무에 짓눌리고 있는 교사들이 얼마나 많은지, 서로 떨어져 지내는 가족들이 얼마나 많은지를 말이다. 아이들은 함께하는 시간을 갈망하고 있으며 이는 학교생활에서 그대로 드러난다. 학생들에게 자신의 욕구가 무엇인지 알도록 가르치라. 그러면 자신의 가족과 선생님 그리고 친구들에게 그 욕구에 관해 이야기하게 될 것이다. 그리고 사랑받는 느낌을 주는 것이 무엇인지 솔직하게 토의해 보라. 학교에 이런 근본적인 인간적 요소를 되찾아 주기 위해 노력하라. 교육자로서 우리는 계획적으로 우리의 학생들과 함께 문제가 되는 행동을 감소시킬 수 있다. 모두가 알면 모두가 행복하다.

3강
함께하는 시간
(원고형 교안)

목표

학생들은 두 번째 사랑의 언어인 '함께하는 시간'을 알게 된다. 그리고 함께하는 시간의 4가지 기술과 그 활용법에 관해 설명할 수 있게 된다. 또한, 함께하는 시간의 반대되는 면, 즉 다른 사람을 의도적으로 소외시키는 행위(왕따)를 설명할 수 있게 된다. 그리고 그런 때조차도 소외된 사람들에게 편안함을 느끼게 해주는 다른 방안을 설명할 수 있게 된다.

칠판에 다음과 같이 쓴다.

1. 나는 함께하는 시간과 그 4가지 기술에 대해 설명할 수 있다.
2. 나는 함께하는 시간의 반대되는 면을 설명할 수 있다.
3. 나는 다른 사람들이 소외될 때 그들이 편안함을 느끼게 하는 방법을 안다.

(30초간 오늘 배우게 될 것에 대해 학생들끼리 이야기하게 한다.)

복습

이전 수업의 복습을 위해 자원하는 학생을 지목해 다음의 내용을 설명하게 한다.

1. 사랑의 언어를 가르치는 2가지 목표는 무엇인가? (자신의 사랑의 언어를 아는 것과 다른 사람들의 사랑의 언어를 알아낼 수 있게 되는 것)
2. 가장 최근에 배운 사랑의 언어는 무엇인가? (인정하는 말)
3. 지난 수업의 학습 목표를 복습한다.
4. 인정하는 말이란 무엇인가? (말 또는 글로 표현되는, 누군가를 격려하거나 높여 주는 진실한 언어)
5. 상대방을 격려하고 높여 줄 수 있는 몇 가지 말들을 열거한다. (답은 다양하다.)
6. 인정하는 말의 반대되는 면으로 간주하는 2가지는 무엇인가? (괴롭힘과 아첨)
7. 자신이 괴롭힘을 당하거나 다른 누군가가 그런 일을 당하는 장면을 목격했을 경우, 신고 절차는 어떻게 되는가? (답은 다양하며 학교마다 그 규율에 따라 다르다.)
8. 자원하는 학생 몇 명을 지목해 과제가 어떻게 진행되었고, 어떤 경험을 했는지 잠시 토의하게 한다.

3강
함께하는 시간
(요약형 교안)

목표

학생들은 두 번째 사랑의 언어인 '함께하는 시간'을 알게 된다. 그리고 함께하는 시간의 4가지 기술과 그 활용법에 관해 설명할 수 있게 된다. 또한, 함께하는 시간의 반대되는 면, 즉 다른 사람을 의도적으로 소외시키는 행위(왕따)를 설명할 수 있게 된다. 그리고 그런 때조차도 소외된 사람들에게 편안함을 느끼게 해주는 다른 방안을 설명할 수 있게 된다.

   칠판에 다음과 같이 쓴다.

1. 나는 함께하는 시간과 그 4가지 기술에 대해 설명할 수 있다.
2. 나는 함께하는 시간의 반대되는 면을 설명할 수 있다.
3. 나는 다른 사람들이 소외될 때 그들이 편안함을 느끼게 하는 방법을 안다.

(30초간 오늘 배우게 될 것에 대해 학생들끼리 이야기하게 한다.)

복습

이전 수업의 복습을 위해 자원하는 학생을 지목해 다음의 내용을 설명하게 한다.

1. 사랑의 언어를 가르치는 2가지 목표는 무엇인가? (자신의 사랑의 언어를 아는 것과 다른 사람들의 사랑의 언어를 알아낼 수 있게 되는 것)
2. 가장 최근에 배운 사랑의 언어는 무엇인가? (인정하는 말)
3. 지난 수업의 학습 목표를 복습한다.
4. 인정하는 말이란 무엇인가? (말 또는 글로 표현되는, 누군가를 격려하거나 높여 주는 진실한 언어)
5. 상대방을 격려하고 높여 줄 수 있는 몇 가지 말들을 열거한다. (답은 다양하다.)
6. 인정하는 말의 반대되는 면으로 간주하는 2가지는 무엇인가? (괴롭힘과 아첨)
7. 자신이 괴롭힘을 당하거나 다른 누군가가 그런 일을 당하는 장면을 목격했을 경우, 신고 절차는 어떻게 되는가? (답은 다양하며 학교마다 그 규율에 따라 다르다.)
8. 자원하는 학생 몇 명을 지목해 과제가 어떻게 진행되었고, 어떤 경험을 했는지 잠시 토의하게 한다.

9. 학생들이 사랑의 언어를 배울 때마다 이 질문에 대해 생각해 보게 한다. "이 언어가 내가 사랑받는다고 느끼게 해주는 사랑의 언어인가, 아니면 단지 좋아하는 것인가?"

도입

오늘은 두 번째 사랑의 언어를 배울 거야. 함께하는 시간이라고 하지. (칠판에 '함께하는 시간'이라고 쓴다.) **함께하는 시간이란 사랑받는 감정을 느끼게 하는 사랑의 언어로 상대방을 위해 내가 기꺼이 쓰는 의도적인 시간을 말해.** (칠판에 '의도적인 시간'이라고 쓴다.)

5−6학년, 여기서부터 이어서 하세요.	3강, 5−6학년, No. 1
학생들에게 3강 활동지 1번 문제의 빈칸에 '의도적인 시간'이라고 쓰게 한다.	

다시 말해서, 함께하는 시간은 오롯이 내가 함께 시간을 보내는 사람을 위한 거야. 설명을 들어 볼래?

전개

어떤 사람들은 누군가가 자신과 함께 시간을 보내 줄 때 사랑받는다고 느낀단다. 사실 사람들은 모두 누군가와 함께 있고 싶어 하지. 하지만 함께 시간을 보낸다고 해서 누구나 다 사랑받는 느낌이 드는 건 아니야. 이처럼 함께하는 시간은 같이 외출하거나 노는 것 그 이상의 것을 말해. 오직 상대방에게 사랑을 느끼게 해주려는 마음으로 함께할 때만이 함께하는 시간이라 불릴 수 있는 것이지. 칠판에 쓴 것처럼 함께하는 시간은 목적성이 있는 행위야.

함께하는 시간으로 누군가를 사랑하고자 한다면, 사랑을 느끼게 하려는 목적으로 기꺼이 자신의 시간을 들여서 그 사람과 함께 있어 주어야 해. 그럼 함께하는 시간은 어떻게 이루어질까?

5−6학년, 여기서부터 이어서 하세요.	3강, 5−6학년, No. 2
함께하는 시간의 4가지 기술을 칠판에 쓰며 수업하면서 학생들에게 활동지 2번 문제의 왼쪽 빈칸에 그 기술들을 써넣게 한다.	

1. 누군가의 사랑의 언어가 함께하는 시간이라는 것을 알아냈다면, 함께 놀자고 부르거나 함께 놀아도 괜찮겠냐고 물어보렴. 함께하는 시간을 원하는 사람들은 누군가가 자신을 불러주는 걸 무척 좋아한단다! (칠판에 '초대하기'라고 쓴다.)

9. 학생들이 사랑의 언어를 배울 때마다 이 질문에 대해 생각해 보게 한다. "이 언어가 내가 사랑받는다고 느끼게 해주는 사랑의 언어인가, 아니면 단지 좋아하는 것인가?"

도입

1. 함께하는 시간이라는 사랑의 언어를 소개한다.

2. '함께하는 시간은 의도적인 시간'이라고 칠판에 쓴다.
   - **활동지 [3강, 5-6학년, No. 1]**

전개

1. 함께하는 시간은 의도적인 시간이다.
   - **활동지 [3강, 5-6학년, No. 2]**

2. 친구와 놀다가 다른 것을 하고 싶지는 않은지 친구에게 물어보렴. 처음에는 어떤 제안도 먼저 하지 않는 게 좋아. 친구가 정말로 원하는 것을 말하게 하는 게 목적이니까. 누군가와 함께하는 시간을 보낸다는 것은 그 시간을 온전히 그 사람을 위해 쓴다는 의미야. (칠판에 '하고 싶은 것 묻기'라고 쓴다.)

3. 사랑의 언어가 함께하는 시간인 사람과 시간을 보낼 때, 그 사람에 대해 그리고 그 사람의 관심사에 대해 질문해 보렴. 상대방에 대한 질문은 나 자신보다는 상대에게 좀 더 집중하고 있음을 보여 주는 거니까. 함께하는 시간을 원하는 사람들은 상대가 자신에 대한 관심으로 질문을 해줄 때 매우 좋아한단다. (칠판에 '관심거리 질문하기'라고 쓴다.)

4. 타인의 말을 잘 들어 주는 사람이 되는 법을 배워야 해. 상대가 이야기할 때, 잘 듣고 있다는 증거로 다음과 같은 질문을 해보렴. "정말 농구를 좋아하는구나. 팀에 소속되어 있는 거야?" (칠판에 '잘 들어 주기'라고 쓴다.)

함께하는 시간을 원하는 사람과 친구가 되려면 많은 노력이 필요해. 칠판에 적은 이 4가지 기술을 잘 적용하는 학생들은 보통 친구가 많단다. 그런데 사실 이 4가지 기술은 함께하는 시간을 원하는 사람들에게만 유용한 것이 아니라 거의 모든 사람에게 유용해. 단지 차이가 있다면, 함께하는 시간을 원하는 사람들은 이 4가지 행동에 사랑을 느끼지만, 다른 사람들은 그저 아주 좋아하는 행동일 뿐인 거지. 이건 친구를 사귀고 우정을 쌓는 훌륭한 방법이야. 함께하는 시간을 원하는 사람 역시 이 기술을 배우고 연습할 필요가 있단다. 그러면 그 사람들도 자신과 사랑의 언어가 같은 사람들을 사랑하는 법을 배울 수 있을 테니까. 어때? 이제는 이 기술들이 배울 가치가 있다는 걸 알겠지?

> **1-2학년, 여기서부터 이어서 하세요.**   3강, 1-2학년, No. 1, 2
>
> 학생들에게 3강 활동지의 1번 문제를 읽어 준 다음, 친구와 함께하는 모습을 그리게 한다. 그림을 완성하면 그 그림이 친구와 무엇을 하는 내용인지 2번 문제의 빈칸에 글로 써보게 한다. 다 쓰고 나면 작성한 글을 짝에게 읽어 주며 무엇을 하는 그림인지 설명하게 한다.

2. 칠판에 4가지 기본 기술을 쓴다.
   (1) 함께 놀자고 부르거나 함께 놀아도 괜찮겠냐고 물어본다.
   (2) 무엇을 하고 싶은지 묻는다. 상대방이 먼저 제안할 수 있게 한다.
   (3) 상대방에 대해 질문한다.
   (4) 말을 잘 들어 준다.

3. 이런 기술을 잘 습득한 사람들은 보통 친구가 많다.

4. 사람들은 모두 누군가와 함께 있고 싶어 하지만, 함께 시간을 보낸다고 해서 누구나 다 사랑받는 느낌이 드는 건 아니다.
   - 활동지 [3강, 1-2학년, No. 1, 2]
   - 활동지 [3강, 3-4학년, No. 1]
   - 활동지 [3강, 5-6학년, No. 2]

3강

함께하는 시간
원고형 교안

> **3-4학년, 여기서부터 이어서 하세요.** 　　　　　3강, 3-4학년, No. 1
>
> **지금부터 3강 활동지의 1번 문제를 풀어 볼 거야. 내가 문제를 읽을 테니 너희는 조용히 눈으로 읽어 보렴.** 친구 또는 가족이 사랑받는 느낌이 들도록, 함께하는 시간의 기술을 활용하여 실행할 수 있는 활동을 써보게 한다. 활동은 단체 활동이 아닌 단 둘만의 활동이어야 한다.

> **5-6학년, 여기서부터 이어서 하세요.** 　　　　　3강, 5-6학년, No. 2
>
> 학생들에게 2번 문제의 오른쪽 4개 상자 안에 각각의 기술이 중요한 이유를 하나씩 쓰게 한다. 모든 상자를 채우면 그 내용을 서로 나누며 생각의 폭을 넓힐 수 있게 한다. 그런 뒤 함께하는 시간의 기술을 체득할 수 있도록 학생들에게 가상의 상황을 제시한다. 이를테면 다음과 같다. "할아버지 댁에 저녁 식사를 하러 가는 거야. 가서는 할아버지와 함께 TV를 보고 있는데 할아버지의 사랑의 언어가 함께하는 시간임을 알아채는 거지. 이때 뭐라고 말하고 행동하면서 함께하는 시간의 4가지 기술을 활용할 것 같니?"

자, 이제 이 사랑의 언어의 반대되는 면을 알아보자.

[반대되는 면 수업]

도입

안타깝게도 모든 사람이 이 4가지 기술을 능숙하게 사용할 수 있는 건 아니야. 사실 어떤 학생들은 그저 자신만 알지. 이런 사람을 우리는 뭐라고 하더라? (이기적이다.)

전개

자기 자신만 아는 학생들은 다른 사람의 욕구에 대해서는 거의 신경을 쓰지 않아. 보통 다른 사람의 말은 잘 듣지 않으면서 오로지 자신이 원하는 것만 하길 좋아하고 또 대부분 자신에 대해서만 이야기하지. 이런 학생들은 대체로 진정한 친구가 많지 않아. 안타까운 일이야. 이런 친구들은 사람들이 자신의 친구가 되고 싶어 하지 않는 이유를 절대 알 수 없지. 하지만 방금 내가 칠판에 쓴 이 4가지 기술을 활용하는 법을 배울 수만 있다면 이 학생들 역시 좀 더 바람직한 생활을 할 수 있을 거야. 이 질문에 대해 한번 생각해 보렴. "나는 4가지 기술을 활용하는 사람인가, 아니면 주로 나 자신만 생각하는 사람인가?" "주로 나 자신만 생각한다."라는 대

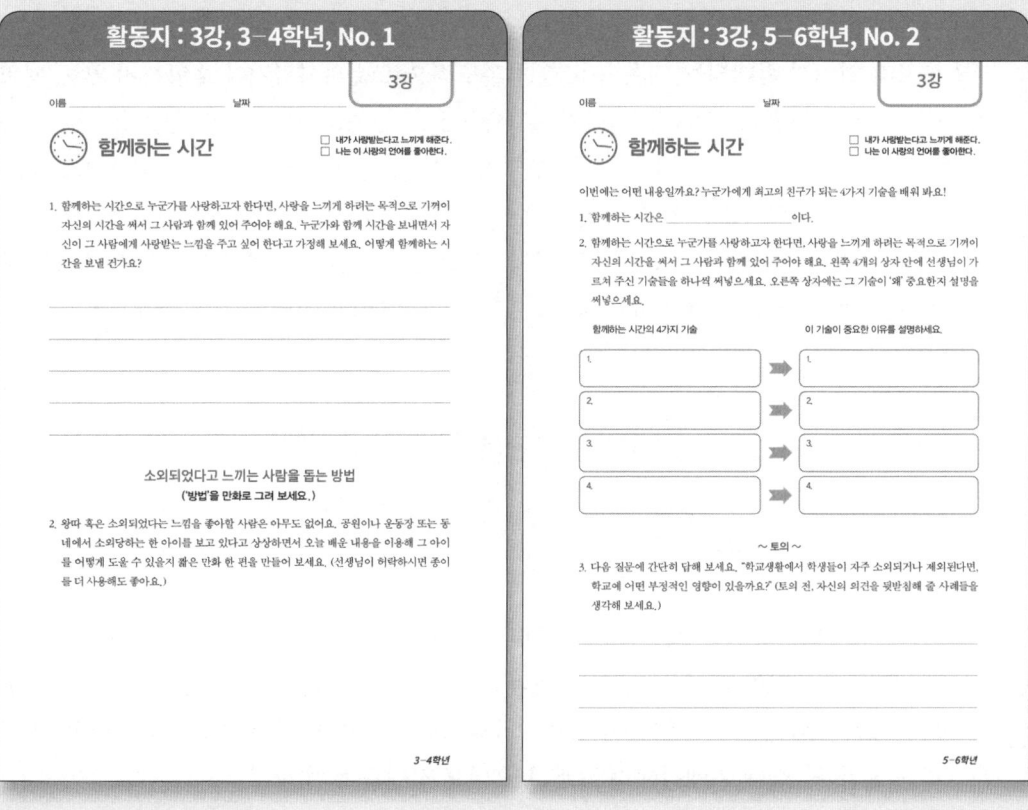

[반대되는 면 수업]

도입

자기 자신만 아는 사람을 우리는 뭐라고 하는가? (이기적이다.)

전개

1. 학생들에게 이 질문에 대해 한번 생각해 보라고 한다. "나는 나 자신만 아는 사람인가, 4가지 기술을 규칙적으로 활용하는 사람인가?"

답이 나온다면, 지금이 바로 함께하는 시간의 4가지 기술을 활용해야 할 때일지도 몰라.

이 사랑의 언어의 반대되는 면은 누군가를 의도적으로 소외시키거나 포함하지 않는 행위야. 이런 상황이 일어나는 장소는 어디일까? (학생들은 운동장, 가정, 버스 안, 식당, 교실 등 다양한 장소를 이야기할 것이다. 아이들은 누가 어디에서 그런 일을 당하는지 놀랄 정도로 잘 알고 있다.) **소외당하는 느낌은 어떨까?** (슬프다, 미칠 것 같다, 화가 난다, 아프다, 질투 난다 등 답은 다양할 것이다.) **때로는 소외당하는 학생이 그 느낌이 어떤지 알게 하려고 다른 사람을 똑같은 상황에 빠뜨리려고 하는 경우도 있어. 그런데 이게 정말 도움이 될까?** (아니다.)

촌극(부정적인 행동 시연) :
옳지 않다고 생각되는 2가지 상황을 보여 줄게.

(다음의 두 상황을 학생들에게 보여 준다.)

1. 교사가 친구와 놀고 있는 소녀 역할을 한다. 어디선가 다른 친구가 와서 놀자고 한다. 그 친구에게 말한다. "**안 돼. 지금 우리는 너와 놀 수 없어. 오늘은 화요일이잖아. 우리는 너랑 목요일에만 논다고.**" 소녀 역할에서 빠져나와 교사가 말한다. "**아! 옳지 않은 행동이야.**" 그리고 말한다. "**실제로 예전에 목격했던 또 다른 장면을 보여 줄게.**"

2. 학생들이 볼 수 있게 의자와 책상을 2개씩 나란히 놓는다. 자원하는 학생을 한 명 지목해 책을 들고 있게 한다. 그 책을 식판이라 가정한다. 그 학생은 약 5m쯤 떨어져 서 있다. 그 학생에게 30초 뒤에 식사할 자리를 찾아 옆으로 와달라고 말한다. 교사는 한 의자에 앉아 점심 먹는 시늉을 한다. 그 학생이 다가와 나머지 한 의자에 앉으려 할 때 자신의 발을 그 의자에 올리고 교사가 말한다. "**이 자리는 ○○의 자리야. 내가 맡아 놨어. 넌 앉을 수 없어.**" (자원하는 학생을 지목할 때, 이 상황을 감당할 수 있는 학생을 지목한다. 실제 따돌림을 자주 경험하는 아이를 지목해서는 안 된다. 그러면 그 상황을 기분 나쁘게 받아들일 것이다.) **이런 상황을 본 적 있는 사람?** [보통 많은 학생이 손을 들 것이다.]

> **1-2학년, 여기서부터 이어서 하세요.**　　　　　　　　　　**3강, 1-2학년, No. 3, 4**
>
> 학생들에게 3, 4번 문제를 읽어 준 다음, 소외당하는 사람을 그려 보게 한다. 그리고 소외되는 기분이 어떨지 빈칸에 쓰게 한다. 발표할 학생을 몇 명 선택하여 자신이 그린 그림을 보여 주며 그림 속의 사람이 어떤 기분일지 설명하게 한다.

이런 학생들이 나에게 다가왔다면 어떤 대응을 할 수 있었을지 이야기해 보자.

2. 누군가가 소외되는 모습을 어디에서 목격했는지 학생들과 토의한다.

3. 부정적인 행동에 관한 촌극 두 장면을 시연한다.
   - 두 여자아이가 놀고 있는데 또 다른 여자아이가 함께 놀길 원한다.
   - 식당에서 '자기 친구'를 위해 자리 하나를 맡는다.
   - **활동지 [3강, 1-2학년, No. 3, 4]**

먼저, 그 여자아이가 우리와 함께 놀고 싶어 할 때 끼워 줄 수도 있었겠지. 또는 나중에 함께 놀면 안 되는지 물어볼 수도 있었을 거야. 때로는 어떤 특정 친구와만 놀고 싶을 때가 있을 수도 있잖아. 그건 충분히 있을 수 있는 일이기도 하고. 그러나 함께 놀고 싶어 하는 아이에게 나도 함께 놀고 싶어 한다는 사실을 분명히 전달하는 것은 훨씬 좋은 일이야. "오늘은 너랑 놀지 않을 거야."라는 식으로 말하면 사람들은 보통 상처를 받으니까. 대부분 잘 알 거야. 그러니 사람들에게 말할 때 가능하면 말을 아주 친절하게 하려고 노력해 보렴.

두 번째, 모든 사람은 친구와 함께 점심을 먹길 원해. 어떤 아이가 내 옆에 앉고 싶어 할 때 **달리 반응하는 방법을 보여 줄게.** (처음에 시연했던 같은 학생과 식당 장면을 재연한다. 이번에는 그 학생이 옆에 다가올 때, 친구 누구를 위해 맡아 둔 자리라고 정중하게 이야기한다. 그러고 나서 근처 다른 자리에 앉을 것을 권한다.) **다른 점이 느껴지니?** (학생들에게 차이점을 말하게 한다.) **누군가가 너희 옆에 앉기를 원할 때는 그 사람이 너희를 좋아한다는 의미잖아. 좋아하지 않는다면 옆에 앉으려 하지 않겠지. 그리고 누군가의 자리를 맡아 둔 거라고 이야기할 때 "내 친구 자리야."라고는 말하지 않는 게 좋단다. 그렇게 말하면 그 자리에 앉으려고 했던 친구는 뭐라고 생각할까?** (학생들은 보통 "자신은 친구가 아닌 것 같다고 생각할 듯해요."라고 답한다. 맞는 답이다.) 그래서 누구를 위해 자리를 맡아 둔 것인지 이름을 정확히 이야기하는 게 좋은 거야.

함께하는 시간을 원하는 사람들뿐 아니라 사실 거의 모든 사람이 소속감을 느끼고 싶어 해. 타당한 경우, 가능하다면 우리는 모두 사람들을 친절하게 대하고 그들에게 소속감을 느끼게 해주어야 해. 때로 아이들이 소외되는 느낌을 받는 경우가 있는데, 사실 그건 누군가의 잘못은 아니야. 예를 들어, 한 아이가 친구의 생일 파티에 초대받지 못했어. 그럼 그 아이는 상처를 입을 수도 있지. 그런데 실은 부모님이 생일 파티에 초대할 친구들의 수를 제한해서서 초대하지 못했을 수도 있는 거야. 그러니 어떤 아이가 소외감을 느끼는 경우, 반드시 누군가의 잘못은 아니라는 것을 잊지 말아야 해. 어쩔 수 없는 때도 가끔 있는 거야.

이런 문제가 발생하는 또 다른 곳이 운동장이란다. 인원이 정해져 있는 게임이 있잖아. 한번은 아이들이 농구와 비슷한 게임을 하는데 이미 정원은 꽉 차 있었지. 그런데 어떤 아이가 다가가서 그 게임에 억지로 끼려고 하는 거야. 하지만 이렇게 정원이 차고 게임이 진행 중이면 그 게임을 방해하기보다는 다른 걸 찾아보려고 노력해야 해. 물론 게임을 하는 친구들은 소리치거나 무례하지 않게 이미 정원이 찼다고 이야기해 주어야 하고.

이처럼 꼭 늘 어딘가에 소속되거나 초대받아야 하는 것은 아니야. 그럴 때는 기분 나쁘게 받아들이지 않도록 노력해야 해.

4. 촌극이 소속감을 느끼게 하는 내용으로 더 좋게 완성되도록 하는 방법을 살펴본다.
   - 타당한 경우, 가능하다면 우리는 모두 사람들에게 소속감을 느끼게 해주어야 한다.
   - 학생들은 대부분 우리의 말하는 방식 때문에 상처를 받는다. 2가지 예로 소리치는 것과 무례한 말이 있다.
   - 때로 어쩔 수 없이 사람을 소외시켜야 하는 경우가 있다.
     a. 부모님이 생일 파티 초대 인원수를 제한하는 경우.
     b. 게임이 이미 정원을 채워 진행 중인 경우.
     c. **활동지 [3강, 3-4학년, No. 2]**
     d. **활동지 [3강, 5-6학년, No. 3]**

> **3-4학년, 여기서부터 이어서 하세요.**　　　　　　　　3강, 3-4학년, No. 2
>
> **지금부터 2번 문제를 풀어 볼 거야. 내가 문제를 읽을 테니 너희는 조용히 눈으로 읽어 보렴.** 학생들에게 배운 내용을 바탕으로 만화를 그리게 한다. 이 만화의 초점은 '소외된 사람을 어떻게 돕는가'여야 한다. 학생들에게 짝과 함께 각자가 그린 만화를 보여 주며 이야기하게 한 뒤 시간이 된다면 발표하게 한다. 수업의 폭을 넓히는 의미에서 이 과제를 다른 종이에 그리게 하고 만화들을 교실 안이나 게시판에 붙여도 좋다. 학생들은 만화를 자신보다 어린 1, 2학년생들과도 함께 볼 수 있을 것이다.

> **5-6학년, 여기서부터 이어서 하세요.**　　　　　　　　3강, 5-6학년, No. 3
>
> **지금부터 3번 문제를 풀어 볼 거야. 내가 문제를 읽을 테니 너희는 조용히 눈으로 읽어 보렴.** 학생들에게 집단 토의를 위해 자기 생각을 써보게 한다. 지시 사항을 제시한다. "학교생활에서 학생들이 자주 소외되거나 제외된다면, 학교에 어떤 부정적인 영향이 있을까요?"

정리

오늘 우리는 함께하는 시간이라는 사랑의 언어에 대해 배웠어. 어떤 사람들은 누군가가 자신을 위해 시간을 함께 보내 줄 때 사랑받는다고 느끼지. 그 사람들을 초대해서 함께 시간을 보내고, 그들에게 무엇을 하고 싶은지 묻고, 그들의 삶에 대해 질문하고, 그들의 말을 잘 들어줌으로써 우리는 그들에게 함께하는 시간을 선사하고 그들은 사랑받는다고 느끼는 거야.

　의도적으로 다른 사람을 소외시키는 것은 함께하는 시간의 반대되는 모습이야. 타당한 경우, 가능하다면 사람들에게 소속감을 느끼게 해주려고 노력해야 해. 설령 그 사람이 친한 친구가 아니어도 말이야. 우리가 친절하게 말하면 상대방은 상처를 훨씬 덜 받게 된단다.

　함께하는 시간의 4가지 기술을 능숙하게 활용하는 학생들은 보통 친구들이 많아.

　이 질문에 대해 생각해 보렴. "함께하는 시간이 나를 사랑받는다고 느끼게 해주는가, 아니면 내가 그저 좋아하는 것인가?" 활동지의 상단 오른쪽에 있는 두 문장 중 하나를 선택해 그 옆에 있는 네모 칸에 표시해 보렴. 문항은 "내가 사랑받는다고 느끼게 해준다."와 "나는 이 사랑의 언어를 좋아한다."야.

정리

1. 학생들에게 함께하는 시간의 정의를 말해 준다. (의도적인 시간)

2. 사랑의 언어가 함께하는 시간인 사람들을 사랑하기 위한 4가지 기술을 반복한다.
   (1) 함께 놀자고 부르거나 함께 놀아도 괜찮겠냐고 물어본다.
   (2) 무엇을 하고 싶은지 묻는다. 상대방이 먼저 제안할 수 있게 한다.
   (3) 상대방에 대해 질문한다.
   (4) 말을 잘 들어 준다.

3. 의도적으로 사람을 소외시키는 것은 함께하는 시간의 반대되는 모습이다.

4. 4가지 기술을 실천하는 사람들은 보통 친구가 많다.

5. 함께하는 시간이 나를 사랑받는다고 느끼게 해주는가, 아니면 내가 그저 좋아하는 것인가?
   - 활동지의 상단 오른쪽에 있는 두 문장 중 하나를 선택해 그 옆에 있는 네모 칸에 표시하게 한다. 문항은 "내가 사랑받는다고 느끼게 해준다."와 "나는 이 사랑의 언어를 좋아한다."이다.

개별 학습 및 과제

1. 각 학생에게 쉬는 시간에 한 학생을 불러서 함께 놀자고 말하게 한다. 불러올 학생은 같은 반 학생이 아니어야 하며, 과제를 수행하는 학생이 잘 모르는 사람이어야 한다. 이는 한 사람에게 수행할 수도 있고 단체로도 해볼 수 있다.
2. 사람들에게 이것이 과제라고 설명할 필요는 없다고 학생들에게 이야기한다.
3. 학생들에게 쉬는 시간에 다른 학생을 불러서 할 수 있는 놀이에는 무엇이 있을지 예를 들어 보게 한다.
4. 동생이 있다면 함께하는 시간의 4가지 기술을 동생에게 실행하게 한다. 동생이 없다면 학교에서 쉬는 시간에 저학년 학생에게 실행하게 한다.
5. 학생들에게 다음 수업 시간이 언제인지 알려 주고, 그때 사랑의 언어를 배운 뒤 겪은 경험에 관해 물어볼 거라고 말한다.
6. 칠판에 적힌 학습 목표를 복습한다. 학생들에게 내용을 얼마나 잘 배웠는지 토의하게 하고, 학생들의 질문에 답한다.

개별 학습 및 과제

1. 각 학생에게 쉬는 시간에 한 학생을 불러서 함께 놀자고 말하게 한다. 불러올 학생은 같은 반 학생이 아니어야 하며, 과제를 수행하는 학생이 잘 모르는 사람이어야 한다. 이는 한 사람에게 수행할 수도 있고 단체로도 해볼 수 있다.
2. 사람들에게 이것이 과제라고 설명할 필요는 없다고 학생들에게 이야기한다.
3. 학생들에게 쉬는 시간에 다른 학생을 불러서 할 수 있는 놀이에는 무엇이 있을지 예를 들어 보게 한다.
4. 동생이 있다면 함께하는 시간의 4가지 기술을 동생에게 실행하게 한다. 동생이 없다면 학교에서 쉬는 시간에 저학년 학생에게 실행하게 한다.
5. 학생들에게 다음 수업 시간이 언제인지 알려 주고, 그때 사랑의 언어를 배운 뒤 겪은 경험에 관해 물어볼 거라고 말한다.
6. 칠판에 적힌 학습 목표를 복습한다. 학생들에게 내용을 얼마나 잘 배웠는지 토의하게 하고, 학생들의 질문에 답한다.

수업을 마치며

이 장 첫 부분에서 언급했듯이, 함께하는 시간은 교육자가 학생을 사랑하는 방법 중 가장 어려운 것에 속한다. 시간은 제한된 자원이다. 학교에는 함께하는 시간에 대한 경험이 거의 없어서 사랑의 느낌을 받지 못하는 아이들이 분명 존재한다. 이러한 아이들은 매일 학교에서 자신의 욕구를 채워 줄 교사와 친구들을 찾으며 그 존재를 드러낸다. 하지만 대부분 이런 행동이 사람들을 멀어지게 하고 결과적으로 악순환을 초래한다. 이 학생들은 함께하는 시간을 원하지만 그 시간을 얻지 못하면 스스로 함께하는 시간을 나눌 자격이 없다고 생각하게 되고, 이는 결국 문제 행동이 되면서 악순환으로 이어진다.

함께하는 시간을 적게 누릴수록 그들의 행동은 더 부적절해진다. 그리고 사람들은 그들에게서 훨씬 더 멀어지게 된다. 너무 미숙한 나머지 부정적인 관심이라도 기꺼이 받고 싶어 하는 아이가 있다. 하지만 그 아이가 원하는 것은 단순한 관심이 아니라 함께하는 시간이다. 부정적인 경우이긴 하지만 학생이 곤경에 빠졌을 때 우리가 그 학생에게 제공하는, 함께하는 시간에 대해 생각해 보라. 그것은 오로지 그 학생을 위한 것이다. 학교에서 가장 문제가 많았던 학생이 교장, 상담 교사, 양호 교사, 서무 교사 등과 깊은 우정을 나눈 경우를 본 적이 있는가? 이들이 그 학생과 함께하는 시간을 무수히 많이 보낸 것을 생각해 보라.

학생들은 자신의 사랑의 언어가 무엇인지 알게 될 때 진정한 자신의 욕구를 이해하기 시작한다. 이것은 실로 어떤 교사에게나 커다란 이점으로 작용한다. 앞서 언급했듯이, 아이가 이해하고 교사가 이해할 때, 그들은 같은 용어로 말할 수 있게 된다. 이는 함께하는 시간을 원하는 아이에게 아주 중요한 부분이다.

일단 학교나 교실에서 문제 행동을 발견하면, 그리고 공교롭게도 그 대상이 함께하는 시간을 원하는 학생이라면, 위에서 제안한 대로 미시적 수준에서 4가지 기본 기술을 적용하기 시작하라. 그러나 그 전에 해당 학생과 개인 면담을 하고 그 학생의 사랑의 언어에 관해 이야기를 나누어야 한다. 교사는 학생이 함께하는 시간으로 얼마나 사랑을 느끼는지 이해하고 있다는 점과 최선을 다해 그 학생의 언어 안에서 그 아이를 사랑하고자 노력할 것이라는 점을 알게 해야 한다. 교사의 시간이 한정되어 있다는 점을 솔직히 말하되 학생을 중요하게 여긴다고 이야기하라. 학생의 삶에 대해 질문하라. 마음을 열고 솔직하게 대화하라. 학생이 집에서나 친구들 사이에서 함께하는 시간을 누리고 있다고 느끼는지 물어보라. 어떻게 도울 수 있을지 질문하라. 학생들에게 필요하면 학교 상담 교사를 찾으라고 제안하라. 학교 안에서 누군가는 반드시 그 학생과 함께하는 시간을 보내도록 해주어야 한다.

상담 교사의 존재는 큰 도움이 될 수 있다. 따라서 이들이 사랑의 언어를 확실히 이해할 수 있게 해야 한다. 상담 교사는 사람들이 자신의 욕구를 발견하고 그 욕구를 적절히 충족시키는 방법을 찾을 수 있게 도와주는 역할을 하며, 이를 위해 관련 교육을 받은 사람들이다. 이들은 일반 교사와는 달리 보통 학생과의 개인 시간을 좀 더 확보할 수 있다. 이들의 도움을 얻어, 교실에서나 운동장에서나 교사와 학생의 요구 사항을 만족하게 하는 현실적인 방법을 찾아보라. 학교 내 어른 한 명이 한 아이에게 전심으로 함께하는 시간을 제공한다면 문제 행동은 대개 감소할 것이다. 학교에 상담 교사가 없다면, 학교 내에서 그 역할을 수행할 수 있는 어른을 찾아보라. 단 몇 분이라도 기꺼이 학생과 마주 앉아 학생의 일상과 그 외의 것들을 물어보며 이야기할 수 있는 학교 직원이면 사실상 누구나 다 가능하다.

아이가 어른과 함께하는 시간을 보낼 때, 아이의 영역은 확장되어 또래와 관계를 형성하기 시작할 만큼 충분히 안정감을 느끼게 될 것이다. 어른의 역할은 또래를 대체하는 것이 아니라 또래로 뻗어 갈 수 있게 하고, 필요한 경우 다시 돌아올 수 있게 하는 안전한 플랫폼이 되는 것이다. 사랑의 언어를 바탕으로 하는 대화는 정기적으로 이루어져야 한다.

함께 보내는 시간이 꼭 길어야 할 필요는 없다. 어떤 학생의 사랑의 언어가 함께하는 시간이고 교사가 그 학생을 위해 기꺼이 자신의 시간을 쓰는 것을 학생이 안다면 단 3분이어도 괜찮다. 학교 상담 교사나 다른 누군가와 함께 학생을 위한 자리를 마련할 수 있다면 일주일에 15-20분까지도 가능할 것이다. 가장 중요한 점은 해당 학생이 그 시간은 자신의 시간이며 자신을 위해 의도적으로 계획된 시간임을 아는 것이다. 대부분의 경우, 교사가 노력하고 있다는 사실을 아는 것만으로도 시간의 길고 짧음에 상관없이 해당 학생에게는 충분한 시간이 된다. 교사가 학생들과 상호 작용을 하기만 한다면, 이것은 모든 사랑의 언어에 똑같이 적용된다.

교실 이야기

함께하는 시간 수업을 마친 후, 3학년 남자아이가 내게 다가와 말했다. "프리드 선생님, 면담을 요청해도 될까요?"

나는 말했다. "물론이지." 그리고 우리는 약속을 정했다.

바로 다음 날, 나는 그 아이와 만났다. 무엇이 그 아이를 괴롭히고 있는지 물어보았다. 그 아이는 자신이 아빠와 단 한 번도 함께하는 시간을 가져 보지 못한 것 같다고 말했다. 좀 더 자세히 설명해 달라고 부탁하자 그 아이는 자신에게는 어린 동생들이 있는데 부모님이 동생들을 돌보느라 늘 바쁘시다고 말했다. 게다가 아빠는 다른 지역에서 일을 한다고 했다.

그 아이는 내게 자신과 함께 아빠를 같이 만나서 사랑의 언어에 관해 설명해 줄 수 있는지 물어보았다. 나는 그러겠다고 했고 약속을 정하기 위해 그 아이의 아빠에게 전화를 했다.

약속 장소는 내 사무실이었다. 그 아이의 아빠는 상당히 편안해 보였고 열린 자세로 이야기에 임하는 듯했다. 우리는 몇 분간 아이가 함께하는 시간을 원한다는 점과 아이가 아빠와 함께 대화를 나누고 싶어 할 만큼 성숙했다는 점을 이야기했다. 아이의 아버지가 내 말을 유심히 듣고는 다음과 같이 말했다. "이해가 안 되는군요. 바로 며칠 전 우리는 마당에서 함께 일을 했어요." (그는 꽤 진지했다.) 두말할 필요 없이 나는 함께하는 시간이 무엇인지에 대해 설명했고, 우리는 아이와 아빠가 함께 시간을 보내도록 하는 계획을 짜기에 이르렀다.

마침내 그들은 일정을 정했다. 이 계획에는 아이의 동생들은 포함되지 않았다. 지금 그 아이는 행복하다. 그동안 나에게 아빠와 함께한 많은 일 중 몇 가지 일들을 얘기해 주었다.

내가 만난 학생들은 대부분 함께하는 시간에 대한 욕구가 있다. 나는 매일 학생들과 함께 그들의 사랑의 언어에 관해 이야기를 나눈다. 그 학생들 중 4학년 남학생 한 명과 5학년 남학생 한 명이 정기적으로 내 사무실을 찾는다. 틀림없이 그 아이들은 다음과 같이 말할 것이다. "드디어 저는 함께하는 시간을 얻었어요! 일주일 중에 이 시간이 가장 좋아요!"

Chapter 5
봉사

수업을 시작하며

봉사는 아이들에게 매우 헷갈리는 사랑의 언어일 수 있다. 아이들은 매일 아이라는 이유로 가족들에게 받는 혜택이 적지 않기 때문이다. 아이들은 생계를 꾸리거나, 자동차를 운전하거나, 공과금을 납부하거나, 자기 생각이 똑바른지 꼭 확인해야 할 필요가 없다. 책임을 질 수 있는 어른이 될 때까지는 필요한 것들을 받으며 성장한다. 보통은 이렇다. 이것이 자연스러운 과정이다. 그리고 이것이 바로 봉사가 아이들에게 사랑의 언어로 명확히 인식되지 않는 하나의 이유이기도 하다.

하루에도 수십 번, 교사는 마치 가족처럼 학생들을 위해 봉사한다. 교육자로서의 천성과 역할 때문에 거의 무의식적으로 학생들을 위해 일하고 있는 것이다. 거의 모든 시간, 예정된 업무 안에서 자신의 역할을 수행하다 보면 봉사는 자연스럽게 실현된다. 학생들은 이 사실을 당연하게 생각하고 순수한 마음으로 그 노력을 받아들인다. 하지만 노력을 받아들인다는 말이 늘 그 노력에 고마워한다거나 그런 노력을 알아준다는 의미가 아니다! 학생들에게 봉사는 흔한 일이 되고, 가끔 봉사를 '어른들이 나를 위해 해주기로 되어 있는 일'로 오해하기도 한다. 학생들의 입장에서 이런 (자연스러운) 생각은 학생 자신에게 '나는 봉사를 받을 만한 자격이 있어.'라는 태도를 심어 준다. 따라서 학생들에게 타인을 사랑하는 방법으로 봉사를 가르치는 것은 매우 중요한 일이 된다. 바로 그것이 그들이 봉사를 '당연히 받아야 할 것'에서 '고마워해야 할 것'으로 생각을 바꾸는 데 도움을 줄 수 있기 때문이다. 그렇다면 어떻게 해야 하는 걸까?

사랑의 언어와 사랑에 대한 실질적인 정의(행위어) 둘 다 같은 기본 주제를 지닌다. 그것은 바로 '사람을 사랑한다는 건 의도적인 행위를 말한다. 그냥 가만히 이루어지는 게 아니다.'라는 것이다. 이런 의미에서 봉사라는 사랑의 언어는 아이들에게 사랑을 더 명확하게 이해시켜 줄 수 있다. 봉사로 타인을 사랑하는 것이야말로 의도적인 행위로서 그냥 가만히 이루어지는 것이 아니기 때문이다. 물론 이러한 개념을 생각해 봐야 한다는 것이 아이들로서는 낯선 일이 될지도 모른다.

봉사의 실질적인 정의는 '누군가를 위해 기대하지 않은 무언가를 의도적으로 하는 행위'다. 이 정의를 배우면서 학생들은 '기대하지 않은'이라는 개념과 마주하게 된다. 이는 거의 모든 아이에게 새로운 개념이다. 내가 전에 학생들에게 집에서 해본 봉사가 무엇이었는지 물어보자 보통 쓰레기 버리기, 설거지하기, 청소하기, 애완견 산책시키기 등의 대답이 나왔다. 이런 일들 역시 모두 좋은 일이다. 그러나 한 가지 기본적인 문제가 있다. 대부분 기대할 수 있는 봉사라는 점이다. 내가 학생들에게 봉사란 단순한 집안일이 아니라고 말하면 학생들은 보통 "왜요?"라고 반응한다. 그리고 바로 그때부터 이 주제에 대한 수업이 시작된다.

교사 역시 학생들의 오해에서 배우는 것이 있다. 아울러 교사가 교육을 한다는 것은 봉사의 의미를 알고 행하는 학생만을 사랑한다는 의미도 아니다. 교사가 봉사라는 행위로 아이를 사랑한다는 것은 아이를 위해 그 아이가 기대하지 않은 무언가를 의도적으로 한다는 뜻이다. 나는 일선에서 이것이 매일 일어난다고 믿지만, 학생에게 가장 최근 행한 봉사가 무엇이었는지 잠시 생각해 보자. 분명 생각나는 무언가가 있을 것이라 확신한다. 하지만 우리가 학교에서 활용하기 위해 실질적인 정의를 전개한다는 측면에서, 봉사란 기대하지 않은 무언가를 의도적으로 하는 것이어야만 한다는 사실을 명심해야 한다. 이것이 중요한 이유는 학생들이 집이나 학교에서 봉사의 본보기가 될 수 있는 가족, 학생, 교직원을 잘 관찰하길 바라기 때문이다. 이 사랑의 언어를 활용하는 사람을 관찰하는 데서부터 '당연한 일'이 '감사한 일'로 바뀌게 된다. 이렇게 태도가 달라지면 우리는 가정과 학교에서 감사가 넘쳐 나는 모습을 볼 수 있게 될 것이다. 봉사를 가르치는 것은 그저 학생들을 위해 어떤 일을 하는 것 그 이상을 의미한다. 그것은 우리를 사랑해서 우리가 기대하지 않았던 일을 우리를 위해 의도적으로 하는 주변 사람들을 인식하게 하는 하나의 방법이기 때문이다.

그렇다면 봉사에도 반대되는 면이 있을까? 물론 그렇다. 모든 사랑의 언어는 그 반대되는 면이 있다. 봉사도 마찬가지다. 봉사의 정의가 '누군가를 위해 무언가를 하는 것'이라면 그 반대는 '누군가가 싫어하는 무언가를 하는 것'이 될 것이다. 여기서는 이를 학교 환경에 적용하기 위해 '괴롭힘'이라고 칭하겠다.

괴롭힘은 지금까지 수년 동안 공립학교에서 논의되었으나, 실제 사태가 악화되서야 논의가 활발해지기 시작했다. 학생들은 종종 두려움을 느껴야 했고, 어떤 것도 말하고 싶어 하지 않았다. 새로운 규칙과 신고 절차가 마련되면서 괴롭힘의 강도는 조금 약해지기 시작했다. 다른 학생을 괴롭히려는 학생은 분명 다시 생각해 봐야 한다. 거의 모든 학교에서 시행되는 무관용 원칙은 관리자에게 규율을 단속할 수 있는 필요 수단을 제공하고, 괴롭힘을 발견하고 신고하는 방법을 배운 학생들은 훨씬 더 안전하다고 느낀다. 그렇다면 이런 질문이 가능하다. "이제 학내 괴롭힘은 근절됐는가?" 대답은 당연히 "아니다."이다.

친구를 괴롭히는 학생들은 여전히 존재한다. 새로운 규칙에 적응한 것이다. 학교는 선을 그어 놓았지만, 그 학생들은 선을 넘지 않는 범위 안에서 최대한 아이들을 괴롭히는 방법을 체득했다. 관리자들은 여느 때보다도 민감하게 괴롭힘에 대응하고 있다. 조금이라도 기미가 보이면 괴롭힘으로 간주하는 것이다. 하지만 종종 괴롭힘인지 아닌지 의심이 드는 경우가 있다. 이런 경우는 단 한 번의 사례로 괴롭힘이라고 단정하기는 어려우므로 충분한 증거를 확보한 뒤에 징계 조치를 진행해야 한다. 하지만 이 과정에 매우 오랜 시간이 걸릴 수도 있고, 괴롭히는 학생을 제외한 관련된 모든 사람에게는 꽤 실망스러운 일이 될 수도 있다.

괴롭힘을 당하는 아이들은 종종 괴롭히는 아이의 행위로 어떤 뚜렷한 피해가 나타나지 않으면 신고를 해야 할지 말아야 할지 혼란을 느끼기도 한다. 그래서 가끔은 그런 작은 사건들이 하나둘 쌓이다가 더 이상 참을 수 없는 지경에 이르러서야 신고를 하게 된다. 그러나 유감스럽게도, 그 신고는 관리자의 일지에 그저 작은 한 건의 사건으로 기록되는 때가 많다. 큰 문제나 명백한 잘못이 아닌 이상, 기록이 없으면 규칙을 적용하기가 어려운 것이다.

매년 학내 괴롭힘에 대해 학생들을 교육하는 것은 교육자의 의무다. 학생들에게 학교의 규칙과 신고 절차를 가르치는 것은 매우 중요하다. 어떠한 학교도 학내 괴롭힘을 완전히 뿌리 뽑을 수는 없겠지만, 이에 대해 잘 가르치고 관리한다면 현저히 감소할 수는 있다. 나아가 학교가 학생들에게 교직원들과 효과적으로 소통하는 법과 자신의 경계선을 긋는 방법을 가르쳐 주면, 교장이 관련 규율을 집행하기가 더욱 쉬워진다. 학생과 교직원 모두 관련 교육을 잘 받는다면 학교 환경은 상당히 안전해질 것이다. 이러한 교육은 매년 계속해서 이루어져야 한다.

4강
봉사
(원고형 교안)

목표

학생들은 세 번째 사랑의 언어인 '봉사'를 알게 된다. 그리고 그 정의와 활용법을 설명할 수 있게 된다. 또한, 봉사의 반대되는 면이 괴롭힘임을 이해하게 된다. 학생들은 자신이 괴롭힘을 당한다고 생각하는 경우에 적용할 4단계 행동 지침을 배운다. 그리고 더 나아가 학내 괴롭힘과 관련한 방침/절차를 이해하고, 괴롭힘과 기타 위험이 잠재하는 사건들을 신고하는 방법을 알게 된다.

칠판에 다음과 같이 쓴다.

1. 나는 봉사와 그 활용법을 설명할 수 있다.
2. 나는 괴롭힘에 관해 설명할 수 있고, 내가 괴롭힘을 당한다고 생각하는 경우, 4단계의 행동 지침을 적용할 수 있다.
3. 나는 학교에서 괴롭힘을 당하는 모습이나 기타 위험한 행위들을 목격했을 때 이를 신고하는 방법을 안다.

(30초간 오늘 배우게 될 것에 대해 학생들끼리 이야기하게 한다.)

복습

자원하는 학생을 지목해 다음의 내용을 설명하게 한다.

1. 사랑의 언어를 가르치는 2가지 목표는 무엇인가? (자신의 사랑의 언어를 아는 것과 다른 사람들의 사랑의 언어를 알아낼 수 있게 되는 것)
2. 가장 최근에 배운 사랑의 언어는 무엇인가? (함께하는 시간)
3. 지난 수업의 학습 목표를 복습한다.
4. 함께하는 시간이란 무엇인가? (사랑받는다고 느끼도록 상대방을 위해 기꺼이 쓰는 의도적인 시간)
5. 사랑의 언어가 함께하는 시간인 사람에게 사랑받는 느낌을 주기 위한 4가지 방법은 무엇인가? (1. 함께 놀자며 부른다. 2. 무엇을 하고 싶은지 묻는다. 3. 상대방에 대해 질문한다. 4. 말을 잘 들어 준다.)

4강
봉사
(요약형 교안)

목표

학생들은 세 번째 사랑의 언어인 '봉사'를 알게 된다. 그리고 그 정의와 활용법을 설명할 수 있게 된다. 또한, 봉사의 반대되는 면이 괴롭힘임을 이해하게 된다. 학생들은 자신이 괴롭힘을 당한다고 생각하는 경우에 적용할 4단계 행동 지침을 배운다. 그리고 더 나아가 학내 괴롭힘과 관련한 방침/절차를 이해하고, 괴롭힘과 기타 위험이 잠재하는 사건들을 신고하는 방법을 알게 된다.

칠판에 다음과 같이 쓴다.

1. 나는 봉사와 그 활용법을 설명할 수 있다.
2. 나는 괴롭힘에 관해 설명할 수 있고, 내가 괴롭힘을 당한다고 생각하는 경우, 4단계의 행동 지침을 적용할 수 있다.
3. 나는 학교에서 괴롭힘을 당하는 모습이나 기타 위험한 행위들을 목격했을 때 이를 신고하는 방법을 안다.

(30초간 오늘 배우게 될 것에 대해 학생들끼리 이야기하게 한다.)

복습

자원하는 학생을 지목해 다음의 내용을 설명하게 한다.

1. 사랑의 언어를 가르치는 2가지 목표는 무엇인가? (자신의 사랑의 언어를 아는 것과 다른 사람들의 사랑의 언어를 알아낼 수 있게 되는 것)
2. 가장 최근에 배운 사랑의 언어는 무엇인가? (함께하는 시간)
3. 지난 수업의 학습 목표를 복습한다.
4. 함께하는 시간이란 무엇인가? (사랑받는다고 느끼도록 상대방을 위해 기꺼이 쓰는 의도적인 시간)
5. 사랑의 언어가 함께하는 시간인 사람에게 사랑받는 느낌을 주기 위한 4가지 방법은 무엇인가? (1. 함께 놀자며 부른다. 2. 무엇을 하고 싶은지 묻는다. 3. 상대방에 대해 질문한다. 4. 말을 잘 들어 준다.)

6. 함께하는 시간의 반대되는 면은 무엇인가? (누군가를 의도적으로 소외시키는 것)
7. 점심시간에 누군가가 내 옆자리에 앉을 수 없을 때, 그 사람을 소외시키지 않는 방법을 설명해 보라. (정중하게 근처에 있는 다른 자리를 권한다.)
8. 자원하는 학생 몇 명을 지목해 과제가 어떻게 진행되었고, 어떤 경험을 했는지 잠시 논의하게 한다.
9. 학생들이 사랑의 언어를 배울 때마다 이 질문에 대해 생각해 보게 한다. "이 언어가 내가 사랑받는다고 느끼게 해주는 사랑의 언어인가, 아니면 단지 좋아하는 것인가?"

도입

오늘 우리는 세 번째 사랑의 언어인 봉사에 대해 배울 거야. (칠판에 '봉사'라고 쓴다.) **봉사란 누군가에게 좋은 일을 해주는 것으로, 의도적으로 그 사람이 기대하지 않은 도움을 주는 것을 말한단다.** (칠판에 '의도적으로 기대하지 않은 도움을 주는 것'이라고 쓴다.)

> **5-6학년, 여기서부터 이어서 하세요.**　　　　　　　　　4강, 5-6학년, No. 1
>
> 4강 활동지 1번 문제의 빈칸에 '의도적으로 기대하지 않은 도움을 주는 것'이라고 쓰게 한다.

전개

어떤 사람들은 누군가가 자신에게 좋은 일을 하면 사랑받는다고 생각한단다. 사실 누군가가 자신에게 좋은 일을 해줬을 때 그걸 좋아하지 않는 사람은 아무도 없을 거야. 하지만 그렇다고 모두 다 사랑받는다고 느끼지는 않아. 우리는 이 점을 기억해야 해. 이렇게 봉사는 누군가에게 사랑을 느끼게 해줄 수 있는 하나의 방법이란다. 더불어 봉사란 의도적으로 상대방이 기대하지 않았던 좋은 일을 해서 그 사람을 돕는 걸 말하는 거야.

　지금부터 누군가가 너희를 위해 봉사했던 때를 떠올려 보렴. 그리고 생각나는 게 있는 사람은 손을 들어 말해 보렴. 그럼 내가 칠판에 적을게. (칠판에 학생들의 사례를 쓴다. 여기서 기억해야 할 것은 학생들은 아직 2가지 사랑의 언어, 선물과 스킨십을 배우지 않았다는 점이다. 따라서 학생들이 봉사의 사례가 아니라 이 2가지 범주에 속하는 사례를 말할 수도 있음을 생각하라. 또한, '부모님을 위해 아침 식사를 차려드렸다.'처럼 봉사와 선물 모두에 해당하는 이중적 특성을 지닌 사례도 일부 나올 수 있다. 이 같은 사례들이 나오면 그대로 받아 적은 뒤, 사례들을 다시 검토할 때 다음과 같이 말하며 봉사에 초점을 맞춘다. "그래, 아침 식사를 차려 드리는 것도 봉사가 될 수 있지." 게다가 예상하는 사례들, 예컨대 집안일 등도 나올 가능성이 크다. 그 역시 모두 칠판에 쓴다. 학생들의 이야기가 다 끝나면 각각의 사례를

6. 함께하는 시간의 반대되는 면은 무엇인가? (누군가를 의도적으로 소외시키는 것)
7. 점심시간에 누군가가 내 옆자리에 앉을 수 없을 때, 그 사람을 소외시키지 않는 방법을 설명해 보라. (정중하게 근처에 있는 다른 자리를 권한다.)
8. 자원하는 학생 몇 명을 지목해 과제가 어떻게 진행되었고, 어떤 경험을 했는지 잠시 논의하게 한다.
9. 학생들이 사랑의 언어를 배울 때마다 이 질문에 대해 생각해 보게 한다. "이 언어가 내가 사랑받는다고 느끼게 해주는 사랑의 언어인가, 아니면 단지 좋아하는 것인가?"

도입

1. 사랑의 언어인 봉사에 대해 소개한다.

2. 칠판에 '봉사'라고 쓴다.

3. 칠판에 '의도적으로 기대하지 않은 도움을 주는 것'이라고 쓴다.
   - **활동지** [4강, 5-6학년, No. 1]

전개

1. 어떤 사람들은 누군가가 자신을 위해 봉사해 줄 때 사랑받는다고 느낀다.

2. 다른 사람들이 자신에게 해주었던 봉사의 방법들을 생각해 보라고 한다.

3. 자원하는 학생 몇 명을 지목하여 답변하게 하고 칠판에 그 답을 쓴다.
   - **활동지** [4강, 3-4학년, No. 1]

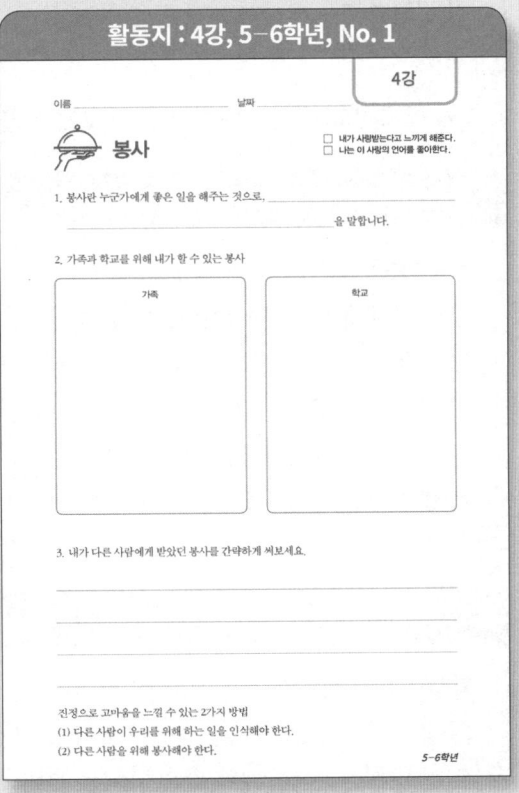

살펴보며 그것이 진정한 봉사인지 아닌지를 판단한다. 확실하게 봉사가 아닌 것은 지워 나가며 그 이유를 설명해 준다. 봉사에 해당하는 사례에 대해서는 다음과 같이 말한다. "맞아, 이것은 봉사야. 의도적으로 상대방이 기대하지 않은 도움을 주는 것이지." 이것은 봉사의 정의와 봉사의 관계를 이해할 수 있게 도와줄 것이다.)

정말 좋은 사례들이야. 답해 주어서 고맙구나. 우리가 이런 연습을 하는 것은 봉사를 이해하는 과정에서 많은 혼란이 있을 수 있기 때문이야. 봉사를 이해하는 게 쉬울 것이라 생각할 수 있지만, 그것이 의도적이고 상대방이 기대하지 않은 도움인지 생각해 봐야 쉽게 이해할 수 있는 거란다.

3-4학년, 여기서부터 이어서 하세요.
4강, 3-4학년, No. 1

4강 활동지의 1번 문제를 풀면서 봉사에 대해 제대로 이해했는지 알아보자. 내가 문제를 읽을 테니 각자 조용히 눈으로 읽어 보렴. 학생들에게 실질적인 정의를 바탕으로 봉사에 해당하는 항목에 동그라미를 치게 한다. 이 연습 문제를 마친 뒤, 항목을 하나씩 검토하면서 학생들에게 각 항목이 봉사인 이유와 아닌 이유를 설명하게 한다.

그럼 이제 우리가 가정에서 또는 학교에서 할 수 있는 봉사에 대해 이야기해 보자.

1-2학년, 여기서부터 이어서 하세요.
4강, 1-2학년, 전체 페이지

본 수업은 교사 주도 수업으로 그룹 지도를 수반한다. 칠판에 활동지에 적힌 각 범주별로 문제 풀이를 수행한다. 예를 들어, 첫 범주는 '부모님'이다. 부모님을 위해 할 수 있는 봉사의 예를 적는다. 이를테면, '나는 엄마를 도와 엄마가 사오신 식료품을 차에서 집 안으로 옮길 수 있다.'와 같은 것이다. 학생들에게 빈칸에 이 예를 쓰게 한다. 1학년 상위권 학생과 2학년 학생의 경우, 예를 알려 줘도 좋고, 자신이 생각하는 예를 쓰게 해도 괜찮다. 그 학생들은 예가 없어도 스스로 작성할 수 있을 것이다.

5-6학년, 여기서부터 이어서 하세요.
4강, 5-6학년, No. 2

학생들에게 가족과 학교를 위해 할 수 있는 봉사를 각각 '가족'과 '학교'라는 제목이 붙은 상자 안에 쓰게 한다. 작성이 끝나면 자신의 아이디어를 말하게 하고 교사는 그것을 칠판에 쓴다. (아래의 다음 단계를 보라.)

4. 학생들의 답이 다 끝나면 각각의 사례를 살펴보며 그것이 진정한 봉사인지 아닌지를 판단한다. 확실하게 봉사가 아닌 것은 지워나가며 그 이유를 설명해 준다. 봉사에 해당하는 사례에 대해서는 다음과 같이 말한다. "맞아, 이것은 봉사야. 의도적으로 상대방이 기대하지 않은 도움을 주는 것이지."

5. 활동지 수업
   - 활동지 [4강, 1-2학년, 전체 페이지]
   - 활동지 [4강, 5-6학년, No. 2]

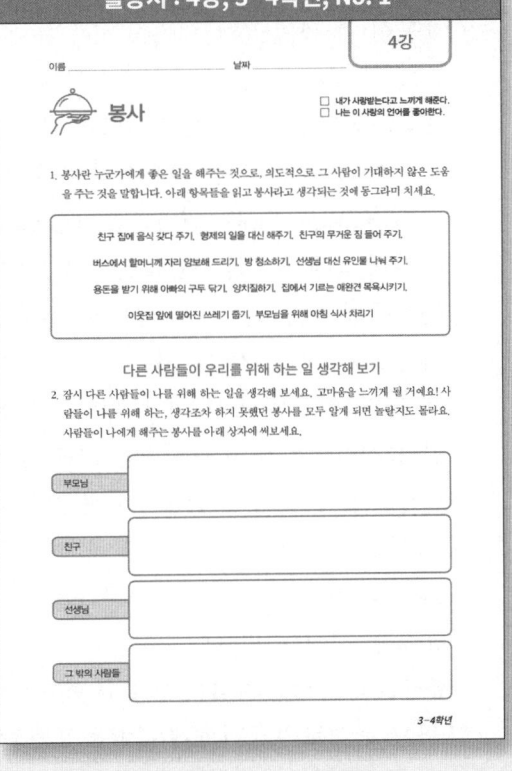

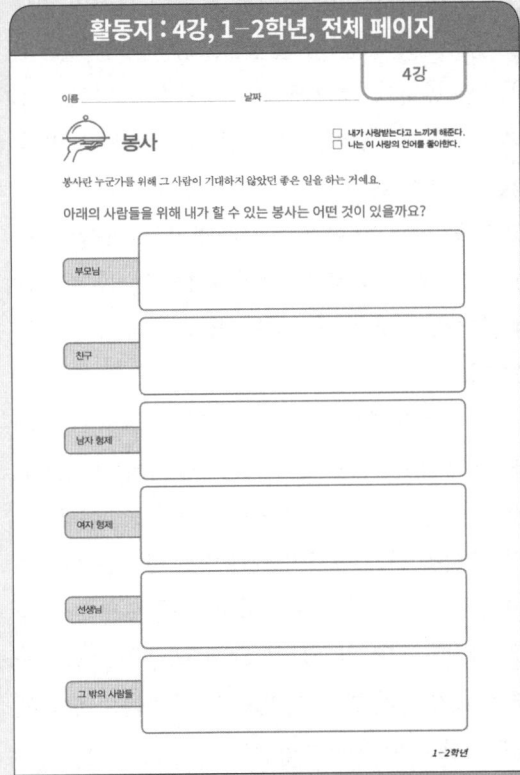

(칠판에 2개의 글 상자를 그리고 각각 '가족'과 '학교'라는 제목을 써넣는다. 각 제목 아래 학생들이 제시하는 아이디어를 적는다. 추후 이 목록을 활용하여 과제를 내게 될 것이다.) [이 예들은 지우지 말라.] **정말 좋은 사례들이야. 이 예들은 수업 끝 부분에서 다시 살펴보자.**

때로는 기관들이 개인이나 집단을 위해 봉사를 할 수도 있단다. 이런 기관들은 다른 사람들을 돌보고 돕고자 하는 마음으로 모인 다양한 사람들로 구성되어 있어. 예를 들면, 키와니스 클럽(Kiwanis Club), 해비타트(Habitat for Humanity), 동물보호소 등이 있지. 이런 기관들은 보통 특정 집단의 사람들을 돕기 위해 운영돼. 예컨대 해비타트는 집을 짓거나 고치는 활동을 통해 집이 없는 사람들이 자립해서 살아갈 수 있도록 돕는 국제단체야. 동물보호소는 버려진 동물을 돕는 기관이지.

이처럼 어떤 단체의 일원으로 하나의 목적을 위해 기꺼이 자신의 시간을 들여 누군가를 도우면서, 사람들은 더 많은 사람을 더욱 쉽게 도울 수 있다는 걸 알게 되는 거야. 너희들도 자원봉사를 할 수 있어. 자원봉사에 관심이 있다면, 부모님이나 교회 선생님 또는 학교 선생님께 어떻게 해야 하는지 물어보렴. 내가 방금 언급한 기관들은 모두 웹사이트가 있으니 더 많은 정보를 얻을 수 있을 거야. 누군가를 위해 나의 시간을 기꺼이 쓰는 것은 봉사를 실천하는 가장 훌륭한 방법이란다!

봉사를 하면 많은 사람의 삶에 큰 변화가 생겨. 아마 가장 큰 변화는 봉사를 하는 사람의 삶일 거야. 봉사로 누군가에게 사랑을 표현하면, 상대방의 사랑의 언어가 봉사이든 아니든 봉사를 하는 사람은 자긍심을 느끼게 돼. 또한, 봉사를 하면 우리가 늘 우리 자신을 위해서만 살 필요가 없다는 걸 알게 되지. 그리고 봉사를 함으로써 자신이 다른 사람을 위해 기꺼이 베푸는 삶을 살고 있다는 걸 느끼게 해주는 거야. 또 다른 큰 변화는 자신에게 도움을 주는 누군가에게 고마워할 줄 알게 된다는 거야. 봉사를 해보면 봉사가 그렇게 쉬운 것만은 아니라는 점을 깨닫게 되거든. 그러면서 다른 사람이 나를 위해 해주는 일에도 감사할 줄 알게 되는 거야. 그건 마치 눈이 크게 떠지는 것과도 같아. 사람들이 나를 위해 해주는 모든 일이 눈에 들어오게 되는 거니까. 그럼 이 말이 생각날 거야. "고맙습니다." 너희가 누군가에게 "고맙습니다."라고 하는 데에는 "저를 위해 이런 일을 해주셔서 감사합니다."라는 의미가 있다는 걸 알게 되는 거야. 다른 사람의 봉사를 인식하고 자신의 언어로 그것을 인정하는 거지. 그리고 봉사를 하는 사람들은 이런 말을 들으면서 또 힘을 얻는 거고!

그런데 유감스럽게도, 다른 사람의 요구에 신경을 쓰지 않는 아이들도 있어. 그러면 이기적으로 보일 수 있지. 이에 대해 잠시 생각해 볼까? 자신을 위해서는 다른 사람에게 뭔가를 요구하면서 다른 사람을 위해서는 아무것도 하지 않으려는 친구가 있다고 생각해 봐. 어때? 이기적으로 보이지 않겠니? 실제로 다른 사람들이 자신을 위해 무언가를 해주고 있다는 사실조차 알지 못하는 아이들도 있을 거야. 자신이 이기적으로 보이거나 고마워할 줄 모르는 사람으로 보이길 원하는 사람은 아무도 없을 거야. 그런데 어떤 친구들은 그런 모습을 보인다는 거지. 혹시 너희도 너희가 받은 봉사에 대해 한 번도 생각해 본 적이 없다면 잠시라도 생각해 보렴. 그러면 너희를 위해 봉사해 준 사람과 그 봉사에 고마워하게 될 거야.

6. 칠판에 2개의 글 상자를 그리고 각각 '가족'과 '학교'라는 제목을 써넣는다.

7. 자원하는 학생을 지목해 가정과 학교에서 다른 사람을 위해 할 수 있는 봉사의 예를 말하게 한다. 그 예들을 적는다.

8. 해비타트나 동물보호소와 같은 다양한 봉사 단체가 개인이나 집단에 끼치는 유익에 대해 토의해 본다. 아이들도 자원봉사를 할 수 있다는 점을 이야기해 준다.

9. 봉사를 하면 우리가 늘 우리 자신을 위해서만 살 필요가 없음을 알게 되고, 자신이 다른 사람을 위해 기꺼이 베푸는 삶을 살고 있음을 느끼게 해준다.

10. 봉사를 하면 타인이 나를 위해 해주는 일에 감사하게 된다.

11. 누군가에게 "고맙습니다."라고 하는 데에는 "저를 위해 이런 일을 해주셔서 감사합니다."라는 의미가 있다.

12. 타인이 자신을 위해 해주는 일을 인식하지 못하는 학생들은 이기적이거나 고마워할 줄 모르는 사람으로 보인다.

가정, 학교 또는 다른 어느 곳이나 그곳이 좋은 곳이 되게 하기 위해서는 다른 사람들이 해 주는 봉사를 인식할 필요가 있단다. 그런 의미에서 진정으로 고마움을 느낄 수 있는 2가지 방법을 기억하자꾸나. (1) 다른 사람이 우리를 위해 하는 일을 인식해야 한다. (2) 다른 사람을 위해 봉사해야 한다. 이 2가지를 실천하는 과정에서 어떤 사람들은 자신이 관심받고 있다고 느낄 뿐 아니라 사랑받는다고 느낄 수도 있단다! (칠판에 다음을 쓴다. 1. 다른 사람이 나를 위해 하는 일 인식하기. 2. 다른 사람을 위해 봉사하기.)

3-4학년, 여기서부터 이어서 하세요.   4강, 3-4학년, No. 2

활동지의 두 번째 연습 문제를 보자. 내가 문제를 읽을 테니 각자 조용히 눈으로 읽어 보렴. 학생들에게 빈칸에 자신을 위해 다른 사람이 해주었던 봉사를 쓰게 한다. 학생들이 사례를 쓰는 동안 봉사의 정의(의도적으로 기대하지 않은 도움을 주는 것)를 말해 준다. 사례를 다 쓰면 자원하는 학생 몇 명을 지목해 발표하게 한다. '그 밖의 사람들' 범주가 가장 흥미로울 것이다. 항목에 나온 사람들 말고 자신을 위해 봉사해 준 다른 사람들을 생각해 내야 하기 때문이다. 진정한 봉사의 의미에 부합하지 않는 사례들을 주의하도록 한다. 그런 사례들은 왜 봉사의 의미에 부합하지 않는지 학생들이 이해할 수 있게 도와준다.

5-6학년, 여기서부터 이어서 하세요.   4강, 5-6학년, No. 3

활동지의 세 번째 연습 문제를 보자. 내가 문제를 읽을 테니 각자 조용히 눈으로 읽어 보렴. 학생들에게 자신을 위해 누군가가 해주었던 봉사를 써보게 한다. 다 쓰고 나면 자원하는 학생 몇 명을 지목해 발표하게 한다. 진정한 봉사의 의미에 부합하지 않는 사례들을 주의하도록 한다. 그런 사례들은 왜 봉사의 의미에 부합하지 않는지 학생들이 이해할 수 있게 도와준다.

[반대되는 면 수업]

도입

지금부터 봉사의 반대되는 면에 관해 이야기해 보자. 봉사의 정의가 다른 사람을 위해 무엇을 하는 것이라면 그 반대는 다른 사람에게 무엇을 하는 것이 될 거야. 그리고 우리가 봉사를 할 때는 누군가를 도우려 하는 행위이지만, 그 반대는 누군가에게 상처를 주는 행위가 되겠지. 수업을 위해 이러한 부정적인 행동을 '괴롭힘'이라고 부르기로 하자.

13. 학생들은 다른 사람이 자신을 위해 해준 일들을 잠시 생각해 본다.

14. 진정으로 고마움을 느낄 수 있는 2가지 방법이 있다. (칠판에 다음을 쓴다. 1. 다른 사람이 나를 위해 하는 일 인식하기. 2. 다른 사람을 위해 봉사하기.)
    - 활동지 [4강, 3-4학년, No. 2]
    - 활동지 [4강, 5-6학년, No. 3]

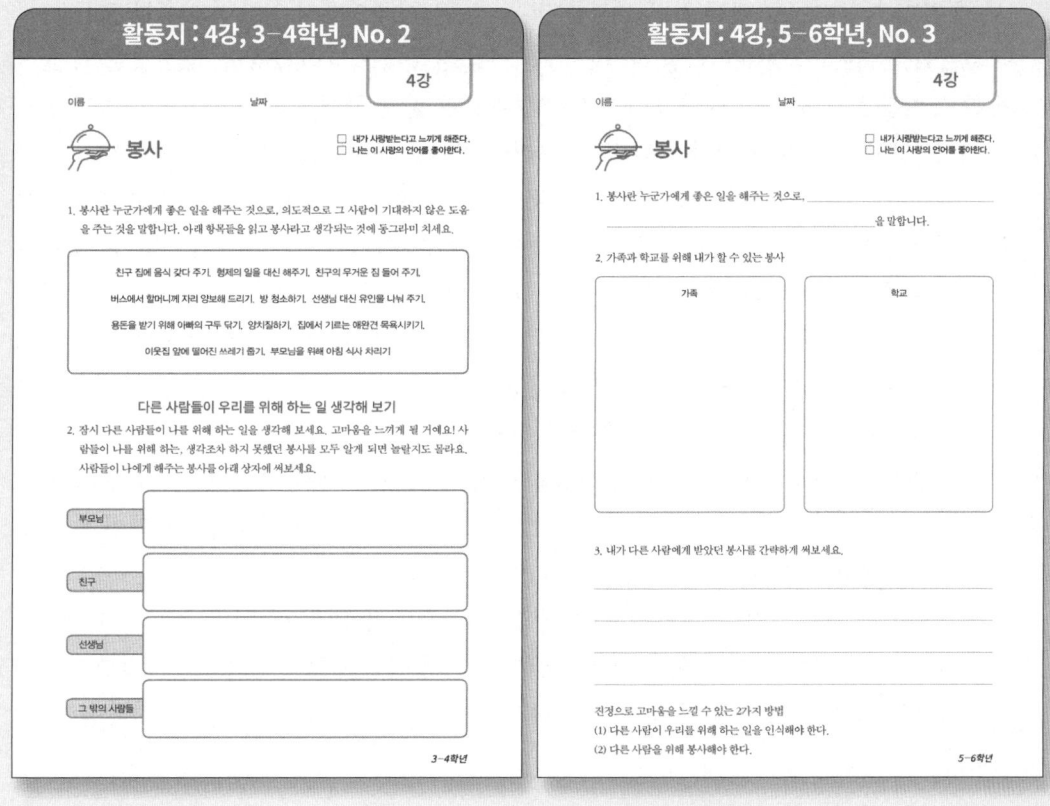

[반대되는 면 수업]

도입

1. 봉사의 반대되는 면 : 도와주기 vs. 상처 주기

2. 이런 부정적인 행동을 '괴롭힘'이라고 부르기로 한다. (칠판에 쓴다.)

3. 칠판에 'bully'의 정의를 쓴다. (자기보다 약한 사람을 습관적으로 괴롭히는 사람)

전개

'괴롭힘'이라는 단어는 다 들어 봤을 거야. (칠판에 '괴롭힘'이라고 쓴다.) 괴롭힘을 뜻하는 영어 단어는 'bullying'이야. (칠판에 'bullying'이라고 쓴다.) 이 단어는 'bully'에서 파생된 단어란다. 'bully'는 사전적 의미로 자기보다 약한 사람을 습관적으로 괴롭히는 사람을 말해. (칠판에 'bully'의 정의를 쓴다.) 그러니까 'bully'는 다른 사람을 자주 괴롭히는 비열한 사람을 의미하는 거지.

누군가가 불량배처럼 다른 사람을 괴롭힌다는 말은 상대방에게 일부러 가혹한 행동을 하고 있다는 말이야. 그런데 이러한 사람은 어떤 사람을 상대로 그런 행동을 하는 것일까? 칠판에 쓴 정의를 읽고 누가 그 대상이 되는지 아는 사람은 손을 들어 보자. 누굴까? (자기보다 약한 사람) 맞아. 자기보다 약한 사람이야. 그러면 얼마나 자주 괴롭힐까? (습관적으로. 이는 '정기적'이라는 의미다.) 맞아. 그렇게 계속해서 약한 사람을 괴롭히는 거야. 그런데 다른 사람을 괴롭히는 사람들에 대한 정의에는 그들이 어떻게 괴롭히는지까지는 규정하고 있지 않다는 걸 알아야 해. 왜 그럴까? (괴롭힌다는 의미가 담긴 행동들은 너무 많기 때문이다.) 사전적 정의에 그 방법을 다 일일이 열거할 수는 없을 거야. 너무 많은 방법이 있을 테니까. 때리는 행동부터 이상하게 쳐다보는 행동까지 다양할 수 있지. 그래서 괴롭힘을 당하는 건지 아닌지는 괴롭힘을 당하는 당사자만이 판단할 수 있어.

또 그 정의는 어떤 사람이 괴롭히는 사람인지 남녀노소도 규정하지 않아. 그건 왜 그럴까? (누구든 괴롭히는 사람이 될 수 있기 때문이다.) 그런데 가끔 누가 괴롭히는 사람인지 잘 모르거나 헷갈릴 때가 있어. 그저 짜증을 낸다거나 거들먹거리는 정도로 비치기도 하니까. 누군가를 귀찮게 하는 사람도 "그냥 농담한 거야.", "장난친 거야.", "놀려 본 거야."라고 말하곤 해. 그런데 그게 과연 진실일까? 그게 진실인지 아닌지 어떻게 알 수 있을까? 이제부터 그걸 알 수 있는 방법을 가르쳐 줄 거야. 그러고 나서 어떻게 대응해야 하는지 알려 줄게. 좋아, 시작하자.

1. 누군가가 나에게 내가 싫어하는 어떤 행동을 하는데, 그것이 위험한 수준인지 확신할 수 없을 때는 "그만해."라고 말해. 이 행위를 '개인의 경계선 긋기'라고 하지. (나는 보통 내 앞에 두 손으로 가상의 선을 그리고는 다음과 같이 말한다. "나는 그런 사람들에게 이것이 나의 경계선이라고 말하며 더 이상 넘지 말라고 한단다.") **누군가에게 그만하라고 할 때는 진지한 목소리로 이야기해야 해.** (시범을 보인다.)
2. 괴롭히는 사람에게서 멀리 떨어져.
3. 괴롭히는 사람이 계속 따라오면, 진지한 목소리로 "나를 가만히 놔둬."라고 말해.
4. 그래도 계속 따라오거나 괴롭히면, 학교의 구체적인 신고 절차를 말해 줘.

전개

1. 다음과 같이 질문한다. "다른 사람을 괴롭히는 사람은 어떤 사람을 상대로 그런 행동을 하는가?" (자기보다 약한 사람)

2. 다음과 같이 질문한다. "얼마나 자주 괴롭히는가?" (정기적으로)

3. 다음과 같이 질문한다. "다른 사람을 괴롭히는 사람들에 대한 정의에 그들이 어떻게 괴롭히는지를 규정하고 있지 않은 이유는 무엇일까?" (너무나 많은 방법이 있기 때문이다.)

4. 다음과 같이 말한다. "괴롭히는 사람의 정의는 남녀노소를 규정하지 않는다. 왜일까?" (누구든 괴롭히는 사람이 될 수 있기 때문이다.)

5. 다음과 같이 말한다. "가끔은 내가 괴롭힘을 당하고 있는 것인지 판단하기 어려울 때가 있다."

6. 다음 4단계를 거친다.
   (1) 진지한 목소리로 "그만해."라고 말함으로써 개인의 경계선을 긋는다.
   (2) 괴롭히는 사람에게서 멀리 떨어진다.
   (3) 괴롭히는 사람이 계속 따라오면, 진지한 목소리로 "나를 가만히 놔둬."라고 말한다.
   (4) 그래도 계속 따라오거나 괴롭히면, 학교의 구체적인 신고 절차를 말한다.

> **1-6학년, 여기서부터 이어서 하세요.**　　　　　　　　　**4-1강, 1-6학년, (1)-(4)**
>
> 지금부터 4단계를 다시 살펴볼 거야. 이번에는 보충 자료인 4-1강 활동지의 (1)에서 (4)까지 빈칸을 채워 보렴. 각 단계를 읽어 준 뒤, 학생들에게 빈칸을 채우게 한다. 대상이 1, 2학년이라면, 학생들이 보고 쓸 수 있도록 잘 보이는 곳에 답을 써준다. 학생들이 4단계를 다 쓰고 나면 짝과 함께 역할극을 하게 한다. 한 학생은 괴롭히는 사람 역할을, 다른 학생은 피해 학생 역할을 한다. 교사가 앞에서 한 학생과 함께 역할극 시범을 보여 줘도 좋다. 짝과 역할을 바꿔 모든 학생이 4단계를 다 연습할 수 있게 한다.

개인의 경계선을 긋고 그만하라고 말하지 않으면, 너희가 심각하게 생각한다는 사실을 모를 수도 있으니 이 4단계를 따르는 것이 매우 중요해. 그렇게 너희가 그만하라고 하는데도 계속 괴롭힐 때는 너희를 상습적으로 괴롭히려 한다는 것을 알게 될 거야. 괴롭히는 사람은 상습적으로 자기보다 더 약한 사람을 괴롭히는 사람이잖아. 그만하라고 했는데 내일 또는 이틀 뒤, 또는 다음 주, 심지어 한 달 뒤에라도 너희를 괴롭히는 어떤 행동을 또 한다면 그 사람은 나쁜 사람이야.

학교에 있는 누구에게나 배울 권리와 안전할 권리가 있어. 우리 학교는 괴롭힘을 매우 심각한 범죄로 간주한단다. 물론 괴롭히는 사람에 대응하는 학교 규칙도 있고. (학교 규칙 및 방침을 소개한다.) 가끔 아이들은 너무 무서운 나머지 괴롭히는 사람에 대해 아무런 말도 하지 않아. 누군가에게 말했다가 훨씬 더 나쁜 일을 당할지도 모른다고 생각하는 거지. 그렇게 괴롭히는 사람은 약한 사람들을 끊임없이 괴롭히고 그 사람들의 삶에 계속해서 상처를 입히는 거야.

누군가가 너희를 괴롭힌다면 교사나 학교 직원들에게 말하렴. 친구와 함께 오거나 부모님이 전화를 하셔도 좋아. 다른 사람이 괴롭힘을 당하는 모습을 목격해도 말해 줘야 해. (학교의 신고 절차를 소개한다.) 생각지 못한 대상일지라도 그 사람을 돕는 봉사를 할 수 있다는 걸 기억하렴. 괴롭히는 사람에 대해서 누군가에게 이야기를 해준다면, 그것만으로도 너희는 알지 못하는 어떤 사람을 위해 봉사를 하는 것과 다를 바가 없는 거야! 학교에서 목격하는 위험한 상황 모두 그 대상이 된단다. 너희가 신고를 해서 누군가가 안전해진다면, 너희는 모든 학생을 대상으로 봉사를 하는 것이라고 할 수 있어. 꼭 그런 학생들이 되어 주면 좋겠구나. 혹시 질문 있니?

7. 활동지 [4-1강, 1-6학년, (1)-(4)]

8. 다음과 같이 말한다. "어떤 사람은 자신의 어떤 행동이 누군가를 괴롭히는 행동인지 잘 인식하지 못하기 때문에 이 4단계를 따르는 것이 매우 중요해."

9. 다음과 같이 말한다. "학교에 있는 누구에게나 배울 권리와 안전할 권리가 있어. 우리 학교는 괴롭힘을 매우 심각하게 받아들인단다."

10. 다음과 같이 말한다. "우리 학교에는 괴롭히는 사람에 대응하는 규칙이 있어." (학교 방침을 소개한다.)

11. 다음과 같이 말한다. "학생들은 너무 무서운 나머지 자신에게 일어난 일을 신고하지 못하는 경우도 있어. 하지만 그런 일이 일어나면 말을 해야 해. 언제든 다음과 같이 하면 된단다."
    - 혼자 신고를 하러 오는 게 불안하면 친구와 함께 온다.
    - 부모님이 연락하게 한다.

12. 다음과 같이 말한다. "다른 사람이 괴롭힘을 당하는 모습을 목격하면 말을 해야 해." (학교의 신고 절차를 소개한다.)

13. 다음과 같이 말한다. "학교에서 목격하는 위험한 상황 모두 신고해야 한단다. 이는 학교 전체를 위한 봉사가 되지."

14. 다음과 같이 말한다. "혹시 다른 질문 있니?"

4강

봉사 연고딕 무우

1–6학년, 여기서부터 이어서 하세요. **4–1강, 1–6학년, 참/거짓 문제**

지금부터 참/거짓 테스트를 해볼 거야. 괴롭힘과 관련해 가끔 일어나는 일부 사항을 알고 있나 보려는 거지. 네 문항을 읽어 주고, 학생들에게 자신이 옳다고 생각하는 답에 표시하게 한다. 각 문항의 답을 살펴보고 다음과 같이 설명해 준다. (전체 토의를 유도한다.)

- **누가 어떤 사람을 괴롭히는 모습을 본 경우, 나를 괴롭히는 것은 아니므로 무시해야 한다. (거짓)**
  신고하지 않으면 모든 사람이 피해자가 될 수 있다. 학교가 안전하지 않다는 분위기가 조성되어 학생들은 학습에도, 학교생활의 재미에도 집중하지 못하기 때문이다. 게다가 이를 신고하지 않으면 자신이나 친구가 괴롭힘의 다음 대상이 될 수도 있다. 신고를 함으로써 우리는 주변 사람을 보호하고 좋은 이웃이 되어야 할 책임이 있다.

- **악의적인 문자 메시지를 보내는 것은 괴롭히는 행동이 될 수 있다. (참)**
  괴롭힘은 매우 다양한 형태로 발생할 수 있다. '사이버 괴롭힘'도 그중 하나다. 사이버 괴롭힘은 인터넷, 휴대전화 등의 기기를 수단으로 일어나는 모든 종류의 괴롭힘을 말한다.

- **누군가가 동네에서 어떤 학생을 괴롭히고 있다면, 이는 학교의 문제는 아니다. (거짓)**
  학교는 학교 안팎에서 그 학교의 모든 학생에게 관심을 둔다. 학교 밖에서 발생하는 괴롭힘이 학생의 학교생활에 직접적인 영향을 줄 수도 있기 때문이다. 괴롭히는 사람이 다른 학교의 학생이더라도 우리는 신고해야 한다.

- **다른 사람을 괴롭히는 사람들은 괴롭히는 대상보다 늘 체격이 크다. (거짓)**
  괴롭히는 사람들의 체격은 다양할 수 있다. 체격이 작은 사람도 누군가에게 문자 메시지를 보내거나 위협을 가할 수 있다. 이들은 체격이나 성별과는 상관이 없다.

5–6학년, 여기서부터 이어서 하세요. **4–2강, 5–6학년, 전체 페이지**

이제 4–2강 활동지를 보자. 내가 문제를 읽을 테니 각자 조용히 눈으로 읽어 보렴. 이는 비교/대조 수업이다. 학생들에게 이 과제를 친구 한 명과 함께 수행하게 한다. 적어도 하나의 사이버 괴롭힘을 포함하게 한다. 짝으로 이루어진 조마다 과제를 발표하게 한다.

정리

오늘 우리는 봉사에 관해서 배웠어. 봉사는 자긍심을 느끼는 데 큰 효과가 있지. 하지만 가장 중요한 건 누군가에게 사랑받는 느낌을 준다는 점이야. 봉사는 누군가를 위해 하는 좋은 일로, 의도적으로 그 사람이 기대하지 않은 도움을 주는 것이지. 누군가에게 물 한잔을 가져다준다거나, 버스에서 자리를 양보한다거나, 반 친구를 위해 과제가 무엇인지 적어 주는 일 등이 봉사의 예가 될 거야. 해야 할 필요가 있는 일들을 보고 누가 요구하지 않더라도 그 일을 하는 학생이 있다면, 그 학생이 바로 봉사를 실천하고 있는 거란다. 이런 학생들은 보통 누군가가 자신을 위해 해준 일에도 고마워할 줄 알지.

자신을 위해 다른 사람이 해준 일을 생각하려 하지 않는 학생들은 종종 고마워할 줄 모르거

15. 활동지
- 활동지 [4-1강, 1-6학년, 참/거짓 문제]
- 활동지 [4-2강, 5-6학년, 전체 페이지]

정리

오늘 우리는 봉사에 관해서 배웠어. 봉사는 자긍심을 느끼는 데 큰 효과가 있지. 하지만 가장 중요한 건 누군가에게 사랑받는 느낌을 준다는 점이야. 봉사는 누군가를 위해 하는 좋은 일로, 의도적으로 그 사람이 기대하지 않은 도움을 주는 것이지. 누군가에게 물 한잔을 가져다준다거나, 버스에서 자리를 양보한다거나, 반 친구를 위해 과제가 무엇인지 적어 주는 일 등이 봉사의 예가 될 거야. 해야 할 필요가 있는 일들을 보고 누가 요구하지 않더라도 그 일을 하는 학생이 있다면, 그 학생이 바로 봉사를 실천하고 있는 거란다. 이런 학생들은 보통 누군가가 자신을 위해 해준 일에도 고마워할 줄 알지.

자신을 위해 다른 사람이 해준 일을 생각하려 하지 않는 학생들은 종종 고마워할 줄 모르거나 이기적인 사람으로 보이기 쉬워. 이런 학생들은 시간을 내서 자신을 위해 누군가가 어떤 봉사를 해주고 있는지 생각해 봐야 해. 봉사를 실천하면 감사할 줄 알게 되고, 더 나아가 우리의 가정, 학교를 비롯하여 모든 곳을 좋은 장소로 만들어 준단다.

우리는 괴롭히는 사람들에 대해서도 배웠어. 그들은 자기보다 약한 사람을 상습적으로 괴롭히지. 그리고 또 4단계 지침에 대해서도 배웠어. 내가 지금 괴롭힘을 당하고 있는 건지 아닌 건지 분별이 안 될 때 활용할 수 있는 지침 말이야. 1. 자신의 경계선을 긋고 진지한 목소리로 "그만해."라고 말한다. 2. 괴롭히는 사람에게서 멀리 떨어진다. 3. 괴롭히는 사람이 계속 따라오면, "나를 가만히 놔둬."라고 말한다. 4. 그래도 계속 따라오거나 괴롭히면, 학교의 신고 절차를 말한다.

또한, 너희는 우리 학교가 괴롭힘을 매우 심각하게 받아들인다는 사실을 알게 되었어. 우리는 모든 학생이 안전하기를 원한단다. 그런데 어떤 학생들은 너무 두려운 나머지 아무에게도 이야기하지 못하는 경우가 있어. 이런 학생들은 친구와 함께 신고를 하거나 부모님께 말해야 해. 그리고 누구든 괴롭힘을 당하는 사람을 목격하면 그때도 신고를 해야 하지. 또 어떤 상황이든 위험한 행동을 목격하게 되면 이 역시 신고해야 한단다. 괴롭히는 사람이나 위험한 상황을 신고하는 학생은 학교 전체를 위해 봉사하는 거야.

이 질문에 대해 생각해 보렴. "다른 사람이 나를 위해 어떤 일을 해줄 때 나는 사랑받는다고 느끼는가, 아니면 그저 좋아하기만 하는가?" 활동지의 상단 오른쪽에 있는 두 문장 중 하나를 선택해 그 옆에 있는 네모 칸에 표시해 보렴. 문항은 "내가 사랑받는다고 느끼게 해준다."와 "나는 이 사랑의 언어를 좋아한다."야.

자, 그럼 이제 과제에 관해 이야기해 보자.

개별 학습 및 과제

학생들은 각자 가정과 학교에서 봉사를 한다.

1. 학생들에게 "가정과 학교에서 봉사를 실천하길 바란다."라고 말한다.
2. 가족이라면 누구든 집에서 하는 봉사의 대상이 될 수 있다.
3. 학교 내에 있는 사람이라면 누구든 학교에서 하는 봉사의 대상이 될 수 있다.
4. 학생들에게 과제를 위해 봉사한다고 밝힐 필요는 없음을 상기시킨다.
5. 아이디어 제공을 위해 칠판에 써 놓은 봉사의 예들을 함께 살펴본다. 학생들에게 예에 국한될 필요는 없으며, 단 하나만 할 필요도 없음을 말해 준다.
6. 학생들에게 다음 수업 시간이 언제인지 알려 주고, 그때 사랑의 언어를 배운 뒤 겪은 경험에 관해 물어볼 거라고 말한다.
7. 칠판에 적힌 목표를 복습한다. 학생들이 3가지 목적을 확실히 습득했는지 확인하고, 특히 신고를 강조한다.

나 이기적인 사람으로 보이기 쉬워. 이런 학생들은 시간을 내서 자신을 위해 누군가가 어떤 봉사를 해주고 있는지 생각해 봐야 해. 봉사를 실천하면 감사할 줄 알게 되고, 더 나아가 우리의 가정, 학교를 비롯하여 모든 곳을 좋은 장소로 만들어 준단다.

우리는 괴롭히는 사람들에 대해서도 배웠어. 그들은 자기보다 약한 사람을 상습적으로 괴롭히지. 그리고 또 4단계 지침에 대해서도 배웠어. 내가 지금 괴롭힘을 당하고 있는 건지 아닌 건지 분별이 안 될 때 활용할 수 있는 지침 말이야. 1. 자신의 경계선을 긋고 진지한 목소리로 "그만해."라고 말한다. 2. 괴롭히는 사람에게서 멀리 떨어진다. 3. 괴롭히는 사람이 계속 따라오면, "나를 가만히 놔둬."라고 말한다. 4. 그래도 계속 따라오거나 괴롭히면, 학교의 신고 절차를 말한다.

또한, 너희는 우리 학교가 괴롭힘을 매우 심각하게 받아들인다는 사실을 알게 되었어. 우리는 모든 학생이 안전하기를 원한단다. 그런데 어떤 학생들은 너무 두려운 나머지 아무에게도 이야기하지 못하는 경우가 있어. 이런 학생들은 친구와 함께 신고를 하거나 부모님께 말해야 해. 그리고 누구든 괴롭힘을 당하는 사람을 목격하면 그때도 신고를 해야 하지. 또 어떤 상황이든 위험한 행동을 목격하게 되면 이 역시 신고해야 한단다. 괴롭히는 사람이나 위험한 상황을 신고하는 학생은 학교 전체를 위해 봉사하는 거야.

이 질문에 대해 생각해 보렴. "다른 사람이 나를 위해 어떤 일을 해줄 때 나는 사랑받는다고 느끼는가, 아니면 그저 좋아하기만 하는가?" 활동지의 상단 오른쪽에 있는 두 문장 중 하나를 선택해 그 옆에 있는 네모 칸에 표시해 보렴. 문항은 "내가 사랑받는다고 느끼게 해준다."와 "나는 이 사랑의 언어를 좋아한다."야.

자, 그럼 이제 과제에 관해 이야기해 보자.

개별 학습 및 과제

학생들은 각자 가정과 학교에서 봉사를 한다.

1. 학생들에게 "가정과 학교에서 봉사를 실천하길 바란다."라고 말한다.
2. 가족이라면 누구든 집에서 하는 봉사의 대상이 될 수 있다.
3. 학교 내에 있는 사람이라면 누구든 학교에서 하는 봉사의 대상이 될 수 있다.
4. 학생들에게 과제를 위해 봉사한다고 밝힐 필요는 없음을 상기시킨다.
5. 아이디어 제공을 위해 칠판에 써 놓은 봉사의 예들을 함께 살펴본다. 학생들에게 예에 국한될 필요는 없으며, 단 하나만 할 필요도 없음을 말해 준다.
6. 학생들에게 다음 수업 시간이 언제인지 알려 주고, 그때 사랑의 언어를 배운 뒤 겪은 경험에 관해 물어볼 거라고 말한다.
7. 칠판에 적힌 목표를 복습한다. 학생들이 3가지 목적을 확실히 습득했는지 확인하고, 특히 신고를 강조한다.

수업을 마치며

봉사라는 사랑의 언어를 가르침으로써 학생과 교직원 모두에게 뚜렷이 더 나은 분위기를 만들어 줄 수 있다. 물론 모든 사랑의 언어가 이와 같은 효과를 보이지만, 봉사는 고마워할 줄 아는 학생들을 양성한다는 점에서 다소 차이가 있다. 사람들이 서로를 보살피고 도울 방법을 모색하기 시작할 때 무언가 특별한 일이 일어난다.

나는 학생들이 대부분 사람들을 돕고 싶어 한다는 사실을 안다. 다만 그 방법을 모를 때가 있는 것뿐이다. 이 수업을 진행할 때 봉사의 다양한 사례들을 준비해 두었다가 학생들이 봉사의 예를 충분히 떠올리지 못할 때에 한해 그 예들을 제공하라. 일부 학생들은 너무 어려서 자신이 할 수 있는 일들을 잘 떠올리지 못할 수도 있다.

괴롭힘을 다루는 부분에서 교사는 관리자와 함께 수업하길 바랄지도 모른다. 관리자들은 학교 방침 및 신고 절차를 입안 또는 수정할 수 있다. 교사가 방침이나 절차를 숙지하고 있다 하더라도 관리자들은 매일 그 사안들을 다루고 있다는 점을 기억해야 한다. 관리자들은 봉사의 내용 중 괴롭힘을 다루는 부분에서 의미 있는 통찰력과 지혜를 제공해 줄 수도 있다. 또한, 그들은 교실에서 이루어지는 학습에 대해 말해 줄 다른 교직원을 만나고 싶어 할지도 모른다. 교직원과 지도 주임은 신고 건수가 급격히 증가하는 것에 놀랄 것이다. 학생들의 인식이 높아지면 문제점은 공공연하게 드러날 것이기 때문이다. 물론 어떤 학생들은 전혀 그렇지 않은 학생들을 다른 아이들을 괴롭히는 학생으로 오해할 수도 있다. 하지만 이런 일은 보통 아주 드물게 발생하며 시간이 지나고 적절한 지도가 병행되면서 사라질 것이다. 학생들은 대부분 학습 내용을 잘 이해하고 적절한 경우에만 신고하게 된다.

괴롭힘을 다루는 수업에 다른 사람을 괴롭히는 사람은 남녀노소 누구나 될 수 있음을 설명하는 부분이 있다. 이는 의도적인 구성이다. 스킨십에 대한 수업에서도 이 내용이 기본적으로 이어지기 때문이다. 교사들 대부분이 알고 있듯이 아이들이 아동 학대를 당할 때 가끔은 이런 사람들이 관련되어 있기도 하다. 특히 이들이 십대 혹은 어른인 경우에 그렇다. 교사는 학생들이 자신의 경계선 침범을 용납하지 않는 사고방식을 체득하길 원한다. 다른 사람을 괴롭히는 사람은 학교에만 있는 것이 아니다.

교실 이야기

내가 근무하는 학교는 봉사에 아주 큰 관심을 두고 있다. 지역 사회가 봉사를 최우선 순위에 두고 있기 때문이다. 학기 중 100여 명에 이르는 학부모 자원봉사자가 학교에 와 있는 때도 있었다. 그들은 자녀들에게 훌륭한 본이 되어 주었다.

우리 지역 사회에 키와니스 클럽이라는 한 봉사 단체가 있다. 이 단체는 K-Kids라는 초등학생을 위한 부속 기구를 두고 있다. 이 단체는 어려움에 처한 사람에게 직접적인 도움이 되는 서비스를 다양하게 제공하는 훌륭한 기관이다. 지역에 이와 같은 단체가 없다면 직접 하나의 단체를 조직해 보길 강력히 권한다. K-Kids의 장점은 아이들에게 봉사할 기회를 준다는 점이다. K-Kids와 같은 단체들은 학교 외부의 성인 자원봉사자들이 운영하고 있으며, 보통 한두 명의 학교 직원이 자원봉사자로 그들을 보조한다. 임원을 선출하거나 안건을 작성하는 일 등 업무의 대부분은 학생들이 직접 수행한다. 학생들이 이처럼 대규모로 봉사를 실천해 보는 것은 상당히 좋은 방법이다.

봉사를 생각할 때, 특별히 나는 한 여자아이가 떠오른다. 이 아이는 최우수 학생상을 받았다. 이 아이의 가장 놀라운 점은 다른 학생들을 도우려는 방법을 수시로 찾곤 했다는 것이다. 심사위원 대부분은 이 학생이 누구인지 알고 있었다. 이 아이가 참 대단하다고 생각되는 점은 어떤 상황에서도 계속해서 봉사를 한다는 것이었다. 아이는 신입생들의 길잡이가 되어 주었고, 슬픔에 처한 친구들에게는 가까이 다가가 위로해 주었으며, 늘 웃는 얼굴로 친절하게 말을 건넸다. 가끔 이런 행동을 하는 학생이 있다 해도 놀라운 일일 텐데, 꾸준히 이런 모습을 보이다니, 단연 돋보이는 사례다. 심지어 더 감동적인 것은, 아이의 엄마는 암 투병 중이고, 남동생은 자폐증을 앓고 있으며, 자신은 축구를 하다 팔이 부러진 상황이었는데도 타인을 위해 봉사를 했다는 사실이다. 보통 이런 상황이면 봉사를 하기가 쉽지 않았을 텐데 이 아이는 봉사라는 행위로 사람을 사랑하는 것이 무엇인지를 명확히 이해하고 있는 것이다. 이는 우리 모두에게 필요한 수업이다.

Chapter 6
선물

수업을 시작하며

선물을 받을 때 사랑을 느끼는 사람들은 보통 그 사실을 이야기하고 싶어 하지 않는다. 이들은 종종 자신의 사랑의 언어가 선물이라는 이유로 스스로 이기적이라 느낀다고 말하기도 한다. 이 수업을 진행하면서 교사는 일부 학생이 수업 내용을 불편해할 수도 있다는 점을 기억해야 한다.

사실 이 사랑의 언어와 관련된 인상적인 에피소드는 누구에게나 있을 것이다. 나이가 적든 많든 선물과 관련된 의미 있는 경험을 살면서 한 번쯤은 다 겪어 봤을 테니 말이다. 선물은 단순한 물건 그 이상의 의미가 있기 때문에 상당히 큰 영향력이 있다. 선물이 오갈 때 이에는 긍정적인 면과 부정적인 면이 있다. 긍정적인 면에서 선물은 감사, 가치, 희생, 사랑, 헌신, 사과, 축하 등을 나타내고, 부정적인 면에서 선물은 범죄, 뇌물, 실패, 경솔함, 두려움, 학대 등을 상징하기도 한다. 선물을 주는 사람이 받는 사람에게 중요한 사람이라면, 선물을 받는 사람은 선물을 항상 주는 사람의 일부로 받아들인다. 이 장의 목적을 위해 수업은 우리가 알고, 사랑하고, 관심이 있는 사람으로 그 대상을 좁혀 이들에게 선물을 주는 행동에 초점을 두고 진행될 것이다. 단순히 아는 사람에게 선물을 주는 것은, 비록 그 개념은 많은 부분 유사하지만, 실제 매우 달라 보이기도 한다.

선물은 물건 그 이상의 의미가 있기 때문에 선물을 주는 기술을 완벽히 익히는 것이 중요하다. 절대 다른 사람들만이 할 수 있는 일이라고 생각하며 포기해서는 안 된다. 더 깊은 의미를 발견하고 받는 사람에게 어울리는 선물을 찾아야 한다. 진정 좋은 선물을 주기 위해서는 생각을 많이 해야 한다. 선물을 주는 기술이 부족한 사람들은 오히려 받는 사람에게 상처를 주는 경우가 많다. 무엇이 좋은 선물인지 잘 몰라서, 많은 사람이 선물을 주는 일에 실패하는 것인지도 모른다.

선물을 제대로 선택하지 못하는 이런 혼동은 어쩌면 우리 사회에 마케팅이 만연해 있기 때문일 것이다. 마케팅 담당자들에게는 물건을 팔기 위해 사람들의 구매 욕구를 자극해야 할 책무가 있다. 기본적인 마케팅 문구 중 하나는 물건이 사람들에게 사랑을 느끼게 해줄 거라는 내용을 담고 있다. (TV에 나오는 보석 광고를 보라!) 마케팅 담당자들은 판매의 대부분이 소비자와 판매자 사이에 형성된 일종의 정서적 관계로 이루어진다는 사실을 잘 알기 때문이다. 사람과 상품을 정서적으로 연결하기 위해 수조 원의 돈이 쓰인다. 마케팅 담당자들은 소비자가 장을 보러 가서 무엇을 살까 고민할 때 자신들의 마케팅에 의존하길 희망하고 있다. 하지만 유감스럽게도, "당신의 선물이 사랑을 느끼게 해줄 거예요."라는 광고 문구만을 의지해 상품을 구매한 많은 소비자가 선물을 주고 나서 광고가 꼭 맞는 것은 아니라고 여긴다. 선물은 광고 문구가 아닌 상대방에 대한 정보를 바탕으로 결정해야 한다. 다른 사랑의 언어와 마찬가지로 더 구체적이고 개인적일수록 받는 사람은 더 많은 사랑을 느낀다.

선물이 사랑의 언어인 사람들 대부분이 다른 사람에게 바라는 것은 자신들을 제대로 알아달라는 것이다. 그들은 단순히 선물이라는 것에 사랑을 느끼는 게 아니라 상대방이 자신을 위해 시간과 노력을 들여서 준 선물이기 때문에 사랑받는다고 느끼는 것이다. 상대방을 잘 아는 것만으로도 선물 주기는 완벽하게 이루어진다. 물론 누군가를 제대로 잘 알려면 마치 탐정처럼 주의 깊게 듣고 보는 태도가 필요하다.

한편, 받는 사람이 좋아할지, 가격은 적정한지에 대한 고민으로 선물을 안 주거나 주기를 꺼려서는 안 된다. 상대방이 원하는 것을 정확히 알지 못한다는 것은 변명이 되지 않는다. 선물이 사랑의 언어인 사람들은 계획하지 않은 구매를 좋아한다. 그리고 갑작스레 받는 선물로 깜짝 놀라고 싶어 한다. 이들은 그 선물이 자신에게 오기까지 기울여진 노력에 감사할 것이다. 그리고 사랑의 언어가 선물인 것이 드러나면 이들은 보통 더 많은 선물을 받게 될 것이다.

내 경험상 선물이 제1의 사랑의 언어인 학생들은 극소수였다. 내가 사랑의 언어를 처음 가르치기 시작했을 때, 동료 몇 명은 아이들이 대부분 선물을 제1의 사랑의 언어로 선택할 것이라고 말했다. 하지만 막상 뚜껑을 열어 보니 그 결과는 사뭇 달랐다! 학생들을 대상으로 설문 조사를 해보니, 대다수의 아이들이 선물을 받을 때 사랑을 느끼는 것은 아니었다. 그렇다. 아이들은 선물을 정말 좋아하긴 하지만, 선물이 꼭 아이들에게 사랑받는 느낌을 주는 것은 아니었다. 이것은 아이들이 '사랑받는 느낌을 주는 것'과 '좋아하는 것'을 구분할 수 있게 하는 중요한 힌트 역할을 한다. 지금부터 선물을 받을 때 사랑을 느끼는 아이들을 찾아보고, 이 아이들이 자신의 사랑의 언어에 자부심을 느끼도록 격려해 주자.

5강
선물
(원고형 교안)

목표

학생들은 '선물'이라는 사랑의 언어를 이해하고 설명할 수 있게 된다. 그리고 선물의 더 깊은 의미를 이해하고 어떤 사람들은 왜 이것으로 사랑을 느끼는지 그 이유를 알게 된다. 또한, '뇌물'이 무엇인지 설명할 수 있고, 누군가가 뇌물을 주려고 할 때 따라야 할 3단계를 배우게 된다.

칠판에 다음과 같이 쓴다.

1. 나는 어떤 사람들은 왜 선물을 받을 때 사랑을 느끼는지 그 이유를 설명할 수 있다.
2. 나는 뇌물에 관해 설명할 수 있다.
3. 나는 누군가가 내게 뇌물을 주려고 할 때 대응 방법 3단계를 알고 있다.

(30초간 오늘 배우게 될 것에 대해 학생들끼리 이야기하게 한다.)

복습

자원하는 학생을 지목해 다음의 내용을 설명하게 한다.

1. 사랑의 언어를 가르치는 2가지 목표는 무엇인가? (자신의 사랑의 언어를 아는 것과 다른 사람들의 사랑의 언어를 알아낼 수 있게 되는 것)
2. 가장 최근에 배운 사랑의 언어는 무엇인가? (봉사)
3. 지난 수업의 학습 목표를 복습한다.
4. 봉사란 무엇인가? (봉사는 누군가에게 좋은 일을 해주는 것으로, 의도적으로 그 사람이 기대하지 않은 도움을 주는 것을 말한다.)
5. 봉사에는 어떤 예가 있는가? (답은 다양하다.)
6. 봉사의 반대되는 면, 즉 부정적인 행위로 간주하는 것은 무엇인가? (괴롭힘)
7. 이런 부정적인 행위를 보거나 경험할 때 어떻게 해야 하는가? (학교 방침을 따른다.)
8. 자원하는 학생 몇 명을 지목해 과제가 어떻게 진행되었고, 어떤 경험을 했는지 잠시 토의하게 한다.

5강
선물
(요약형 교안)

목표

학생들은 '선물'이라는 사랑의 언어를 이해하고 설명할 수 있게 된다. 그리고 선물의 더 깊은 의미를 이해하고 어떤 사람들은 왜 이것으로 사랑을 느끼는지 그 이유를 알게 된다. 또한, '뇌물'이 무엇인지 설명할 수 있고, 누군가가 뇌물을 주려고 할 때 따라야 할 3단계를 배우게 된다.

칠판에 다음과 같이 쓴다.

1. 나는 어떤 사람들은 왜 선물을 받을 때 사랑을 느끼는지 그 이유를 설명할 수 있다.
2. 나는 뇌물에 관해 설명할 수 있다.
3. 나는 누군가가 내게 뇌물을 주려고 할 때 대응 방법 3단계를 알고 있다.

(30초간 오늘 배우게 될 것에 대해 학생들끼리 이야기하게 한다.)

복습

자원하는 학생을 지목해 다음의 내용을 설명하게 한다.

1. 사랑의 언어를 가르치는 2가지 목표는 무엇인가? (자신의 사랑의 언어를 아는 것과 다른 사람들의 사랑의 언어를 알아낼 수 있게 되는 것)
2. 가장 최근에 배운 사랑의 언어는 무엇인가? (봉사)
3. 지난 수업의 학습 목표를 복습한다.
4. 봉사란 무엇인가? (봉사는 누군가에게 좋은 일을 해주는 것으로, 의도적으로 그 사람이 기대하지 않은 도움을 주는 것을 말한다.)
5. 봉사에는 어떤 예가 있는가? (답은 다양하다.)
6. 봉사의 반대되는 면, 즉 부정적인 행위로 간주하는 것은 무엇인가? (괴롭힘)
7. 이런 부정적인 행위를 보거나 경험할 때 어떻게 해야 하는가? (학교 방침을 따른다.)
8. 자원하는 학생 몇 명을 지목해 과제가 어떻게 진행되었고, 어떤 경험을 했는지 잠시 토의하게 한다.

9. 학생들이 사랑의 언어를 배울 때마다 이 질문에 대해 생각해 보게 한다. "이 언어가 내가 사랑받는다고 느끼게 해주는 사랑의 언어인가, 아니면 단지 좋아하는 것인가?"

도입

오늘 우리는 선물이라는 또 하나의 사랑의 언어를 배울 거야. (칠판에 '선물'이라고 쓴다.) 선물 좋아하는 사람? 다른 사랑의 언어와 마찬가지로 어떤 사람들은 선물을 받을 때 사랑을 느낀단다. 선물은 단순한 물건 그 이상을 의미해. 선물은 그 선물을 주는 사람을 대변하는 거야. 감사, 가치, 희생, 사랑, 헌신, 사과, 축하 등을 나타내지. 너희 중 몇 명은 선물이 자신의 사랑의 언어일 수도 있어. 한번 알아볼까?

1–2학년, 여기서부터 이어서 하세요. 　　5강, 1–2학년, 전체 페이지

학생들에게 5강 활동지에 자신이 정말 받고 싶은 선물을 원 안에 하나씩 쓰게 한다. 그 선물을 쓴 이유를 한두 문장으로 설명하게 한다. 짝끼리 가장 좋아하는 선물과 그 이유에 관해 이야기하게 한다. 그리고 그것을 발표하게 한다. 이 연습은 수업에 흥미를 불어넣어 준다. 학생들이 받고 싶어 하는 4가지 선물을 교사가 말해 본다. 학생들은 이를 재미있어할 것이다.

3–4학년, 여기서부터 이어서 하세요. 　　5강, 3–4학년, No. 1

5강 활동지를 보자. 내가 문제를 읽을 테니 각자 조용히 눈으로 읽어 보렴. 세상에 있는 모든 선물 중 하나를 마음대로 고를 수 있다면 어떤 선물을 선택할지, 그 이유는 무엇인지 쓰게 한다. 그리고 그 선물을 그림으로 그리게 한다. 짝끼리 고른 선물과 그 이유에 관해 이야기하게 한 다음, 각자 자신의 그림을 보여 주며 그 선물에 관해 발표하게 한다. 이 연습은 수업에 흥미를 불어넣어 준다. 학생들이 받고 싶어 하는 선물을 교사가 말해 본다. 학생들은 이를 재미있어할 것이다.

9. 학생들이 사랑의 언어를 배울 때마다 이 질문에 대해 생각해 보게 한다. "이 언어가 내가 사랑받는다고 느끼게 해주는 사랑의 언어인가, 아니면 단지 좋아하는 것인가?"

도입

1. 선물이라는 사랑의 언어를 소개한다.

2. 칠판에 '선물'이라고 쓴다.
   - 물건 그 이상의 것이다.
   - 주는 사람을 대변한다.
   - 하나의 의미가 된다.

3. 활동지
   - 활동지 [5강, 1-2학년, 전체 페이지]
   - 활동지 [5강, 3-4학년, No. 1]
   - 활동지 [5강, 5-6학년, No. 1]

> **5-6학년, 여기서부터 이어서 하세요.**　　　　　5강, 5-6학년, No. 1
>
> **5강 활동지의 1번 문제를 보자. 내가 문제를 읽을 테니 각자 조용히 눈으로 읽어 보렴.** 학생들에게 지금까지 받아 본 최고의 선물과 그 선물을 받은 이유를 설명하게 한다. 학생들이 "제가 원했어요."라는 답을 하면, 좀 더 깊이 생각해 보게 하고 그 선물을 바랐던 이유가 무엇이었는지 설명하게 한다. 학생들은 그 선물이 자신에게 어떤 도움이 될 거라고, 또는 어떤 느낌을 줄 거라고 생각했을까? 아니면 또 다른 생각을 했을까? 짝끼리 그 선물이 무엇이고 왜 그 선물을 받았는지 서로 이야기하게 한다. 그리고 각자 자신의 경험을 발표하게 한다. 이 연습은 수업에 흥미를 불어넣어 준다. 학생들이 받았던 선물을 교사가 말해 본다. 학생들은 이를 재미있어할 것이다.

전개

먼저 사람들이 선물을 주고받는 특별한 경우를 이야기해 보자. 어떤 경우가 있을까? (생일, 크리스마스, 결혼 전 축하 모임, 출산 전 축하 모임, 어버이날 등) 그런데 왜 우리는 이런 날에 선물을 줄까? (당사자에게 사랑과 관심, 감사, 축하하는 마음 등을 표현하기 위해서) 이런 날에 선물을 꼭 줘야 한다고 생각하니? 왜? (그렇다. 이는 문화적인 이유로, 이런 경우 선물을 주지 않으면 무례한 사람으로 인식될 것이다.) 그럼 이런 경우 당사자의 사랑의 언어가 선물이 아니어도 꼭 선물을 줘야 할까? (그렇다. 사람들은 그래도 선물을 받고 싶어 하기 때문이다.) 맞아. 그 사람의 사랑의 언어가 선물이 아닌 걸 알아도 우리는 선물을 줘야 해. 상대방의 사랑의 언어와 상관없이 어떤 사랑의 언어든 그것으로 사람들을 사랑해야 하지. 내가 너희를 내 생일 파티에 초대했는데 너희가 선물을 가져오지 않는다면 조금은 섭섭할 것 같아. 선물이 내 사랑의 언어는 아니지만 나도 선물 받는 게 좋거든. 그리고 너희가 한 가지 기억해야 할 것은, 선물이 사랑의 언어가 아니라는 말이 선물을 받지 않겠다는 의미는 아니라는 거야. 그건 단지 선물로 사랑을 느끼지는 못한다는 말일 뿐이지. 너희도 선물 받는 걸 매우 좋아할지 모르지만, 선물이 너희에게 사랑을 느끼게 하지는 못한다는 거야.

> **5-6학년, 여기서부터 이어서 하세요.**　　　　　5강, 5-6학년, No. 2
>
> **이제 2번 문제를 보자. 내가 문제를 읽을 테니 각자 조용히 눈으로 읽어 보렴.** 학생들에게 선물 자체가 사랑을 느끼게 하는 것은 아니라고 생각하는 이유를 설명하게 한다. 각자 쓴 글을 보게 한다. 이 수업의 다음 내용을 잘 듣고 자신의 답이 학습 내용과 유사한지 확인해 보라고 말한다.

선물을 받았는데, 그 선물 자체가 너희를 사랑할 수 있을까? 예를 들어, 내가 너희에게 장난감 하나를 사줬어. 그럼 그 장난감이 너희를 사랑할 수 있니? 이 질문에 답하기 전에 먼저 우리

전개

1. 선물을 주고받는 특별한 경우에는 어떤 것이 있는가? (생일, 크리스마스, 결혼 전 축하 모임, 출산 전 축하 모임, 어버이날 등)
   - 왜 우리는 이런 날에 선물을 주는가? (당사자에게 사랑과 관심, 감사, 축하하는 마음 등을 표현하기 위해서)
   - 이런 날에 선물을 꼭 주어야 하는 이유는 무엇인가? (이는 문화적인 이유로, 이런 경우 선물을 주지 않으면 무례한 사람으로 인식될 것이다.)

2. 선물이 사랑의 언어가 아닌 사람에게도 우리는 선물을 주어야 한다.

3. 사랑의 언어가 선물이 아니라고 해서 어떤 선물도 받지 않을 거라는 의미는 아니다.

가 정의한 사랑이 무엇인지 기억해 보자. 그건 바로 사랑이 행위어라는 거였어. 자, 그럼 다시 물을게. 장난감이 너희를 사랑할 수 있을까? 장난감이 너희에게 의미를 담아 인정하는 말을 할 수 있니? 너희와 함께하는 시간을 보낼 수 있을까? 의도적으로, 그리고 스스로 봉사를 할 수 있어? (학생들이 엉뚱한 대답을 할 수도 있다는 점을 생각한다. "네, 제 말을 들을 수 있어요." 또는 "저는 장난감이 좋은 말을 하게 할 수 있어요." 등의 답들이 나올 수도 있다. 그럴 때는 학생들이 진지하게 임하도록 지도한다.)

누군가를 사랑할 때 우리는 스스로 5가지 사랑의 언어 중 하나를 활용해서 의도적으로 사랑해야 해. 자, 다시 물어볼게. 장난감이 너희를 사랑할 수 있니? (아니다.) 너희는 지금 장난감은 너희를 사랑할 수 없다고 말했어. 그럼 생각해 보자. 장난감이 너희를 사랑할 수 없다면, 장난감을 받았을 때 사랑받는 느낌이 든다고 하는 아이들의 말은 무엇일까? 우리는 이미 장난감이 우리를 사랑할 수 없다는 결론을 내렸어. 그렇다면 그 아이들이 선물을 받을 때, 사랑받는 느낌을 주는 것은 뭐라고 생각하니? (여러 명의 대답을 들어 본다. 대답은 다양할 것이다. 학생들에게서 나와야 할 대답은 "사랑받는 느낌을 주는 것은 장난감이 아니라 장난감을 사준 사람이에요."이다.)

맞아. 그 장난감을 선물해 준 사람이 너희에게 사랑받는 느낌을 주는 거지, 장난감 그 자체가 사랑받는 느낌을 주는 건 아닌 거야. 어떤 친구들은 이를 혼동해서 장난감이 사랑받는 느낌을 준다고 생각하는데, 그게 아니라 장난감을 선물하는 사람이, 선물 받는 사람에게 사랑받는 느낌이 들게 해주는 거야. 그럼 장난감을 주어서 사랑받는 느낌이 들게 하는 사람은 어떻게 하는 걸까? (그 사람은 1. 시간을 썼다. 2. 자신의 돈을 썼거나 선물을 직접 만들었다. 그리고 가장 중요한 것은 3. 선물 받을 사람을 생각하고 있었다. 칠판에 이 세 항목을 적는다.)

> **5-6학년, 여기서부터 이어서 하세요.**   5강, 5-6학년, No. 3
>
> 3번 문제를 보고 방금 내가 칠판에 쓴 3가지 이유를 써보자. '돈을 썼다.' 또는 '직접 만들었다.'를 조합해서 (2)에 하나의 이유로 써도 좋아.

그렇지. 그리고 이건 중요한 거야. 사랑의 언어가 선물인 사람들은 선물을 받을 때 이것을 느끼기 때문이지. 선물 받는 사람이 선물을 정말 좋아할 수도 있지만, 그 선물을 받고 사랑을 느끼는 이유는 선물을 준 사람이 (칠판에 쓰여 있는 내용을 가리키며 읽는다) 나를 위해 시간을 썼고, 돈을 썼거나 그 선물을 직접 만들었고, 나에 대해 생각했다는 사실을 알기 때문이야. 선물이 사랑의 언어인 사람들은 대부분 자신에게 선물을 줄 만큼 선물을 주는 사람이 자신을 충분히 잘 알고 있다는 데서 사랑을 느낀다는 점을 사람들이 알길 바라지. 다시 말해, 상대방이 좋아하는 것을 알기 위해 시간을 들여 고민하고, 관심사가 무엇인지 관찰하고, 또 받을 사람을 생각하며 시간을 내서 선물을 사주었다는 거야. 사람들은 가끔 사랑의 언어가 선물인 사람들은 비싼 선물만 좋아할 거라고 생각하는데 그건 사실이 아니야. 그들은 선물을, 주는 사람의 일부라고 생각한다는 사실을 기억해야 해. 따라서 좋은 마음으로 선물을 주면 그들은

4. 선물 자체가 사람을 사랑할 수 있는가? (엉뚱한 대답이 나올 수 있음을 예상하고, 그럴 때는 진지한 분위기를 조성한다.)

5. 다음과 같이 말한다. "누군가를 사랑할 때 우리는 스스로 5가지 사랑의 언어 중 하나를 활용해서 의도적으로 사랑해야 한다. 장난감이 그것을 할 수 있는가?"

6. 왜 어떤 아이들은 선물을 받을 때 사랑을 느끼는 걸까? (그들에게 사랑을 느끼게 해주는 것은 선물을 준 사람이다.)

7. 선물을 받고 사랑을 느끼는 이유는, 선물을 준 사람이 선물 받을 사람을 생각하면서 자신의 시간과 돈을 썼기 때문이다.

8. 선물이 사랑의 언어인 사람들은 자신과 자신의 관심사에 대해 사람들이 알기를 원한다.

9. 비싸야 좋은 선물이 될 수 있는 것은 아니다. 받는 사람에게 의미 있는 선물이어야 한다.

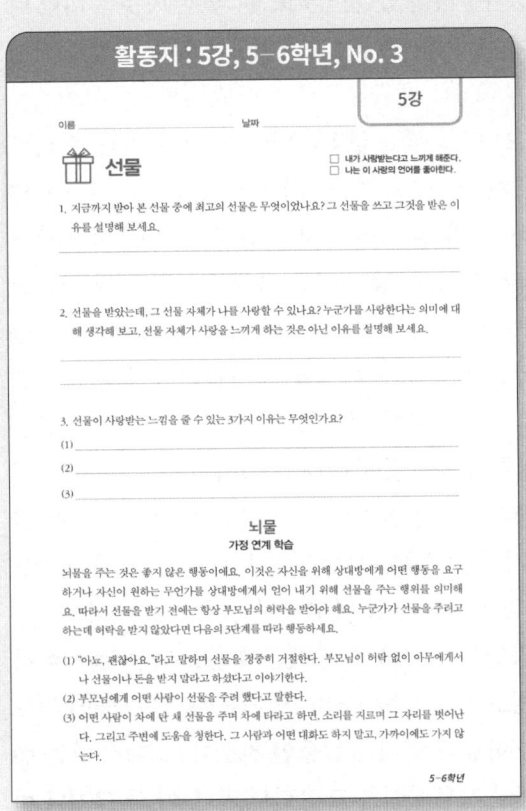

그 마음 때문에 사랑을 느끼게 될 거야. 그렇다고 비싼 선물을 좋아하지 않는다는 말은 아니야! 그들은 올바른 방법으로 주어지는 거라면 사실상 모든 선물을 좋아한단다.

어떤 사람들은 모든 사람의 사랑의 언어가 선물이라고 설득하려 들 거야. 과연 그게 사실일까? (아니다.) 지난번에 보석 광고 하나를 봤거든. 너희도 다이아몬드 같은 보석 광고를 본 적 있지? 이런 광고를 보면 한 남자가 나와서 자신의 아내에게 다이아몬드 목걸이를 주지. 그러면 아내는 그걸 받고 아주 좋아하면서 이렇게 말해. "사랑해요." 그러고는 남편에게 키스를 하지. 그럼 광고는 "다이아몬드로 진정한 사랑을 보여 주세요."라고 말해. 이 광고가 말하고자 하는 건 남편이 아내에게 다이아몬드를 사주면 아내가 사랑을 느낄 거라는 거야. 그런데 우리가 이미 이야기했듯이, 모든 사람이 선물을 받는다고 사랑을 느끼지는 않아. 그렇지? (그렇다.) 그렇다면 이 보석 회사는 왜 사람들이 모든 사람의 사랑의 언어가 선물이라고 생각하길 바라는 걸까? (그래야 사람들에게 보석을 팔 수 있다.)

맞아. 모든 사람이 그렇게 생각하면 보석을 살 테니까. 그러면 그 회사는 아마 떼돈을 벌 거야. 하지만 너희는 속지 않겠지? 선물을 받는다고 모든 사람이 사랑을 느끼는 건 아니라는 사실을 이제 알게 됐으니까. 하지만 그렇다고 해서 사람들이 다이아몬드를 받고 싶어 하지 않는다는 의미가 아니라, 다만 사랑을 느끼지 못할 가능성이 있다는 것도 알 거야. 이것은 비단 다이아몬드뿐만 아니라 모든 선물이 마찬가지야. 선물을 받아서 고마워하는 것과 사랑을 느끼는 것은 아주 다른 얘기지.

혹시 너희 중에 너희의 선물을 받고 나서 "오, 이럴 필요 없었는데……. 그냥 직접 쓴 카드 한 장이면 좋았을걸……."이라고 말한 사람을 본 적 있니? 자, 이 사람의 사랑의 언어는 과연 무엇일까? (인정하는 말) 이들에게는 좋은 말이 사랑을 느끼게 하는 언어인 거야. 이런 사람에게 선물을 준다면, 분명 카드도 한 장 써주려 할 거야. 탐정 같은 자세로 사람을 잘 알려고 노력한다면 누군가를 사랑하는 일이 어렵지는 않단다. 방금 말한 예에서 그 사람은 카드를 받는 게 좋다고 말했지. 카드에는 보통 좋은 말들을 쓰잖아. 이렇게 그 사람의 특징을 알 만한 단서를 잘 찾아내면 사람을 어떻게 사랑해야 하는지 알게 돼. 선물이 사랑의 언어인 사람들에게도 마찬가지야. 이 사람들과 이 사람들이 좋아하는 것에 대해 잘 알아야 하지. 이미 무엇을 가졌는지, 어떤 음식을 좋아하는지, 관심거리가 무엇인지를 잘 살펴보렴. 그들의 말을 잘 들어 주고 그들의 삶에 대해 질문도 하고. 내가 묻고 싶어 하는 질문 중 하나는 "어떤 색깔을 가장 좋아하니?"야. 이건 언젠가 내가 그들을 위해 선물을 살 때 유용한 정보가 될 테니까.

선물이 사랑의 언어인 사람들은 선물이 사랑받는 느낌을 주기 때문에 선물 받는 걸 좋아하지. 그래서 우리는 이들에게 특별한 경우 외에도 선물을 할 줄 알아야 해. 내 친구 중에 치토스라는 과자를 좋아하는 애가 있어. 이 친구는 사랑의 언어가 선물인 친구야. 그래서 나는 종종 치토스 한 봉지를 사서 깜짝 이벤트로 그 친구 사무실에 두고 온단다. 선물이 꼭 크거나 비싸야 할 필요는 없어. 선물은 만들 수도 있고 찾을 수도 있는 거야. 돌을 좋아해서 그걸 모으는 사람을 알고 있다고 치자. 그럼 정말 기막히게 좋은 돌을 찾아보는 거야. 그 사람에 대한 정보를 총동원하고 상상력을 더해서 그 사람이 좋아할 만한 무언가를 주려고 노력하는 거지.

10. 광고는 가끔 우리에게 모든 사람의 사랑의 언어가 선물이라고 생각하게 하려 한다.

11. 기업들은 왜 사람들이 모든 사람의 사랑의 언어가 선물이라고 생각하길 바라는가? (제품을 판매하기 위해서)

12. 상대방이 어떤 선물을 원하는지 알기 위해 우리는 훌륭한 탐정이 되어야 한다. 상대방의 삶에 대해 질문하고 관심 있게 지켜보는 것이다.

13. 선물이 사랑의 언어인 사람들은 선물이 사랑받는 느낌을 주기 때문에 선물 받는 것을 좋아한다. 따라서 그들에게는 종종 선물을 해주어야 한다.

14. 선물은 의미만 있다면 작고, 비싸지 않고, 손수 만든 것이어도 좋다.

15. 어떤 사람들은 자신의 사랑의 언어가 선물인 사실을 다른 사람에게 이야기하고 싶어 하지 않는다. 사람들이 자신을 탐욕스럽거나 이기적인 사람이라고 생각할까 봐 걱정되기 때문이다.

16. 모든 사람은 자신의 사랑의 언어에 자부심을 느껴야 한다. 모든 사랑의 언어는 평등하다.

어떤 사람들은 자신의 사랑의 언어가 선물인 사실을 다른 사람에게 이야기하고 싶어 하지 않아. 사람들이 자신을 탐욕스럽거나 이기적인 사람이라 여길지도 모른다고 생각하기 때문이지. 하지만 너희 중에 사랑의 언어가 선물인 사람이 있다면 그 사실에 자부심을 느껴도 된단다. 사랑의 언어는 모두 똑같아. 사람들이 혹시 너희의 사랑의 언어가 선물인 것을 이해하지 못한다면 시간을 내서 그 사람들을 가르쳐 주렴. 사람들은 대부분 너희가 공부한 것만큼 사랑의 언어에 대해 잘 알고 있지는 못할 테니까. 늘 자신의 사랑의 언어에 자부심을 느끼렴.

[반대되는 면 수업]

도입

어떤 이들은 다른 사람에게 사랑받는 느낌을 주려고 선물을 해. 우리가 다른 사람에게 사랑받는 느낌을 주려고, 감사를 표하고, 축하하거나 기쁨을 주려고, 아니면 단지 기분을 좋게 하려고 선물을 주는 거라면, 그건 올바른 동기로 하는 선물인 거야. 그런 건 좋은 일이지. 그런데 가끔 사람들은 다른 이유로 선물을 하기도 해. 거기에는 좋지 않은 동기도 있어.

전개

선물을 받으면 우리는 대부분 '와, 정말 좋아.'라고 생각하고 고마움을 느끼지. 보통은 그 사람이 아는 사람이고 또 왜 그 선물을 주는지도 이해하고 있어. 선물을 주고받는 게 당연하다고 생각되는 생일이나 특별한 경우라면 더 그렇지. 하지만 어떤 사람이 아무 이유 없이 진짜 좋은 선물을 준다면 어떤 생각이 들까? 생각해 보자. 너희가 잘 모르는 사람이 돈이나 아주 재미있는 비디오 게임을 줬다고 상상해 봐. 그것도 아주 큰 돈, 또는 비싼 게임이야. 어때? 왠지 의심스럽지 않니? (그렇다.) 왜? (모르는 사람이 준 거라서, 그 이유가 궁금해서, 수상해 보여서 등) 그래. 너희가 그 사람을 모르거나 너희가 선물을 받을 만한 타당한 이유를 알 수 없다면 의심이 들 수밖에 없을 거야. [이것은 '스킨십' 수업으로 이어지는 기본적인 내용이다. 뇌물과 "아무에게도 이야기하지 마."라는 태도는 서로 연결되는 행위임을 기억한다.]

어떤 사람들은 대가를 바라고 선물을 주기도 한단다. 이런 경우는 좋은 의도라고 할 수 없겠지. 좋은 의도처럼 보일지는 모르지만 실제로는 뭔가를 얻기 위한 선물인 거야. 우리는 이것을 '뇌물'이라고 말해. 뇌물이 나쁜 이유는 그릇된 동기나 소위 '속셈'을 동반하기 때문이야. 뇌물을 주는 사람은 자신이 선물을 주면 상대방이 자신을 좋은 사람으로 생각하거나, 대가로 뭔가를 주거나, 자신을 위해 뭔가를 해줄 거라는 생각을 남몰래 하는 거지. 처음에는 아무것도 요구하지 않을지 모르지만, 결국에는 뭔가를 요구하게 될 거야. 그리고 그 요구를 거절한다면, 상대방이 죄책감을 느끼게 한다거나 자신에게 뭔가를 받았다는 사실을 계속 떠올리게 할지도 몰라.

[반대되는 면 수업]

도입

1. 어떤 사람들은 좋지 않은 생각으로 선물을 준다.

전개

1. 낯선 사람이 뚜렷한 이유 없이 주는 선물은 의심해야 한다.

2. 누군가가 그릇된 동기, 즉 '속셈'이 있어서 나에게 선물을 줄 때, 이것을 '뇌물'이라고 부른다.

3. 사람들은 다른 사람의 결정에 영향을 미치기 위해 뇌물을 준다. 다음을 위해 뇌물을 주기도 한다.
   - 우정을 사려고.
   - 자신이 저지른 일을 이야기하지 못하게 하려고.
   - 어른 또는 십대 청소년이 어딘가로 데리고 가려고 하거나 자신을 위해 뭔가를 시키려고.

4. 누군가가 뇌물을 주려고 할 경우를 대비해 알아야 할 3가지 대응 전략이 있다.
   (1) "아뇨, 괜찮아요."라고 말하며 선물을 정중히 거절한다. 부모님이 허락 없이 아무에게서나 선물이나 돈 받는 걸 좋아하지 않으신다고 이야기한다.
   (2) 부모님에게, 어떤 사람이 선물을 주려고 했는데 이상한 느낌이 들었다고 말한다. 부모님의 생각을 알아본다.
   (3) 어른 또는 십대 청소년이 차에 태우려고 하거나 어딘가에 데리고 가려고 뭔가를 주려 하면, 소리를 지르며 그 자리를 벗어난다. 그리고 주변에 도움을 청한다. 그 사람과 어떤 대화도 하지 말고, 가까이에도 가지 않는다.

5. 옳지 않은 것 같은 일은 항상 부모님에게 물어본다.

5강

선물, 사랑의 언어

뇌물을 주는 예로는 선물로 우정을 '사려고' 하는 경우, 자신의 잘못을 다른 사람에게 말하지 못하게 하려고 무언가를 주는 경우, 또는 낯선 사람이 선물을 미끼 삼아 어디론가 데려가려고 하는 경우 등이 있어. 이 밖에도 훨씬 더 많은 예를 생각할 수 있을 거야. 물론 이런 일이 일어난다면 이에 대처하기 위한 몇 가지 방법을 알아야겠지. 뇌물에 대응하는 3가지 방법은 다음과 같아.

1. "아뇨, 괜찮아요."라고 말하며 선물을 정중히 거절한다. 부모님이 허락 없이 아무에게서나 선물이나 돈 받는 걸 좋아하지 않으신다고 이야기한다.
2. 부모님에게, 어떤 사람이 선물을 주려고 했는데 이상한 느낌이 들었다고 말한다. 부모님의 생각을 알아본다.
3. 어른 또는 십대 청소년이 차에 태우려고 하거나 어딘가에 데리고 가려고 뭔가를 주려 하면, 소리를 지르며 그 자리를 벗어난다. 그리고 주변에 도움을 청한다. 그 사람과 어떤 대화도 하지 말고, 가까이에도 가지 않는다.

뭔가 옳지 않다는 느낌이 들면 언제든 부모님과 상의해야 해. 선물을 정중하게 거절하는 것은 괜찮다는 것을 기억하렴. 다행인 건 사람들은 대부분 좋은 동기로 잘해 주려 노력한다는 거야. 다 괜찮다면 부모님은 선물 받는 걸 허락하실 거고 문제로 생각하지도 않으실 거야.

1-6학년 | **5강, 1-6학년, 페이지 하단**

학생들에게 뇌물에 대처하는 3가지 방법을 활용하여 '선물 거절'을 내용으로 한 역할극을 해보게 한다. 각자 번갈아 가며 선물을 주려는 역과 거절하는 역을 맡는다. 3가지 방법은 페이지 하단에 나와 있다. 재미를 위해 3명이 한 조가 되어 한 명은 부모 또는 보호자 역할을 하게 한다. 이 연습의 핵심은 첫 번째 항목이다. 세 번째 항목인 '소리 지르며 피하기'를 연습할 때는 간략히 토의하는 선에서 마무리한다. 그렇지 않으면 교실은 아수라장이 될 것이다.

정리

오늘 우리는 선물이라는 사랑의 언어에 대해 배웠어. 어떤 사람들은 선물을 받을 때 사랑을 느낀단다. 물론 사람들은 대부분 선물 받는 걸 좋아해. 그 순간은 자신이 특별하거나 인정받는 느낌이 들거든. 크리스마스, 생일 등이 그런 경우지. 설령 어떤 사람의 사랑의 언어가 선물이 아니라 하더라도 적절한 때에 선물을 하는 건 중요한 일이야. 그런데 어떤 사람의 사랑의 언어가 선물이라면, 그 사람에게는 좀 더 자주 선물을 주는 게 좋아. 선물은 받는 사람의 관심을 반영해야 해. 또 그 사람의 말을 잘 듣고 그의 삶에 관심을 기울여야 하지. 그러면서 그 사람이 좋아하는 것을 알게 되는 거야. 사람들은 선물을 받으면 그 선물을, 선물을 준 사람의 일

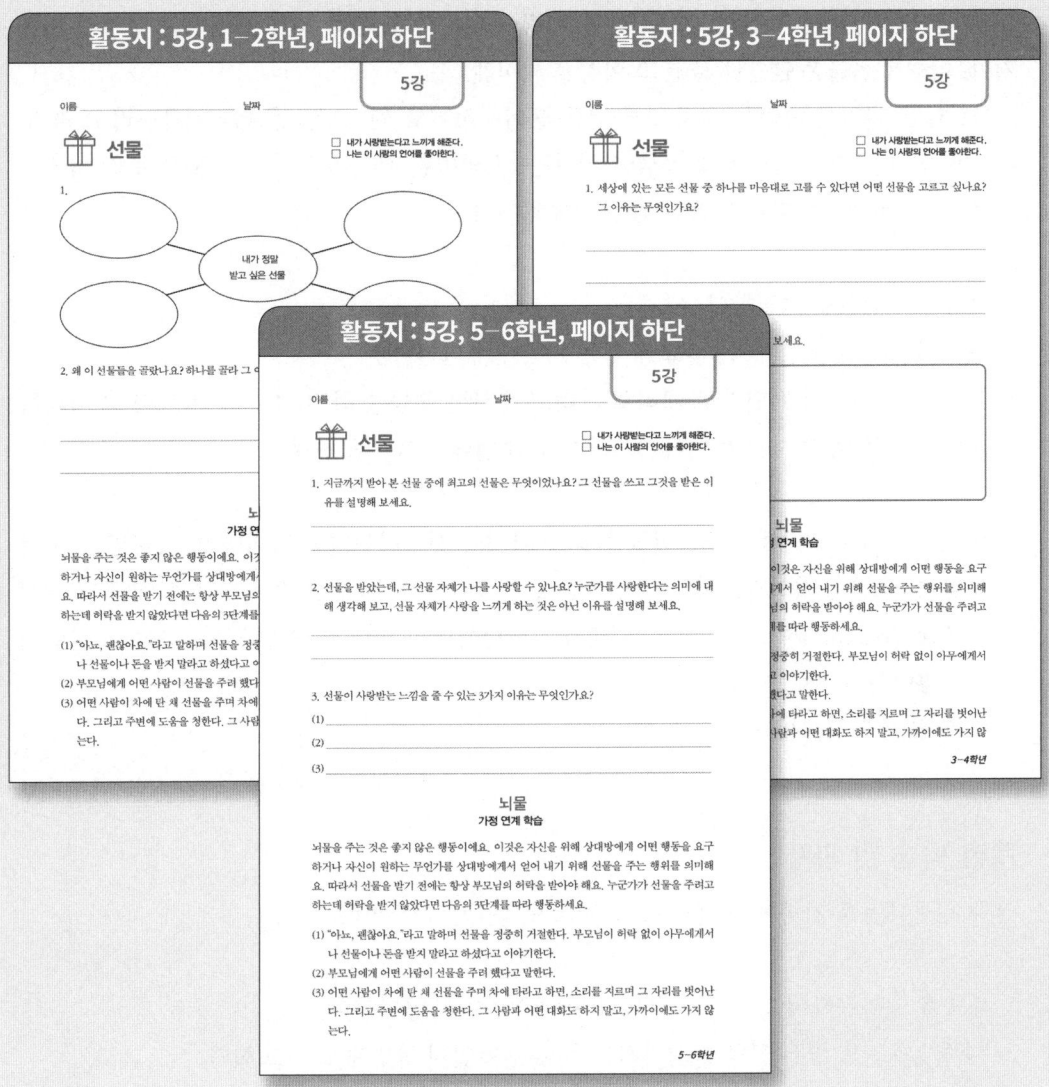

정리

오늘 우리는 선물이라는 사랑의 언어에 대해 배웠어. 어떤 사람들은 선물을 받을 때 사랑을 느낀단다. 물론 사람들은 대부분 선물 받는 걸 좋아해. 그 순간은 자신이 특별하거나 인정받는 느낌이 들거든. 크리스마스, 생일 등이 그런 경우지. 설령 어떤 사람의 사랑의 언어가 선물이 아니라 하더라도 적절한 때에 선물을 하는 건 중요한 일이야. 그런데 어떤 사람의 사랑의 언어가 선물이라면, 그 사람에게는 좀 더 자주 선물을 주는 게 좋아. 선물은 받는 사람의 관심을 반영해야 해. 또 그 사람의 말을 잘 듣고 그의 삶에 관심을 기울여야 하지. 그러면서 그 사람이 좋아하는 것을 알게 되는 거야. 사람들은 선물을 받으면 그 선물을, 선물을 준 사람의 일부로 여긴단다. 선물은 감사, 가치, 희생, 사랑, 헌신, 사과, 축하 등을 표현하는 상징이 되는 거야. 이렇게 선물은 단순한 물건 그 이상을 의미해.

사람들은 대가를 바라는 마음에서 선물을 이용하기도 해. 그런 선물을 뇌물이라고 하지. 뇌물은 선물을 주는 사람에게 속셈이 있다는 걸 의미한단다. 누군가가 뇌물을 주려 하거나 줄 것 같은 생각이 들 때는 다음과 같이 행동해야 해.

1. 정중하게 선물을 거절한다.
2. 부모님에게 말한다. (또는 학교에 있는 어른에게 말한다.)
3. 혹시 어떤 어른이 어딘가로 데리고 가려고 수상한 행동을 하면, 소리를 지르며 그 자리를 벗어난 뒤 절대 그 사람과 이야기하지 말고 주변에 도움을 구한다.

이 질문에 대해 생각해 보렴. "선물을 받을 때 나는 사랑받는다고 느끼는가, 아니면 그냥 선물을 받는 게 좋은 것인가?" 활동지의 상단 오른쪽에 있는 두 문장 중 하나를 선택해 그 옆에 있는 네모 칸에 표시해 보렴. 문항은 "내가 사랑받는다고 느끼게 해준다."와 "나는 이 사랑의 언어를 좋아한다."야.

자, 그럼 이제 과제를 보자.

개별 학습 및 과제

각자 아래 내용을 가족에게 말하고, 그 결과를 종이에 기록한다.

1. 가족을 인터뷰하여 그들에게 선물이 어떤 의미인지 알아본다.
2. 가족에게 정말 좋은 선물로 생각하는 것이 무엇인지 설명해 달라고 한다.
3. 가족의 사랑의 언어는 무엇인지 살펴본다.
4. 학생들에게 다음 수업 시간이 언제인지 알려 주고, 그때 사랑의 언어를 배운 뒤 겪은 경험에 관해 물어볼 거라고 말한다.
5. 칠판에 적힌 학습 목표를 복습한다. 이번 주제를 얼마나 잘 학습했는지 잠시 서로 이야기를 나누게 한다. 질문이 있는지 물어본다.

부로 여긴단다. 선물은 감사, 가치, 희생, 사랑, 헌신, 사과, 축하 등을 표현하는 상징이 되는 거야. 이렇게 선물은 단순한 물건 그 이상을 의미해.

사람들은 대가를 바라는 마음에서 선물을 이용하기도 해. 그런 선물을 뇌물이라고 하지. 뇌물은 선물을 주는 사람에게 속셈이 있다는 걸 의미한단다. 누군가가 뇌물을 주려 하거나 줄 것 같은 생각이 들 때는 다음과 같이 행동해야 해.

1. 정중하게 선물을 거절한다.
2. 부모님에게 말한다. (또는 학교에 있는 어른에게 말한다.)
3. 혹시 어떤 어른이 어딘가로 데리고 가려고 수상한 행동을 하면, 소리를 지르며 그 자리를 벗어난 뒤 절대 그 사람과 이야기하지 말고 주변에 도움을 구한다.

이 질문에 대해 생각해 보렴. "선물을 받을 때 나는 사랑받는다고 느끼는가, 아니면 그냥 선물을 받는 게 좋은 것인가?" 활동지의 상단 오른쪽에 있는 두 문장 중 하나를 선택해 그 옆에 있는 네모 칸에 표시해 보렴. 문항은 "내가 사랑받는다고 느끼게 해준다."와 "나는 이 사랑의 언어를 좋아한다."야.

자, 그럼 이제 과제를 보자.

개별 학습 및 과제

각자 아래 내용을 가족에게 말하고, 그 결과를 종이에 기록한다.

1. 가족을 인터뷰하여 그들에게 선물이 어떤 의미인지 알아본다.
2. 가족에게 정말 좋은 선물로 생각하는 것이 무엇인지 설명해 달라고 한다.
3. 가족의 사랑의 언어는 무엇인지 살펴본다.
4. 학생들에게 다음 수업 시간이 언제인지 알려 주고, 그때 사랑의 언어를 배운 뒤 겪은 경험에 관해 물어볼 거라고 말한다.
5. 칠판에 적힌 학습 목표를 복습한다. 이번 주제를 얼마나 잘 학습했는지 잠시 서로 이야기를 나누게 한다. 질문이 있는지 물어본다.

수업을 마치며

나는 여러 학교에 다니면서 크리스마스 선물을 한두 개만 받아도 운이 좋다고 생각하는 학생들을 본 적이 있다. 또 다른 학교에서는 크리스마스 선물로 받은 것을 다 기억할 수 없다고 말하는 학생들도 만난 적이 있다. 이는 사랑의 언어가 선물인 아이가 다른 두 상황에서 어떻게 느끼는가를 대변한다.

우리는 빈곤이 가정에 끼치는 영향에 대해 많이 이야기한다. 신문과 교육 관련 보고서는 빈곤의 정도와 학교의 실패 사이에 분명한 연관성이 있음을 보여 주고 있다. 하지만 가난한 아이들이 학교생활을 어떻게 느끼는가에 대해서는 정작 관심을 기울이지 못할 때가 많지 않은가? 나는 사랑의 언어가 선물이지만 어떤 선물도 받아 보지 못한 아이가 어떤 모습일지 생각해 본다. 그 아이들은 어떻게 적응할까? 그 아이들에게 선물을 받는 것은 흔치 않은 일이라 사랑을 잘 느끼지 못하며 살까? 아니면 그 욕구를 충족시키기 위한 다른 방법을 찾을까?

우리는 부와 성공에 대해서도 많이 이야기한다. 그런데 부유한 가정의 아이는 정말 상황이 더 나을까? 진정 더 많은 사랑을 받을까? 선물이 그 아이의 사랑의 언어인데, 너무 많은 선물을 받아서 일일이 다 기억할 수 없다면, 과연 그것이 유익한 것일까? 가치 있는 선물과 일반적인 선물의 구분조차 모호해서 걱정에 빠진 것은 아닐까? 선물이 너무 풍족한 나머지, 사랑을 느끼게 하는 선물은 하나도 없다고 생각하고 있지는 않을까? 이 아이도 사랑받는 느낌을 충분히 받지 못해서 부정적인 행동이 늘기만 하는 건 아닐까? 어쩌면 사랑의 결핍은 잘못된 행동에서, 우리가 생각하는 것 이상으로 더 큰 역할을 하는지도 모른다. 부유한 가정의 아이들에게서도 말이다.

사랑의 언어를 배우면 우리는 주요 영역에서 무엇이 동기를 부여하는지 발견할 기회를 얻게 된다. 그리고 개개인의 이러한 발견으로 자유롭게 더 나은 선택을 실현하게 된다. 선물이라는 사랑의 언어를 발견하는 것은 바른 방향으로 한 걸음 더 나아가는 것이다.

교실 이야기

어느 날, 3학년 남자아이가 내 사무실을 찾아왔다. 그 아이는 자신에게 일어난 어떤 일로 몹시 화가 나 있었다. 아이가 말했다. "프리드 선생님, 지난주에 선물에 대해 가르쳐 주셨잖아요?"

내가 말했다. "그랬지."

"그런데요, 생일을 맞은 친구가 있어서 그 친구에게 제가 모은 돈으로 정말 멋진 목걸이를 사서 선물로 주었거든요. 그런데 그 친구가 그 목걸이를 다른 아이에게 줘 버린 거예요."

"저런! 그러면 안 되지. 그런데 왜 그랬지?" 내가 물었다.

그러자 그 아이는 자기도 잘 모르겠다는 듯 어깨를 으쓱거렸다. 나는 그 아이에게 목걸이를 선물로 받은 친구와 함께 만나면 어떻겠냐고 물었고, 그 아이는 흔쾌히 찬성했다.

그날 오후, 두 아이가 만나서 그 일에 관해 진지하게 이야기하기 시작했다. 나는 상담을 왔던 학생의 친구에게 목걸이를 이 아이에게서 선물로 받았느냐고 물었다.

"네!" 그 아이가 얼굴에 미소를 띠며 대답했다.

"그런데 목걸이를 다른 친구에게 주었니?" 내가 조용히 물었다.

"네!" 나는 혼란스러웠다. 그 아이의 표정에는 자부심까지 느껴졌다.

아이가 갑자기 자신의 셔츠 안으로 손을 넣더니 선물로 받은 목걸이를 꺼내 들며 말했다. "이거 봐. 네가 사준 목걸이지. 내 사랑의 언어는 선물이야. 생일 전날 내가 산 목걸이보다 네가 사준 게 나는 훨씬 좋았어. 내가 갖고 싶었던 목걸이를 사줘서 깜짝 놀랐지. 나에 대해 네가 그렇게 잘 알고 있는 줄은 몰랐거든. 그래서 내가 산 목걸이는 존에게 주었어. 존도 사랑의 언어가 선물인데 존에게는 좋은 물건이 그리 많지 않아서 말이야."

우리는 그 아이가 받은 다른 생일 선물 이야기를 하면서 대화를 마무리했고, 두 소년은 한결 좋아진 기분으로 사무실을 떠났다. 내 수업이 세 아이에게 영향을 끼쳤다고 생각하니 얼굴에 저절로 미소가 번졌다.

Chapter 7
스킨십

수업을 시작하며

사람들은 5가지 사랑의 언어 중에서 '스킨십'을 가장 왜곡해서 받아들인다. 아마도 그 이유는 일부 잘못된 스킨십으로 인해 발생한 혼란 때문이라고 생각된다. 사실 스킨십에 관해서는 다양한 의견이 있을 수 있지만, 인간에게 스킨십이 매우 자연스러운 표현임은 모두 동의할 수 있을 것이다. 이 장의 도입부에서는 스킨십이라는 사랑의 언어를 다방면으로 고찰해 본다. 그러면 교사는 이 언어를 편안하게 활용할 수 있게 될 것이다. 스킨십에 관한 내용은 아이들에게 부적절한 스킨십에 대처하는 방법을 가르쳐야 하는 교사에게 더욱 중요하다. 물론 여기서 말하는 부적절한 스킨십은 '아동 학대'의 범주에 해당하는 성추행 정도를 말한다. 만약 교사가 이 주제를 불편하게 생각한다면, 학생 역시 마찬가지일 것이다. 학생들은 개인의 안전 문제에 대해 무엇이든 교사에게 편안하게 말할 수 있어야 한다. 교사는 학생에게 종종 최전선의 보호막이 되기 때문이다.

이 장에서는 교사가 스킨십에 대한 자기 내면의 두려움과 의심, 염려를 직시할 수 있게 하고, 실무적인 관점에서 스킨십을 바라보도록 하는 것을 하나의 목표로 삼는다. 혹시 스킨십이 사랑의 언어인 학생을 모두 다 안아 줘야 한다고 말하는 것 같아 걱정되는가? 염려하지 말라. 그렇지 않다. 또 그대로 따라 했다가 혹시 문제가 생기는 건 아닐지 걱정하는가? 그 역시 잘못된 생각이다. 나는 또 하나의 사랑의 언어인 스킨십에 관해, 그리고 교육자로서 우리가 스킨십을 어떻게 받아들이고 활용해야 하는지 솔직하게 얘기하고자 하는 것이다. 나는 스킨십을 사랑의 언어로 받아들이는 학생들을 교사가 어떤 방식으로 사랑해야 하는지 알려 주고 싶다. 아울러 교육을 하는 모든 사람에게 도움이 되길 원한다. 이것은 놀라운 일이 될 수도 있다. 하지만 스킨십을 사랑의 언어로 이해한 학생들은 스킨십을 원치 않는 교사에게 스킨십을 시도할 가능성이 더 작아진다. 따라서 학생들과의 개방적이고 솔직한 토의가 필요하다. 이는 건강하고 행복한 관계를 형성해 줄 것이다. 몇 가지 기본 원리부터 알아보자.

인간에게는 무수히 많은 신경 세포가 있다. 태어날 때부터 우리의 몸은 스킨십을 절실히 요구한다. 스킨십을 받지 못한 아이가 또래보다 신체적, 정신적 발달이 늦을 가능성이 더 크다는 사실을 보여 주는 사례가 많다. 스킨십을 거의 받지 못한 아기가 실제로 사망한 경우도 있었다. 따라서 인간이 건강한 삶을 유지하는 데 스킨십이 굉장히 중요한 역할을 한다고 할 수 있다. 아기나 어린아이들은 본능적으로 스킨십에 대한 욕구를 느끼고 그것을 원한다. 바로 이것이 아기들이 울 때 안아 주면 울음을 그치는 이유 중 하나다. 기본적인 개념이기는 하지만, 아이들이 학교에 다니기 시작해도 스킨십 욕구는 그대로라는 사실에 주목해야 한다.

유아기에 아이들은 부모가 잡아 주고, 안아 주고, 거리낌 없이 뽀뽀해 주는 경험을 했을 것이다. 그런데 학교에 다니기 시작하면서 아이들은 스킨십이 달라지는 것을 경험하게 된다. 이때 아이들은 대부분 사회적 규범을 이해하기 시작하기 때문에 그것이 큰 문제가 되지는 않는다. 하지만 어떤 아이들은 깊은 상실감을 느끼게 된다. 아이들은 이 상실감을 명확히 표현하기 어려워한다. 그래서 온갖 부정적인 방식으로 이런 상실감을 나타내게 된다. 불평을 한다든지, 요구가 많아진다든지, 가짜로 아픈 척을 하는 경우가 바로 그것이다. 아이들은 이렇게 자신의 상실감을 미묘하게 또는 어느 정도 알 수 있게 표현한다. 상실감이 제대로 해결되지 않은 학생들은 학년이 올라가도 이와 같은 행동을 계속하게 될지 모른다. 그런데 학생들에게 스킨십이라는 사랑의 언어를 알려 주면 위와 같은 문제를 줄이는 데 큰 도움이 될 수 있다. 다른 사랑의 언어처럼 이 경우도 우리가 어떨 때 사랑받는다고 느끼는지 알게 되면, 사랑을 느끼기 위해 우리가 사용하는 잘못된 방식의 행동 양상을 쉽게 파악할 수 있다.

아이들이 생각하는 스킨십의 정도는 다양하기 때문에, 교사는 이를 어떻게 받아들이고 행동해야 할지 결정해야 한다. 남녀를 불문하고 많은 교사가 선택하는 가장 안전한 방법은 '스킨십을 하지 않는' 것이다. 그들은 "내가 아무런 스킨십도 하지 않는다면 적어도 고소당할 일은 없으니까요."라는 이유를 댄다. 남자 교사인 나는 이들이 왜 이런 방식을 선택하는지 아주 잘 알고 또 이해한다. 하지만 유감스럽게도 이렇게 '스킨십을 하지 않는' 접근 방식은 스킨십을 사랑의 언어로 느끼는 학생의 요구에 부응하지 못한다. 만약 이런 태도를 고수하는 교사라면, 왜 그 방식이 균형을 잃은 접근법이고 학생에게 해로운 일이 되는지 이제 그 설명을 들어 보기 바란다.

교사가 자신이 세운 원칙으로 '스킨십 하지 않는' 방식을 선택한다면, 아이들은 교사에게서 따뜻하고 친근한 분위기를 느낄 수 없게 된다. 교사의 적절한 스킨십은 학생이 교사와 더욱 가까워질 수 있도록 도와주며, 학생들에게 학업 성취의 동기를 부여한다. 특히 스킨십을 사랑의 언어로 인식하는 학생들에게는 더욱 그러하다. 스킨십을 제한하는 것은 다른 사랑의 언어도 제한하는 것과 같다. 따라서 스킨십에 대해 어떻게 생각하든 간에 우리는 스킨십을 사랑의 언어로 인식하는 아이들과 관계를 형성하기 위한 방법을 찾아내야 한다.

스킨십은 까다롭거나 모호한 것이 아니다. 적절하기만 하다면 걱정할 필요가 없다. 학생과 악수를 하거나 다정하게 하이파이브를 했다고 해서 감옥에 간 사람은 내가 알기로는 아직 한 명도 없다. 스킨십을 좋아하지 않는가? 그렇다면 앞으로 제시될 방법 중 하나를 선택해 실천하는 것만으로도 학생들과 충분히 적절한 스킨십을 주고받을 수 있을 것이다.

지금까지 살펴본 것처럼 사랑의 언어가 적용되는 양상은 사람마다 다르다. 모든 사람이 다 스킨십을 좋아하는 것도 아니고 설령 좋아한다고 해도 원하는 대상이 교사는 아닐 수도 있다. 학생들이 교사와 스킨십 하기를 원하거나 원하지 않는 이유는 다양하다. 스킨십을 잘 못하겠다는 교사들은 잘 들어 주길 바란다. 일부 교사들은 스킨십을 아무 거리낌 없이 한다. 하지만 유감스럽게도 그들의 학생들은 그렇게 받아들이지 않는다. 교사가 학생의 허락 없이 사적인 영역을 침범하면, 그 학생과의 경계선을 부적절하게 침범하는 것이 된다. 나는 '모든' 학생이 안아 주는 것을 좋아할 거라고 생각하며 제자들을 안아 주는 교사를 본 적이 있다. 하지만 그것은 잘못된 일이다. 교사들은 학생의 허락 없이는 학생의 사적인 영역을 침범하지 않도록 주의해야 한다. 스킨십이라는 사랑의 언어를 가르치는 일이 중요한 이유가 바로 이것이다.

스킨십을 가르친 뒤, 수업을 마무리할 즈음에는 누가 스킨십을 편하게 생각하고 누가 불편하게 생각하는지 토의한다. 이는 교사가 스킨십에 대한 생각을 학생들에게 말해 줄 수 있는 유익한 시간이 될 것이다. 스킨십을 선호하는 교사든 선호하지 않는 교사든 학생들에게 자신의 생각을 그대로 말하라. 어느 쪽이든 교사 자신이 편하게 생각하는 스킨십의 정도를 알려 주면 학생들 역시 어떻게 교사에게 다가가야 할지 알게 될 것이다. 나는 스킨십을 선호하지 않아서 안아 주는 것을 좋아하지 않는다고 설명한다. 그리고 때에 따라 하이파이브를 하거나 등을 토닥여 줄 수는 있지만, 그 이상은 좀 불편하다고 말한다. 그러고 나서 내 생각을 존중해 줄 수 있는지 학생들에게 묻는다. 아직은 "아니요."라고 대답한 학생은 없었다.

적절한 스킨십의 반대말은 당연히 '부적절한 스킨십'이다. 이 내용을 다루는 교육 과정은 무수히 많았다. 나는 다양한 유형의 교육 과정을 자세히 검토해 보면서 아이들의 안전을 지키는 데 도움이 되는 또 다른 방식의 수업을 창안했다. 내가 창안한 교안은 균형이 잘 잡혀 있어서 교사와 학부모 모두 만족해했다. 이 수업을 통해 학생들은 단지 하나의 조각이 아니라 전체적인 그림을 보게 된다. 그럼 이제 부정적인 측면을 생각해 보자. 지금까지 다른 사랑의 언어에서도 학생들이 그에 수반되는 반대되는 면을 찾아봤기 때문에 주제를 바꾸는 것이 어렵지는 않을 것이다.

자신이 근무하는 학교의 교육 과정에 아동 학대라는 주제를 다루는 과정이 있다면, 이 단원의 후반부 내용은 단순히 보충 자료로 사용하거나 아예 사용하지 않아도 좋다. 다음은 아동 학대에 관한 내용을 가르칠 때 염두에 두어야 할 10가지 주요 사항이다.

1. 학생들에게 모두가 심각하게 여기는 문제를 토의할 것이라고 말한다.
2. 학생들에게 교사 자신이 이 주제를 편하게 생각하고 있다는 것을 보여 주기 위해 적절한 유머를 사용한다. 이 사랑의 언어(스킨십) 수업은 전반부를 지나 아동 학대라는 주제로 들어가면 좀 더 균형이 잡힌다는 장점이 있다.

3. 학생들에게 스킨십은 좋은 것이며, 우리에게는 스킨십이 필요하다는 사실을 알게 한다.
4. 수업에 들어가기 전에 기본 규칙을 정한다. 예를 들면 다음과 같다. "이 수업에서는 얘기할 때 이름을 사용하지 않기로 한다. 만일 함께 나누고 싶은 이야기가 있으면 나중에 개인적으로 선생님에게 얘기하면 돼."
5. 단도직입적으로 솔직하게 말한다. 이 수업은 편안한 저녁 식사 자리에서 이루어지는 대화가 아니다. 학생들에게 단지 다루기 불편한 주제라고 해서 중요하지 않다는 의미는 아니라는 것을 알려 준다.
6. 아동 학대에 관한 통계 자료를 파악한다. 아동 학대 가해자의 큰 비율을 차지하는 것은 가까운 친척이며 그것도 미혼자가 아니라 기혼자다. 가해자의 생김새에 대한 어떠한 선입관도 배제해야 한다.
7. 아동 학대가 일어날 가능성은 매우 낮지만, 혹시 그런 상황에 처한다면 어떻게 대처해야 하는지 알려 주기 위함임을 학생들에게 인지시킨다. 교사의 역할은 공포와 불안을 유발하는 것이 아니라 정보를 주고 교육하는 것이기 때문이다. 하지만 교사가 무덤덤한 태도를 보이면 학생들이 자기 얘기를 털어놓게 되기까지는 시간이 꽤 걸릴 것이다. 학생들은 교사가 이 주제를 불편해한다는 것을 느끼면 입을 다물지도 모른다. 아마도 학생들은 이미 아동 학대에 대한 주제를 불편하게 생각하고 있을지도 모른다. 그렇지 않았다면 더 일찍 말했을 테니까 말이다.
8. 피해를 당한 학생이 그 피해 사실을 이야기했을 경우 학생을 위한 학교의 후속 조치는 어떻게 되는지 알고 있어야 한다. 나는 이제껏 피해 신고가 교장에게까지 전달되지 않거나 교장이 이에 관여하지 않는 학교에서 일해 본 적은 없다.
9. 학생이 피해 사실을 얘기하려 한다는 생각이 들면 관련 분야의 관계자도 동석시킨다. 학교에 상담 교사가 있다면 대화 중에 상담 교사가 동석해도 되는지 학생에게 물어본다. 그리고 학생과 대화를 하다가 피해에 대한 직접적인 내용이 시작되면, 대화를 잠시 멈추고 상담자나 지정된 다른 사람을 참석시킨다. 학생에게 너무 많은 것을 묻지는 않는다. 만약 이 사건이 실제 범죄 행위라면 질문으로 인해 사건이 기각될 수도 있다. 그동안 이런 사건이 변호인의 '유도 신문' 때문에 기각되는 경우가 많았다. 그러므로 질문은 규정으로 위임받은 관련 전문가에게 맡겨야 한다.
10. 절대로 은밀한 약속을 해서는 안 된다. 교사는 법률상 아이의 피해 사실을 보고해야 한다. 사소하다고 생각되는 것이라도 모든 사실을 관리자에게 알려야 한다. 관리자는 교사가 알지 못하는 학생의 과거 사실에 대해서 알 수도 있기 때문이다.

위의 10가지 사항을 잘 숙지했다면 이제 수업을 진행할 준비가 된 것이다. 교사는 체계적인 방식을 즐길 것이라고 생각한다. 나는 다음 3장의 사진이 수업에 도움이 된다는 사실을 발견했다. 첫 번째는 기저귀를 차고 있는 아기 사진이고, 두 번째는 청진기를 대고 아이의 호

흡 소리를 듣는 의사의 사진이다. 세 번째 사진은 수영복을 입고 있는 소년, 소녀의 사진으로 소녀는 비키니 수영복을 입고 있다. 이 사진들이 꼭 필요한 것은 아니지만, 시각 자료로 꽤 효과적일 것이다. 비키니 수영복 사진은 수업에서 '수영복이 가려 주는 부분'을 설명할 때 도움이 된다.

학생들은 수업이 끝날 때쯤 자기 자신과 친구들을 위해 무엇을 해야 하는지 알 수 있어야 한다. 불안이나 공포를 느끼는 상태가 되어서는 안 되며, 수업이 끝나기 전에 신나게 웃을 수 있어야 한다. 부디 이 독특한 접근 방식을 즐기기 바란다!

6강
스킨십
(원고형 교안)

목표

학생들은 '스킨십'이라는 사랑의 언어를 이해하고 설명할 수 있게 된다. 또한, 적절한 스킨십, 불편하지만 꼭 필요한 스킨십, 부적절하거나 위험한 스킨십의 개념을 이해하게 된다. 그리고 자기 자신이나 친구가 부적절하고 위험한 스킨십(성추행)을 당했을 때 어떻게 대처해야 하는지 실질적인 지침을 알게 된다.

칠판에 다음과 같이 쓴다.

1. 나는 적절한 스킨십과 부적절한 스킨십의 차이를 설명할 수 있다.
2. 나는 누군가가 부적절한 방식으로 나를 만지거나 내가 아는 누군가를 만지면 어떻게 행동해야 하는지 안다.

(30초간 오늘 배우게 될 것에 대해 학생들끼리 이야기하게 한다.)

복습

자원하는 학생을 지목해 다음의 내용을 설명하게 한다.

1. 사랑의 언어를 가르치는 2가지 목표는 무엇인가? (자신의 사랑의 언어를 아는 것과 다른 사람들의 사랑의 언어를 알아낼 수 있게 되는 것)
2. 가장 최근에 배운 사랑의 언어는 무엇인가? (선물)
3. 지난 수업의 학습 목표를 복습한다.
4. 어떤 것이 좋은 선물인가? (상대방이 관심 있어 하는 물건)
5. 선물이 물건 그 이상의 의미를 지닐 수 있는가? (그렇다. 선물은 선물을 주는 사람의 마음이 담겨 있다. 선물은 사랑, 헌신, 사과, 축하 등을 나타내는 징표가 될 수 있다.)
6. 선물의 반대로서 부정적인 행동으로 간주하는 것은 무엇인가? (뇌물)
7. 뇌물을 준다는 것은 무엇인가? (그릇된 속셈으로 누군가에게 선물을 주는 행위. 선물을 주는 사람은 대가를 바란다.)
8. 자원하는 학생 몇 명을 지목해 과제가 어떻게 진행되었고, 어떤 경험을 했는지 잠시 토의하게 한다.

6강
스킨십
(요약형 교안)

목표

학생들은 '스킨십'이라는 사랑의 언어를 이해하고 설명할 수 있게 된다. 또한, 적절한 스킨십, 불편하지만 꼭 필요한 스킨십, 부적절하거나 위험한 스킨십의 개념을 이해하게 된다. 그리고 자기 자신이나 친구가 부적절하고 위험한 스킨십(성추행)을 당했을 때 어떻게 대처해야 하는지 실질적인 지침을 알게 된다.

칠판에 다음과 같이 쓴다.

1. 나는 적절한 스킨십과 부적절한 스킨십의 차이를 설명할 수 있다.
2. 나는 누군가가 부적절한 방식으로 나를 만지거나 내가 아는 누군가를 만지면 어떻게 행동해야 하는지 안다.

(30초간 오늘 배우게 될 것에 대해 학생들끼리 이야기하게 한다.)

복습

자원하는 학생을 지목해 다음의 내용을 설명하게 한다.

1. 사랑의 언어를 가르치는 2가지 목표는 무엇인가? (자신의 사랑의 언어를 아는 것과 다른 사람들의 사랑의 언어를 알아낼 수 있게 되는 것)
2. 가장 최근에 배운 사랑의 언어는 무엇인가? (선물)
3. 지난 수업의 학습 목표를 복습한다.
4. 어떤 것이 좋은 선물인가? (상대방이 관심 있어 하는 물건)
5. 선물이 물건 그 이상의 의미를 지닐 수 있는가? (그렇다. 선물은 선물을 주는 사람의 마음이 담겨 있다. 선물은 사랑, 헌신, 사과, 축하 등을 나타내는 징표가 될 수 있다.)
6. 선물의 반대로서 부정적인 행동으로 간주하는 것은 무엇인가? (뇌물)
7. 뇌물을 준다는 것은 무엇인가? (그릇된 속셈으로 누군가에게 선물을 주는 행위. 선물을 주는 사람은 대가를 바란다.)
8. 자원하는 학생 몇 명을 지목해 과제가 어떻게 진행되었고, 어떤 경험을 했는지 잠시 토의하게 한다.

9. 학생들이 사랑의 언어를 배울 때마다 이 질문에 대해 생각해 보게 한다. "이 언어가 내가 사랑받는다고 느끼게 해주는 사랑의 언어인가, 아니면 단지 좋아하는 것인가?"

도입

오늘은 마지막 사랑의 언어인 스킨십에 대해 배워 보자. (칠판에 '스킨십'이라고 쓴다.) **다른 사랑의 언어와 마찬가지로, 모든 사람이 그런 건 아니지만 어떤 사람들은 스킨십을 받을 때 정말 사랑받는다고 느낀단다. 스킨십은 너희의 사랑의 언어일 수도 있고 아닐 수도 있지만, 사실 건강한 삶을 위해서 매우 중요한 거야. 우리의 신체는 무수히 많은 신경 세포로 이루어져 있고 스킨십을 좋아하지. 우리에게는 다른 사람과의 스킨십이 필요하다는 것을 증명할 실험이 있어. 실제 너희가 직접 해볼 수 있는 실험이지. 한번 해볼래? 각자 갈비뼈 부근을 간지럽혀 봐.** (먼저 시범을 보인다.) **스스로 자신을 간지럽힐 때는 간지럽지 않지만 다른 사람이 간지럽히면 간지러움을 느낀다는 것이 이상하지 않니? 그리고 등도 다른 사람이 긁어 줄 때 느낌이 더 좋지. 이렇게 다른 사람이 스킨십을 할 때 더 좋다고 느껴지는 경우가 있어. 이제 스킨십이 나의 사랑의 언어인지 알아보도록 하자.**

전개

3-4학년, 여기서 시작하세요.   6강, 3-4학년, No. 1

색연필을 몇 개 꺼내 보렴. 지금부터 6강 활동지의 1번 문제를 풀어 볼 거야. 내가 문제를 읽을 테니 너희는 조용히 눈으로 읽어 보렴. 이 수업은 학생이 누구와 관련되어 있는지 눈으로 볼 수 있게 해준다. 학생은 자신이 선을 어디로 긋고 어디로 긋지 않는지를 보면서 놀랄 것이다. 이는 학생들이 자신들과 연결되어 있다고 인지하는 관계의 양을 교사가 측정하는 데 아주 좋은 기회가 된다. 어떤 학생들은 가족이 많지 않다. 하지만 그은 선이나 가족이 적더라도 전혀 문제가 없다는 점을 강조한다.

5-6학년, 여기서 시작하세요.   6강, 5-6학년, No. 1

지금부터 6강 활동지의 1번 문제를 풀어 볼 거야. 내가 문제를 읽을 테니 너희는 조용히 눈으로 읽어 보렴. 학생들에게 아기가 건강하게 자라려면 스킨십이 필요하다고 생각하는 이유를 몇 문장 쓰게 한다. 답을 다 쓰면 자원하는 학생 몇 명을 지목해 스킨십이 왜 중요한지 발표하게 한다. 다른 학생들에게는 발표하는 학생들의 생각이 자기 생각과 어떻게 다른지 잘 들어 보게 한다. 학생들이 답을 하기 어려워하면, (허락하에) 인터넷에서 이 주제에 관한 정보를 찾아보게 해도 좋다.

9. 학생들이 사랑의 언어를 배울 때마다 이 질문에 대해 생각해 보게 한다. "이 언어가 내가 사랑받는다고 느끼게 해주는 사랑의 언어인가, 아니면 단지 좋아하는 것인가?"

도입

1. 스킨십이라는 사랑의 언어를 소개한다. (칠판에 '스킨십'이라고 쓴다.)

2. 스킨십은 건강에 중요하다.

3. 사람의 몸은 무수히 많은 신경 세포로 이루어져 있다.

4. 우리에게는 다른 사람과의 스킨십이 필요하다. (학생들에게 각자 자신의 갈비뼈 부근을 간지럽혀 보게 한다.)

전개

1. 활동지
   - 활동지 [6강, 3-4학년, No. 1]
   - 활동지 [6강, 5-6학년, No. 1]

6강

스킨십 권고와 표현

태어날 때부터 사람에게는 스킨십이 필요해. 그런데 아주 작은 갓난아기가 스킨십을 받지 못하면 어떤 행동을 하게 될까? (운다.) 맞아, 우는 거야! [나는 보통 아기가 우는 소리를 효과음으로 들려주기도 한다. - 선택 사항] 아기들은 아주 가까이에 있는 사람의 음성을 듣고, 그 사람의 체취를 느끼지. 그리고 그 사람이 자신을 안아 줄 때까지 운단다. 물론 아기들이 다른 이유로 울기도 하지만 때로는 그냥 안기고 싶어서 울 때도 있어. 자주 안아 주지 않는 아기는 제대로 성장하지 못할 수도 있다는 사실을 알고 있니? 아기의 두뇌와 몸을 건강하게 자라게 하려면 스킨십으로 사랑을 느끼게 해줄 필요가 있단다. 스킨십은 아기에게 아무 문제없으니 염려하지 말라는 신호를 보내는 것과 같아. 아기의 마음을 편안하게 해주어 아기가 더 푹 잘 수 있게 해주지. 스킨십은 실제로 두뇌 발달에 도움이 된다는 연구 결과가 있어. 아마도 아기가 평온함을 느끼고 잠도 잘 자기 때문일 거야. 하지만 이것은 스킨십이 아기에게 줄 수 있는 수많은 이점 중 하나에 불과해. 사실 스킨십은 아기의 삶 자체라고 할 수 있어.

아기는 자라서 아장아장 걷게 되어도 여전히 안기고 싶어 해. 여기 안기길 좋아하는 2, 3살 정도의 동생이 있는 친구 있니? [학생들이 계속 집중할 수 있도록 물어본다.] 아기가 엄마, 아빠 무릎 위로 올라가 입을 벌리고 행복해하는 모습도 자주 볼 수 있을 거야. 너희 중에도 가족들이 스킨십을 좋아해서 집에서 스킨십을 많이 하는 친구가 있지 않니? 부모님이 언제나 안아 주시고, 이마에 뽀뽀도 해주시고, 등도 잘 쓰다듬어 주시고 말이야. 그런 집은 스킨십이 삶의 한 방식이지.

하지만 모든 가족이 다 그렇게 스킨십을 많이 하는 건 아니야. 어떤 가족은 가끔 안아 주거나 오로지 인사할 때만 뽀뽀를 하기도 해. 그런데 그게 나쁘다는 건 아니야. 그게 그 가족의 방식이고, 가족마다 스킨십으로 사랑을 표현하는 방식이 다른 것뿐이니까. 이게 문제가 되는 경우는 단 하나야. 자신은 스킨십을 사랑의 언어로 느끼는데 가족 간에 서로 스킨십을 많이 하지 않는 경우 말이야. 너희 중 이런 상황에 있는 사람이 있다면 자신의 사랑의 언어를 부모님께 말씀드리고 더 많이 안아달라고 부탁하는 것도 좋겠지. 학교가 끝나고 집으로 돌아오면 가끔 부모님을 안아드리는 것도 좋은 방법이야. 보통 이것이 습관이 되면 부모님도 너희를 같이 안아 주시기 시작할 거야. 부모님이 너희에게 갑자기 왜 그러는지 이유를 물어보시면, 스킨십이 너희의 사랑의 언어라고 말씀드리고 사랑의 언어에 대해 설명해 드리면 돼. 어떤 부모님은 안는 걸 어색해 하실 수도 있을 거야. 특히 아빠들이 그럴 수 있지. 어쨌든 너희가 먼저 안아드리면 보통 다 변하실 거야. 내가 보장할 수 있어.

그런데 학년이 올라가면서 친한 친구들끼리 주고받는 스킨십에 남녀 간 차이가 생기는 걸 느껴 본 적 있니? 예를 들면, 중학교나 고등학교에서 두 여학생이 등굣길에 만나면 서로 꼭 안아 주는 걸 볼 수 있을 거야. [이때 나는 다른 여학생을 껴안는 척한다. 물론 오랫동안 보지 못했던 것처럼 설정하고 과장되게 연기한다. 학생들은 아주 좋아한다!] 두 여학생은 서로 몇 년은 못 봤던 것처럼 행동하지. 분명 그 전날 만났을 텐데 말이야. 반대로, 학교에서 남학생이 동성 친구에게 막 달려와 꽉 껴안는 장면은 웬만해선 보기 어려울 거야. 그렇지 않니? [이때는 여학생을 안는 척할 때처럼 남학생을 안는 연기를 한다. 그럼 온 교실이 웃음으로 한바탕 떠

2. 태어나면서부터 우리에게는 스킨십이 필요하다.

3. 아기에게 스킨십이 필요한 이유에 대해 토의한다.

4. 아기는 자라서 유아기에 들어서도 여전히 안기고 싶어 한다.

5. 일부 학생은 가족끼리 스킨십을 많이 주고받는다.

6. 모든 가족이 다 스킨십을 많이 주고받는 것은 아니다.

7. 스킨십 문화는 가정마다 다르다.

8. 사랑의 언어가 스킨십인 학생은 가족 간에 스킨십이 부족하면 문제가 될 수 있다.
   - 부모님께 자신의 사랑의 언어를 말하고 그에 대해 설명한다.
   - 부모님을 먼저 안아 준다. 그러면 부모님도 안아 줄 것이다.

9. 학년이 올라가면서 친한 친구들끼리 주고받는 스킨십에 남녀 간 차이를 보인다.

10. 중학교 남녀 학생을 생각하며 등굣길에 친구를 만났을 때 남녀가 각각 어떻게 반응하는지 그 차이를 비교해 본다. (교사는 가상의 친구와 인사하는 상황을 연출해 본다.)

들썩해질 것이다.]

보통 남자들은 '남자식 포옹'을 하지. 이건 내가 붙인 이름인데, 팔씨름을 하는 것처럼 한 손을 마주 잡고 끌어당겨 재빨리 붙었다가 떨어지는, 그런 인사 말이야. 이건 사실 진정한 포옹이라고 할 수는 없어. (보통 나는 상대방이 있는 척하고 시범을 보인다.) 남자와 여자는 성장하면서 스킨십을 표현하는 방식이 매우 다르게 나타나는 경향이 있어. 남학생들이 왜 그렇게 몸싸움을 즐기는지 궁금해 한 적 있니? 남학생들에게는 몸싸움이 일종의 스킨십이기 때문이야. 대체로 남학생들은 형제나 친구 또는 부모님과 몸으로 부대끼는 걸 좋아해. 그래서 레슬링은 물론이고 축구나 하키같이 몸이 서로 부딪치는 스포츠를 아주 좋아하지. 그런 친구들은 이런 스포츠를 하면서 스킨십을 주고받는 건데, 일반적으로 부드러운 방식은 아니지. 이 반 여학생 중에도 늘 몸싸움을 하려는 남자 형제를 둔 친구들이 있을 거야. 남학생 중에는 너무 심하게 몸싸움을 해서 문제가 생겼던 친구들도 있을 거고. 그것도 집 안이나 놀이터처럼 과격하게 몸싸움을 해서는 안 되는 장소에서 말이야!

스킨십과 관련해 흥미로운 사실이 또 있단다. 미국에서는 보통 악수로 인사를 하지만 인사하는 풍습이 매우 다른 나라들도 있어. 스킨십을 주고받는 방식이 나라마다 다르다는 거지. 예를 들면, 프랑스 같은 유럽 여러 나라에서는 두 뺨에 뽀뽀를 하면서 인사를 해. 단순히 고개를 숙여 인사하는 나라도 있어. 일본처럼 말이야. [나는 보통 이 2가지 예를 상대방이 있는 것처럼 설정하여 시범을 보인다.] 여행을 하거나 외국에서 온 사람을 만나면 다른 나라의 문화와 관습을 경험할 수 있을 거야. 우리는 언제나 다른 사람들의 관습과 문화를 존중하고 인정할 줄 알아야 해.

> **5-6학년, 여기서부터 이어서 하세요.** 6강, 5-6학년, No. 2
>
> **지금부터 2번 문제를 풀어 볼 거야. 내가 문제를 읽을 테니 너희는 조용히 눈으로 읽어 보렴.** 학생들에게 질문에 대한 답으로 몇 가지 인사와 축하의 예를 써보게 한다. 답을 다 쓰면 몇몇 자원하는 학생을 지목하여 교실 앞으로 불러 자신들이 쓴 사례를 연기해 보게 한다. 그러면 보통 학생들이 모두 재미있어한다.

스킨십은 정말 대단한 거란다. 어떤 사람들은 스킨십으로 사랑을 느끼지. 너희가 사람들과 접촉하는 것을 정말 좋아하고 그것으로 사랑받는 느낌이 든다면, 아마도 너희의 사랑의 언어는 스킨십일 거야. 하지만 스킨십을 그렇게 많이 좋아하는 것은 아니고 가끔 안아 주거나 등을 쓰다듬어 주는 게 좋은 정도라면, 그건 스킨십을 그냥 좋아하는 것이고 스킨십이 너희의 사랑의 언어는 아닐 가능성이 커. 사랑의 언어가 스킨십인 사람들은 부모님 또는 다른 사람들과 자주 접촉하고 싶어 하지. 그런 사람들은 보통 포옹과 뽀뽀, 등을 쓰다듬는다거나 서로 붙어 있는 걸 좋아해. 그들에게는 이런 행위가 사랑을 느끼게 해주는 언어인 거야. 내가 아는, 스킨십으로 사랑을 느낀다고 하는 사람들은 대부분 스킨십이 자신의 사랑의 언어라는 데 한 치의 의심도 하지 않아. 일반적으로 이것은 꽤 분명한 반응을 보이는 언어지.

11. 남자와 여자는 성장하면서 스킨십을 표현하는 방식이 매우 다르게 나타나는 경향이 있다.
    - 대체로 남학생들은 몸싸움이나 몸이 서로 부딪치는 스포츠를 좋아한다.
    - 남학생들은 집 안이나 놀이터 같은 장소에서 몸싸움을 하며 놀다가 문제를 일으키기도 한다.

12. 미국식 인사 문화는 악수다.

13. 나라마다 스킨십을 주고받는 방식이 다르다.
    - 프랑스―두 뺨에 입 맞추기
    - 일본―고개 숙여 인사하기

14. 언제나 다른 문화를 존중해 준다.
    - **활동지 [6강, 5-6학년, No. 2]**

사람마다 스킨십을 받아들이는 정도는 달라. 스킨십을 좋아하는 사람도 있고, 싫어하는 사람도 있지. 또 어떤 사람은 특정한 사람의 스킨십만 좋아하기도 해. 그럴 수도 있어. 그건 각자의 자유니까. 우리는 상대방의 사랑의 언어가 스킨십이든 스킨십이 아니든, 그 사람의 사적 영역을 존중해 줘야 해. 앞서 각자 자신이 정한 안전선 기억나니? (질문에 대한 반응을 기다려 보고 학생들이 자신이 그렸던 각자의 안전선이 어땠는지 떠올리게 한다.) **누군가가 우리가 원하지 않는 스킨십을 할 경우, 우리의 안전선을 알릴 필요가 있는 거야. 어쩌면 우리가 싫어하는 줄 몰라서 그럴 수도 있으니까. 너희를 가르치는 교사로서** [이 부분에서 교사 자신이 스킨십을 좋아하는지 아닌지, 그리고 학생들이 어떻게 자신에게 다가와야 하는지를 설명해 준다. 자신이 허용하는 스킨십의 범위를 명확히 제시해 준다. 그리고 학생들에게 자신의 사적 영역을 존중해 줄 수 있는지 물어본다. 이것이 교사가 그린 경계선이 될 것이고, 앞으로 학생들이 이 선을 넘지 않기 위해 스스로 떠올릴 수 있는 기준선이 될 것이다.] **나는 항상 너희의 사적 영역을 존중하기 위해 노력할 거야. 그런데 만약 내 행동 중에 그렇지 못한 부분이 눈에 띈다면 꼭 말해 줬으면 좋겠어.**

1-2학년, 여기서부터 이어서 하세요. 6강, 1-2학년, No. 1, 2

지금부터 6강 활동지의 1, 2번 문제를 풀어 볼 거야. 내가 문제를 읽을 테니 너희는 조용히 눈으로 읽어 보렴. 학생들에게 자신의 영역에 들어와도 되는 사람들을 각 원에 쓰게 한다. 원 안에 적힌 스킨십 유형을 읽고 아빠, 엄마, 친구 등을 해당하는 유형의 원에 적을 수 있게 지도한다. 이 문제는 앞으로 학생들이 다른 친구의 사적 영역을 침범할 경우, 교사가 이에 대해 언급할 수 있게 하려고 만들어졌다. 예를 들면, 교사는 다음과 같이 말할 수 있다. "민수야, 수미가 '포옹'이라는 영역에 네 이름을 적었니? 그 영역에 네 이름이 없다면 너는 수미에게 포옹을 해서는 안 돼." 그리고 3개의 빈 원에는 다른 스킨십 유형을 적게 한다. 교사는 이를 다시 한 번 숙지하고 필요할 경우 상담교사와 협의한다.

3-4학년, 여기서부터 이어서 하세요. 6강, 3-4학년, No. 2

지금부터 2번 문제를 풀어 볼 거야. 내가 문제를 읽을 테니 너희는 조용히 눈으로 읽어 보렴. 1번 문제에 나온 스킨십 유형 중 학교에서 하기에 적절하다고 생각되는 스킨십을 적어 보게 한다. 다 적은 뒤, 선택한 스킨십이 왜 학교에서 하기에 적절하다고 생각하는지 설명하게 한다. 사실 학교에서 하기에 적절한 스킨십을 규정하는 것은 쉽지 않다. 상황에 따라 모든 것이 달라질 수 있기 때문이다. 예를 들어, 학생들이 은밀한 곳에서 서로 뽀뽀를 하는 것은 적절하지 않지만, 엄마가 학교에 데려다주면서 아이에게 뽀뽀를 하는 거라면 학교에서 뽀뽀를 하는 것도 적절한 스킨십이 된다고 할 수 있다. 이는 가치 있고, 좀 더 깊이 생각하게 하는 토의 주제가 될 수 있다.

15. 스킨십은 정말 대단한 것이다. 다른 사람과 접촉함으로써 자신이 사랑받는다고 느낀다면(예를 들어 준다) 그 사람의 사랑의 언어는 아마 스킨십일 것이다.

16. 스킨십으로 사랑을 느낀다고 하는 사람들은 대부분 스킨십이 자신의 사랑의 언어라는 데 한 치의 의심도 하지 않는다.

17. 사람마다 스킨십을 받아들이는 정도는 다르다.

18. 상대방이 스킨십을 원하지 않는다면 그 의견을 존중해 주어야 한다.

19. 상대방이 나의 사적 영역을 존중하지 않는다면, 상대방에게 말을 하고 나의 경계선을 그어야 한다. (학생들에게 각자의 경계선을 긋는 방법을 상기시킨다.)

20. 교사는 각 학생의 스킨십 성향을 학급 친구들에게 설명해 준다.
    - 활동지 [6강, 1-2학년, No. 1, 2]
    - 활동지 [6강, 3-4학년, No. 2]
    - 활동지 [6강, 5-6학년, No. 3]

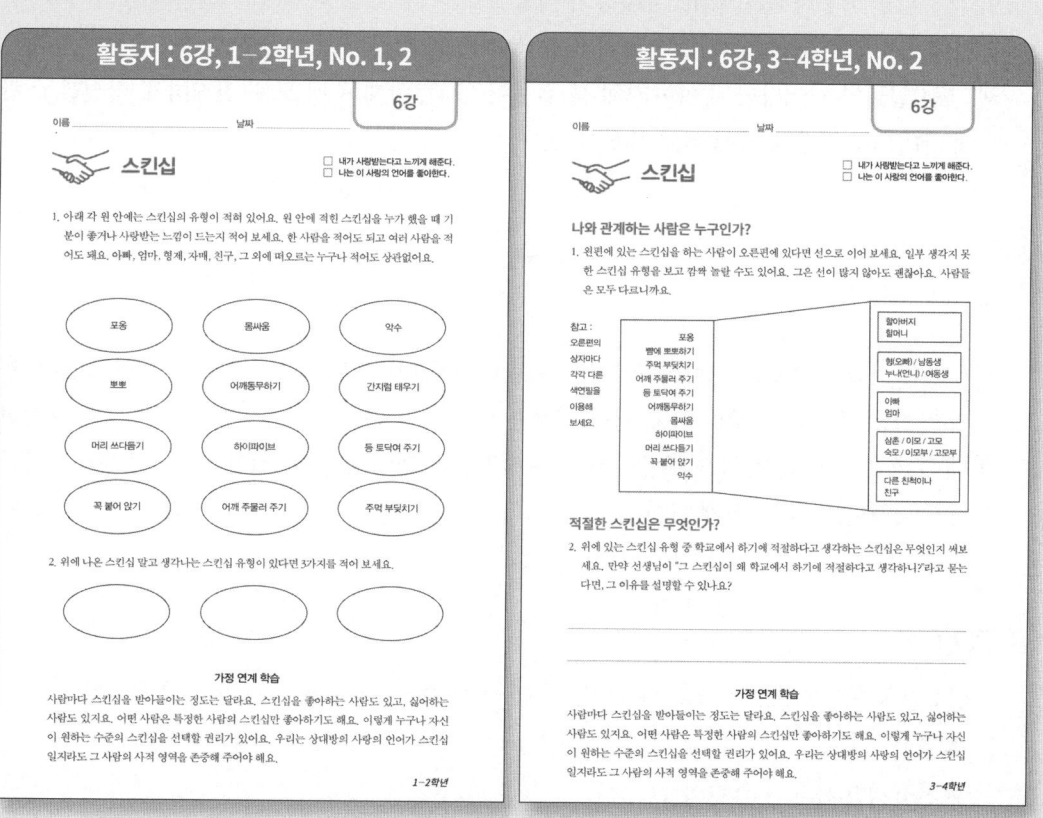

6강

> **5-6학년, 여기서부터 이어서 하세요.**　　　　　6강, 5-6학년, No. 3
>
> **지금부터 3번 문제를 풀어 볼 거야. 내가 문제를 읽을 테니 너희는 조용히 눈으로 읽어 보렴.** 학생들에게 학교에서 해도 된다고 생각하는 적절하고 안전한 스킨십 유형을 최대한 많이 적어 보게 한다. 목록을 적을 때 학교 규칙을 생각하도록 권한다. 작성을 마치면 자원해서 발표하게 한다. 학교에 스킨십에 관한 규칙이 '왜' 있는지 특별히 강조해서 물어본다.

　부모님과 집에서 하는 스킨십은 분명 학교에서 하는 스킨십과 많은 차이가 있어. 이제 학교에서 할 수 있는 스킨십의 몇 가지 유형을 칠판에 적을 거야. 자원하는 학생 몇 명을 지목할 테니 앞으로 나와서 친구들에게 어떻게 하는지 보여 주도록 하자. (목록을 칠판에 적는다. 1. 하이파이브 2. 악수 3. 서로 가볍게 등 토닥여 주기 4. 주먹 부딪치기 5. 어깨동무하기. 학생들을 둘씩 짝을 이뤄 나오게 하여 각각의 스킨십 유형을 연기해 보도록 한다. 학생들에게 이런 종류의 스킨십을 표현하는 적절한 때와 상황을 설명하게 한다.) **이 학생들이 등을 세게 밀치거나 손을 아주 꽉 잡지는 않았다는 걸 알고 있었니? 이렇게 우리가 서로의 사적 영역을 존중해 주면 친근하고 편안한 환경이 조성된단다. 사람들은 선천적으로 스킨십을 좋아해. 상대방이 스킨십을 허용하면, 우리는 상대방이 사랑을 느낄 수 있는 적절한 스킨십을 찾아야 하지. 그런데 유감스럽게도, 상대방이 원치 않는 부적절한 스킨십을 하는 사람들도 있어. 그래서 왜 그런 일들이 일어나는지 이야기해 볼 필요가 있지. 이제 우리 모두 진지하게 적절한 스킨십에 반대되는 경우에 대해 이야기해 보자.**

[반대되는 면 수업]

도입

적절한 스킨십의 반대는 부적절한 스킨십이란다. 이런 스킨십은 우리를 매우 혼란스럽게 해. 우리가 지금 토의할 주제는 결코 편한 내용은 아니지만 매우 중요한 거야. 부적절한 스킨십에 대해 배우면, 너희 자신을 포함해서 많은 사람을 도와줄 수 있을 거야. 모두 진지하게 임할 준비가 되었니? 그럼 시작해 보자.

전개

스킨십은 3가지 유형으로 나눌 수 있어. (칠판에 이 3가지 유형을 적으면서 읽어 본다.)
1. 적절한 스킨십
2. 불편하지만 필요한 스킨십
3. 부적절하고 위험한 스킨십

21. 가정 안에서 이루어지는 스킨십은 학교 생활에서의 스킨십과 많은 차이가 있다.

22. 교사는 학교에서 허용되는 적절한 수준의 스킨십을 5가지로 요약해 준다.
    - 하이파이브
    - 악수
    - 서로 가볍게 등 토닥여 주기
    - 주먹 부딪치기
    - 어깨동무하기

23. 교사는 각각의 스킨십이 이루어질 수 있는 적절한 때를 설명하면서 학생들이 앞으로 나와 스킨십을 주고받는 상황을 연기해 보게 한다. (교사는 '밀기'같이 학생들이 보여 주지 않았던 거친 행동을 예로 들며, 스킨십은 부드럽게 해야 한다는 점을 강조한다.)

24. 다른 사람의 사적 영역을 존중해 주면 친근하고 편안한 분위기가 조성된다.

25. 사람들은 선천적으로 스킨십을 좋아한다. 상대방이 스킨십을 허용하면, 상대방에게 적절한 스킨십이 무엇인지 찾아야 한다.

26. 유감스럽게도, 상대방이 원치 않는 부적절한 스킨십을 하는 사람들이 있다. (교사는 부적절한 스킨십으로 주제를 바꾸면서 학생들이 진지한 태도로 이 주제에 임하게 한다.)

[반대되는 면 수업]

도입

1. 부적절한 스킨십을 언급한다.
2. 이런 스킨십은 우리를 혼란스럽게 한다.
3. 이 주제는 논하기가 결코 편치 않다.

| 1-6학년, 여기서부터 이어서 하세요. | 6-1강, 1-6학년, No. 1 |

지금부터 6-1강 활동지의 1번 문제를 풀어 볼 거야. 내가 문제를 읽을 테니 너희는 조용히 눈으로 읽어 보렴. 칠판에 쓴 3가지 항목을 (1), (2), (3) 빈칸에 각각 적게 한다.

첫 번째로 '적절한 스킨십'이 있어. 우리는 이미 이에 대해 많은 이야기를 나눴지? 적절한 스킨십은 건강을 위해서도 필요한 거야. (만약 아기 사진이 있다면 학생들에게 보여 준다.) 아기에게는 스킨십이 많이 필요하단다. 안정감과 편안함을 느낄 수 있거든. 적절한 스킨십은 언제나 상황에 부합하고 또 우리에게 사랑받는다는 느낌이 들게 해주지. 그런데 아직 이야기하지 않은 나머지 두 유형의 스킨십이 있어. 두 번째는 바로 '불편하지만 필요한 스킨십'이야.

불편하지만 필요한 스킨십 역시 적절한 스킨십으로 간주될 수도 있어. 사람들은 대부분 적절한 스킨십이라고 생각하지 않겠지만, 사실 그렇진 않아. 이 스킨십 역시 우리의 건강을 지켜 주거든. (의사의 사진이나 의사가 아이를 진찰하는 사진이 있다면 학생들에게 보여 준다.) 불편하지만 필요한 스킨십은 의사가 하는 스킨십이야. 우리가 아플 때나 정기 검진을 받으러 갈 때, 의사들이 우리 몸 전체를 검사해야 하는 경우가 있지. 물론 거기에는 손을 대보는 건 말할 것도 없고, 보통 다른 사람에게 보여 주지 않는 신체 부위를 보여 주는 것도 포함되어 있어. 내가 지금 이런 이야기를 하는 건, 의사에게 아직 그런 검진을 받은 경험이 없는 친구들이 혹시 나중에 그런 경험을 할 때 깜짝 놀랄지도 모르기 때문이야. 너희 중에 이미 병원에서 의사가 은밀한 부위를 검진한 적이 있다면, 내가 '불편하지만 필요한'이라고 말한 의미를 알 거야. 그래, 이런 스킨십은 불편하지. 하지만 건강 상태를 확인하기 위해 의사가 하는 스킨십은 정말 중요하단다. 부모 역시 가끔 자녀의 건강 상태를 확인하거나 목욕을 시키기 위해 이런 스킨십을 해야 할 때가 있어. 갓난아기나 어린아이들은 특히 이런 부모의 도움과 관리가 필요하지. 그래서 불편하지만 필요한 스킨십은 적절한 스킨십인 거야. 이제 세 번째 유형인 '부적절하고 위험한 스킨십'에 대해 알아볼까?

부적절하고 위험한 스킨십은 혼란과 상처, 분노, 죄책감, 슬픔, 그리고 두려움을 느끼게 해. 사랑받는다는 느낌을 주지 못하고. (수영복을 입은 남자아이와 여자아이의 사진이 있으면 학생들에게 보여 준다.) 이 수업에서 부적절하고 위험한 스킨십이라고 언급하는 것은 수영복으로 가려지는 신체 부위 등에 행해지는 스킨십을 말해. 내가 왜 이런 얘기를 하는 건지 모르겠다고 생각한다면, 나는 오히려 기쁠 거야. 아직 부적절하고 위험한 스킨십을 당한 경험이 없다는 걸 말해 주는 거니까. 하지만 그래도 우리는 이에 대해 이야기할 필요가 있어. 이런 일은 실제로 일어나고 있고, 또 너희에게도 일어날 수 있기 때문이지. 나는 너희가 너희 자신에게나 친구에게 이런 일이 생긴다면 어떻게 대응해야 하는지 잘 배웠으면 좋겠어. 모두 다 지금까지 잘 이해하고 있는 거지? 좋아.

너희 대부분은 낯선 사람을 멀리하라고 배웠을 거야. 이것은 정말 좋은 충고야. 너희가 친구와 함께 공원에 갔는데 화장실에 가고 싶어졌다고 해보자. 그런데 화장실 입구에 약간 무

4. 이 수업은 많은 사람에게 도움을 줄 수 있다.
5. 수업에 진지하게 임해야 한다.

전개

1. 스킨십의 3가지 유형 (다음을 칠판에 적는다.)
   - 적절한 스킨십
   - 불편하지만 필요한 스킨십
   - 부적절하고 위험한 스킨십
2. **활동지 [6-1강, 1-6학년, No. 1]**
3. 적절한 스킨십에 대해서는 이미 이야기를 나누었다. (간단한 예를 들고 아기 사진을 들어 보인다.)
4. 불편하지만 필요한 스킨십은 적절한 스킨십에 속한다. (의사의 사진이나 의사가 아이를 진찰하는 사진을 들어 보인다.)
5. 의사의 진찰이나 건강 검진을 예로 든다.
6. 건강을 위한 신체 검진은 아주 중요한 일이다.
7. 부모도 자녀의 건강 상태를 확인하거나 목욕을 시키기 위해 스킨십을 해야 한다.
8. 부적절하고 위험한 스킨십은 혼란과 상처, 분노, 죄책감, 슬픔, 두려움 느끼게 한다. 그리고 결코 사랑받는다는 느낌을 주지 못한다. (수영복을 입은 아이들의 사진을 보여 준다.)
9. 부적절하고 위험한 스킨십은 수영복으로 가려지는 신체 부위에 행해지는 행위를 말한다.
10. 학생들이 '선생님은 왜 이런 이야기를 하실까?'라고 생각한다면, 부적절하고 위험한 스킨십을 경험하지 않았다는 것이기 때문에 좋은 일이다.

섭게 생긴 아저씨가 서 있는 거야. 그럼 어떨까? 아마 이렇게 생각하겠지? '저 화장실은 가기 싫어.' 그럼 다른 화장실을 이용하거나 어른과 같이 가겠지? 일반적으로 아이들은 모르는 사람을 보면 위험하다는 느낌과 조심해야 한다는 생각이 들어서 그런 사람을 피하게 되지. 낯선 사람을 멀리하라는 가르침은 이렇게 혹시 모를 위험한 상황을 미리 방지해 주는 거야. 그런데 지금부터는 너희가 잘 모르는 이야기를 해줄게. (긴장감을 조성하기 위해 목소리를 낮춰 말한다.) 사실 낯선 사람이 위험한 스킨십을 하는 경우보다는 내가 아는 사람 또는 내가 믿거나 좋아하는 사람이 그런 스킨십을 하는 경우가 많아.

> **1~6학년, 여기서부터 이어서 하세요.** 6–1강, 1~6학년, No. 2
>
> **지금부터 2번 문제를 풀어 볼 거야. 내가 문제를 읽을 테니 너희는 조용히 눈으로 읽어 보렴.** 학생들에게 '아는 사람', '믿는 사람', '좋아하는 사람'이라는 단어를 (1), (2), (3) 빈칸에 각각 적게 한다.

왜 그렇다고 생각하니? (손을 든 학생들이 있으면 그 아이들을 불러 토의하게 한다. 토의는 '가해자가 그런 행동을 하려면 먼저 아이와 가까워져야 하기 때문이다.'라는 주제로 진행하도록 한다.) 그래, 그 사람들은 너희와 가까워질 필요가 있는 거야. 낯선 사람이 너희에게 부적절한 방식으로 스킨십을 하려 한다면, 아마 너희는 소리를 지르거나 도망가겠지? 그래서 부적절한 스킨십을 하려는 사람은 먼저 그 대상과 친해지고 신뢰를 얻은 뒤, 자신의 행위가 괜찮은 것이라고 상대방을 안심시키려는 거야.

이렇게 되면 아이들은 정말 위험한 상황에 놓이게 돼. 생각해 봐. 내가 알거나, 믿거나, 좋아하는 사람이 나에게 부적절한 스킨십을 하려 한다면 정말 혼란스러울 거야. 그렇지? 이게 무슨 말이냐면, 여기 너희가 알거나, 믿거나, 좋아하는 사람이 있다고 해보자. 그리고 지금 그 사람이 너희가 옳지 않다고 생각하는 무언가를 너희에게 하려고 해. 이 상황이 정말 혼란스러울 거라고 생각되는 이유는 뭘까? (믿고 있는 사람이 그럴 때는 어떻게 해야 하는지 모르기 때문이다.) 그렇지. 그 사람이 그런 행동을 하지 말았어야 했다는 건 알지만, 믿을 수 있는 사람이 그런 행동을 했을 때는 어떻게 대처해야 하는지 모르기 때문에 정말 혼란스러운 거야. 그 사람은 가족의 친구일 수도, 이웃일 수도, 친척일 수도 있어.

그럼 질문해 볼까? "이런 일이 생기면 너희는 어떻게 할 거니?" (학생들은 으레 이렇게 대답한다. "부모님이나 다른 사람에게 말해요.") **물론 그래야지. 부모님께 이야기하는 건 좋은 방법이야. 그리고 다른 사람에게 말하는 것도 난 전적으로 찬성해. 그런데 왜 어떤 아이들은 그런 일을 겪고 나서 아무에게도 말하지 않는 걸까?** (피해를 당한 아이가 가해자를 좋아하거나, 가해자가 친구이거나, 가해자를 곤경에 빠뜨리고 싶지 않아서, 창피해서, 사람들이 자신의 말을 믿어 주지 않을 거라고 생각하거나, 누군가가 말하지 못하게 했을 수도 있기 때문이다. 이런 대답들을 모두 끌어내고 모든 학생에게 이 개념을 확실히 이해시킨다. 이것은 학생들이 알아야 할 가장 중요한 사항 중 하나다. 이 내용을 칠판에 적는다.)

11. 부적절하고 위험한 스킨십에 대해 이야기할 필요가 있다.
    - 나에게 일어날 수도 있는 일이다.
    - 친구에게 일어날 수도 있는 일이다.
12. 사람들은 대부분 어릴 때부터 낯선 사람을 멀리하라고 배운다.
13. 화장실 앞에 무섭게 생긴 남자가 있으면 그 화장실은 가지 않는 아이들의 이야기를 해준다.
14. 낯선 사람을 멀리하는 것이 좋은 방법이긴 하지만, 유감스럽게도 부적절하고 위험한 스킨십을 하는 사람들은 대부분 우리가 알거나, 믿거나, 좋아하는 사람들이다. (다음과 같이 말한다. "왜 그렇다고 생각하니?" 가해자가 그런 행동을 하려면 먼저 아이와 가까워져야 하기 때문이다.)
    - 활동지 [6-1강, 1-6학년, No. 2]
15. 우리가 알거나, 믿거나, 좋아하는 사람들은 우리에게 가까이 접근할 수 있으며, 심지어 자신들의 행동은 괜찮다고 납득시키려 할 수 있다.
16. 알거나, 믿거나, 좋아하는 사람들에게 부적절한 스킨십을 당한 아이들은 아주 혼란스러운 상태에 빠지게 된다.
17. (다음과 같이 말한다. "이 상황이 정말 혼란스러울 거라고 생각되는 이유는 뭘까?" 아는 사람이 그럴 때는 어떻게 해야 하는지 모르기 때문이다.)
18. (다음과 같이 질문한다. "이런 일이 일어난다면 어떻게 해야 할까?")

> **1-6학년, 여기서부터 이어서 하세요.**　　　　　　　　6-1강, 1-6학년, No. 3
>
> 지금부터 3번 문제를 풀어 볼 거야. 내가 문제를 읽을 테니 너희는 조용히 눈으로 읽어 보렴. 학생들에게 빈칸에 6가지 이유를 적게 한다. (칠판에도 쓴다.) (1) 피해자가 가해자를 좋아한다. (2) 가해자가 친구다. (3) 가해자를 곤경에 빠뜨리고 싶어 하지 않는다. (4) 창피하다. (5) 사람들이 자신의 말을 믿어 주지 않을 거라고 생각한다. (6) 가해자에게 협박을 당했다.

　　피해를 당한 아이가 자신이 겪은 일을 맨 처음 털어놓는 상대가 누구일 거라고 생각하니? (학생들은 보통 부모님이나 선생님 등을 말할 것이다. 그렇지만 학생들이 이렇게 말하면, 나는 항상 "그게 사실이면 좋겠구나."라고 대답한다. 학생들이 "친구"라는 대답을 하지 못하면, 정답은 "친구"라고 말해 준다.) 아이들은 나쁜 일이 생기면 보통 친한 친구들에게 털어놓지. 하지만 부모님이나 신뢰할 수 있는 어른에게 말해야 해.

> **1-6학년, 여기서부터 이어서 하세요**　　　　　　　　6-1강, 1-6학년, No. 4
>
> 지금부터 4번 문제를 풀어 볼 거야. 내가 문제를 읽을 테니 너희는 조용히 눈으로 읽어 보렴. 빈칸에 각각 '친한 친구', '믿을 수 있는 어른'이라고 적게 한다.

　　유감스럽게도, 아이들은 보통 자신에게 일어난 일을 한참 뒤에야 말해. 때로는 몇 년 후에 말하기도 하지! 그런데 이렇게 시간이 지난 뒤에 말하는 건 정말 안 좋은 거야. 왜 그런지 아니? 그 사이에 또 다른 피해자가 발생할 수 있어서야. 아이들에게 부적절한 스킨십을 하는 사람들은 대부분 다른 아이들에게도 같은 행동을 하거든. 한 아이만을 대상으로 삼는 경우는 드물어. 아이가 피해 사실을 한참이 지나서야 알린다면, 어쩌면 가해자는 또 다른 아이의 삶에도 영향을 끼칠지 몰라. 이런 일이 일어나면 누군가에게 알리는 게 왜 중요한지 알겠지? 그리고 이제는 이런 예방 교육이 왜 중요한지도 알겠고?

　　그런데 너희 자신이 부적절한 스킨십을 당하지 않더라도 너희 친구들이 당할 수가 있단다. 이 얘기는 그럴 경우 친구를 도와주어야 한다는 말이야. 이제, 우리 자신이나 친구에게 이런 일이 생기면 어떻게 대처해야 하는지 이야기해 볼까?

1. 부모님이나 믿을 수 있는 어른에게 알려야 한다.
2. 학교에 있는 교직원에게 알려야 한다. 여기서 교직원이란 학교에서 근무하는 교사, 상담 교사, 양호 교사, 교장, 서무 직원 등을 말한다.
3. 친구가 부적절한 스킨십을 당했다고 말하면, 마찬가지로 자신의 부모님과 학교에 있는 교직원에게 알려야 한다.

19. (다음과 같이 질문한다. "왜 어떤 아이들은 그런 일을 겪고 나서 아무에게도 말하지 않는 걸까?" 학생들이 그 이유를 말하면 칠판에 받아 적는다. 모든 학생은 다음 6가지 사항을 알아야 한다.)
    - 가해자가 좋아하는 사람이다.
    - 가해자가 친구다.
    - 가해자를 곤경에 빠뜨리고 싶어 하지 않는다.
    - 창피하다.
    - 사람들이 자신의 말을 믿어 주지 않을 거라고 생각한다.
    - 가해자에게 협박을 당했다.
20. **활동지 [6-1강, 1-6학년, No. 3]**
21. (다음과 같이 질문한다. "피해를 당한 아이는 자신이 겪은 일을 누구에게 가장 먼저 이야기할까?" 학생들의 대답에 "그게 사실이면 좋겠구나."라고 말해 주며 학생들이 "친구"라고 답할 때까지 기다린다.)
22. 아이들은 보통 나쁜 일이 생기면 친한 친구에게 가장 먼저 얘기한다.
    - **활동지 [6-1강, 1-6학년, No. 4]**
23. 아이들은 대부분 일이 발생하고 시간이 꽤 지난 뒤에 말을 하는데, 이는 결코 좋지 않은 행동이다.
24. 그 사이에 가해자가 많은 아이에게 유사한 행동을 범할 수 있기 때문이다.
25. 부적절한 스킨십을 당하면 누구에게라도 빨리 말하는 것이 왜 중요한지 알겠니?
26. 만약 나에게 또는 친구에게 이런 일이 일어나면 다음과 같이 대처한다.
    - 부모님이나 믿을 수 있는 어른에게 알려야 한다.
    - 학교에 있는 교직원에게 알려야 한다. (예를 들어 설명한다.)

부모님이나 믿을 수 있는 어른에게 피해 사실을 알리는 것이 가장 먼저 해야 할 일이야. 누군가에게 피해 사실을 말할 때는 가해자가 근처에 없는지 확인하고 안심할 수 있는 곳에서 말해야 해. 너희가 누군가에게 그 사실을 말하려는 걸 가해자가 알아채면 흥분해서 더 안 좋은 행동을 할지도 모르거든. 가해자가 너희에게 "아무에게도 말하지 마."라고 하면, 최대한 자연스럽게 "알았어요."라고 말해야 해. 침착하게 대응하려고 노력하다가 기회가 생길 때 누군가에게 알려야 하지. 지난번에 뇌물에 대해 이야기 나눴던 것 기억하지? 무언가를 얻기 위해 선물을 주는 것 말이야. 가해자가 부적절한 스킨십을 하고 나서 아무에게도 말하지 말라며 선물을 주면, 그 선물을 받고 기뻐하는 척하는 게 좋아. 그리고 가해자에게서 벗어나자마자 기회가 되는 대로 누구에겐가 말하는 거지. 자, 이렇게 한번 생각해 보렴. 너희가 정말 기분 나빠하는 모습을 보이거나 선물을 거절하면, 가해자는 너희가 누군가에게 그 일을 알릴 것이라 생각하고 겁을 먹게 될 거야. 그리고 너희가 그 사실을 알리지 못하도록 막을 거고. 그러니 무슨 일이 있어도 가해자가 안심하도록 최대한 태연하게 행동해야 해. 충분히 안전해졌을 때 누군가에게 알리는 거지. 질문 있니? (질문에 답한다.)

두 번째 할 일은 반드시 믿을 만한 학교 교직원에게 알리는 거야. 부모님이 너희에게 알아서 해결하겠다고 말씀하셔도 너희가 직접 학교 교직원에게 알려야 해. 때로 부모님은 어정쩡한 태도를 보이면서 아이들이 남에게 말하려 하지 않았던 것과 같은 이유로 아무에게도 알리지 않으려 하실 수 있거든. 하지만 너희가 학교 교직원에게 말하면, 교직원들은 피해 사실에 대해 뭔가 조치를 취해야 해. 이런 사람들을 '법적 신고 의무자'(mandatory reporter, 아이, 장애인, 노인과 같은 취약자가 학대를 당하거나 학대로 보이는 상황에 처한 경우 이에 대한 모든 것을 법적으로 반드시 보고하도록 되어 있음—역자 주)라고 부르는데, 교직원이 그런 상황에 처한 사람을 돕지 않으면 법을 위반하는 게 된단다. 그러니 문제가 생기면 언제나 학교 교직원에게 말해야 해. 질문 있니?

세 번째는 나쁜 일을 겪은 친구가 너희에게 그 사실을 말하면, 가능한 한 너희 부모님과 학교 교직원에게 알리는 거야. 친구가 말하지 말라고 아무리 부탁해도 누군가에게 말해야 한단다. 너희가 어른에게 알리기를 주저하는 동안 가해자는 다른 아이에게도 그런 행동을 할 수 있다는 사실을 꼭 기억해야 해. 친구에게 너희도 걱정하고 있고, 이것은 지킬 수 있는 비밀이 아니라고 말하렴. 같이 가서 학교 교직원에게 말하자고 하고. 만약 친구가 싫다고 하면, 너희 혼자라도 가서 반드시 말해야 해. 그러면 너희는 다른 많은 아이를 돕게 되는 거란다.

1-6학년, 여기서부터 이어서 하세요.　　　　　　　　6-1강, 1-6학년, No. 5

지금부터 5번 문제를 풀어 볼 거야. 내가 문제를 읽을 테니 너희는 조용히 눈으로 읽어 보렴. 학생들에게 '집'과 '학교'를 쓰게 한다.

- 친구가 이런 일을 당해도 마찬가지로 자신의 부모님과 학교에 있는 교직원에게 알려야 한다.
27. 부모님이나 믿을 수 있는 어른에게 피해 사실을 알리는 것이 먼저다.
28. 피해 사실을 말할 때는 가해자와 멀리 떨어져 안전한 곳으로 피한다.
29. 만일 가해자가 말하지 말라고 협박하면, "알았어요."라고 말하고 가해자를 자극하지 않도록 자연스럽게 행동한다.
30. 만일 가해자가 부적절한 스킨십을 한 뒤 선물을 주면(뇌물에 대해 다시 설명한다), 선물을 받고 침착하게 행동한다.
31. 가해자가 피해자를 붙잡고 있을 만한 빌미를 제공하지 않는다.
32. (학생들에게 자세한 설명이 필요한지 물어본다.)
33. 부모님이 알아서 해결하겠다고 말하더라도 반드시 학교에 있는 교직원에게 말한다. 학교 교직원은 법적 신고 의무자다.
34. (학생들에게 자세한 설명이 필요한지 물어본다.)
35. 부적절한 스킨십을 당한 친구가 그 사실을 말하면, 자신의 부모님과 학교 교직원에게 알린다.
36. 친구가 말하지 말라고 아무리 부탁해도 누군가에게 말해야 한다.
37. 친구에게 학교 교직원에게 같이 가서 말하자고 한다.
38. 만약 친구가 싫다고 하면, 혼자라도 가서 반드시 말한다.
39. 그것이 다른 많은 아이를 지키는 행동이다.
- 활동지 [6-1강, 1-6학년, No. 5]

여기 몇 가지 유용한 안전 지침이 있어.

1. 안 좋은 느낌이 드는 누군가와 단둘이 있게 되는 상황을 피하고, 부모님께 그 사람과 같이 있고 싶지 않다고 조용히 말한다.
2. 직감에 따른다. 올바른 행동이 아니라고 생각되면 하지 않는다.
3. 부적절한 스킨십을 당하면 "하지 마세요."라고 말하고 자신의 경계선을 분명히 제시한 뒤 그 자리를 피한다.
4. 누군가의 스킨십이 적절한 스킨십이라고 확신하지 못할 때는 부모님에게 묻거나 학교 교직원에게 말한다. 누군가가 이상하게 행동하거나 주위를 맴돌며 나쁜 일을 꾸미는 듯하면 부모님이나 교직원에게 알린 뒤, 어떻게 대처해야 하는지 조언을 듣는다.

지금까지 우리는 아이들이, 자신이 겪은 좋지 않은 일을 어른들에게 말하지 않는 이유에 대해 이야기를 나눠 봤어. 그 이유 중에는 창피한 감정도 있었지. 솔직히 말하면, "그 사람이 여길 만졌어요."라고 말하는 건 결코 쉬운 일이 아니야. 하지만 너희가 알아 둘 건 너희가 나에게 그런 말을 한다 해도 내가 과한 반응을 보이진 않을 거라는 거야. [나는 보통 "오, 이런! 그런 일이 있었다니 믿을 수 없구나."라며 충격받은 연기를 한다. 그런 뒤 바로 연기를 멈추고 이렇게 말한다. "너희가 그런 얘기를 한다 해도 나는 이렇게 반응하진 않을 거야. 그냥 너희가 겪은 일을 조금만 말해 주지 않겠느냐고 가만히 물어볼 거야. 그럼 우리는 거기서부터 시작하면 되는 거지. 사실 내가 충격받을 만한 얘기는 거의 없어. 나는 이런 얘기를 수도 없이 들었거든. 이런 얘기를 나누기가 쉽지 않다는 건 알지만, 이건 정말 중요한 일이란다. 그러니 원하면 친구를 데려와도 좋아. 함께 문제를 해결해 보자꾸나."]

끝으로, 너희 자신에게 이런 일이 일어날 가능성이 크지는 않을 거야. 사람들을 지나치게 의심하거나 무서워하며 '이 사람이, 또는 저 사람이 그러면 어쩌지?'라고 생각하지는 않았으면 좋겠구나. 이런 생각들은 도움이 되지 않아. 사람들은 대부분 아이들에게 나쁜 행동을 하려고 하지는 않아. 나는 너희가 이런 사실을 잘 알고 안전하게 지내면서 혹시라도 너희 자신이나 친구에게 그런 일이 발생하면 어떻게 대처해야 하는지 알길 바랄 뿐이야. 그게 다야.

이제 모두 숨을 깊이 들이마시고 숨을 참아 보렴. (학생들과 무거운 주제로 토의한 뒤에는 언제나 숨쉬기 운동을 시킨다. 이 주제를 가르칠 때면 보통 교실에 긴장감이 감도는 걸 느끼기 때문이다.) 이제 숨을 내쉬어 봐. 숨을 다시 한 번 깊이 들이마시고 내쉬어 보렴.

자, 이제 스킨십의 긍정적인 면을 살펴볼까? 훨씬 재미있을 거야.

40. 유용한 안전 지침이 있다.
    - 안 좋은 느낌이 드는 누군가와 단둘이 있게 되는 상황을 피하고, 부모님께 그 사람과 같이 있고 싶지 않다고 조용히 말한다.
    - 직감에 따른다. 올바른 행동이 아니라고 생각되면 하지 않는다.
    - 부적절한 스킨십을 당하면 "하지 마세요."라고 말하고 자신의 경계선을 분명히 제시한 뒤 그 자리를 피한다.
    - 누군가의 스킨십이 적절한 스킨십이라고 확신하지 못할 때는 부모님에게 묻거나 학교 교직원에게 말한다. 누군가가 이상하게 행동하거나 주위를 맴돌며 나쁜 일을 꾸미는 듯하면 부모님이나 교직원에게 알린 뒤, 어떻게 대처해야 하는지 조언을 듣는다.
41. 우리는 아이들이, 자신이 겪은 좋지 않은 일을 어른들에게 말하지 않는 이유에 대해 이야기를 나누었다. 그리고 그 이유 중 하나인 창피한 감정에 대해 언급했다. 그런 일을 남에게 말하는 것은 결코 쉬운 일이 아니다. 가해자는 피해 아동이 그 일을 창피하게 여기고 아무에게도 말하지 못할 것이라 믿고 있다. 하지만 나를 믿고 말해라. 그 말을 들어도 나는 전혀 놀라지 않을 것이다. (심하게 충격받은 연기를 한 뒤 실제 학생들이 어떻게 대처해야 하는지 말해 준다.) 나는 너희가 그 문제를 해결할 수 있도록 도울 것이다. 원한다면 친구와 함께 와도 좋다.
42. 너희에게 이런 일이 일어날 가능성이 크지는 않다. 사람들은 대부분 너희에게 해를 끼치는 행동을 하지는 않을 것이다. 따라서 나는 너희가 지나치게 겁을 먹거나 주변 사람을 의심하지는 않길 바란다. 너희가 이런 사실을 잘 알고 안전하게 지내면서 혹시라도 자신이나 친구에게 그런 일이 발생하면 어떻게 대처해야 하는지 알길 바랄 뿐이다.
43. (모두 숨쉬기 운동을 한다.) 학습을 마무리하고 과제를 알려 준다.

정리

오늘 우리는 스킨십이라는 사랑의 언어에 대해 이야기를 나눴어. 어떤 사람들은 다른 사람과 포옹하거나, 입맞춤을 하거나, 신체적인 접촉이 이루어질 때 진정한 사랑을 받는다고 느끼지. 스킨십으로 사랑을 느낀다면 아마 너희의 사랑의 언어는 스킨십일 거야.

그런데 너희의 사랑의 언어가 스킨십이든 스킨십이 아니든 다른 사람이 스킨십을 원하지 않는다면 그 사람의 의견도 존중해야 한단다. 어쩌면 너희가 아닌 다른 사람에게 받는 스킨십은 좋아할지도 몰라. 아무튼 우리는 각자의 사적인 영역을 존중할 줄 알아야 해. 다른 사람이 자신을 만지는 것이 싫다면 상대에게 그 사실을 알려야 하고. 이건 중요한 거야. 너희가 스킨십을 싫어한다는 사실을 그 사람이 알아차리지 못할 수도 있거든. 계속 원하지 않는 스킨십으로 신경을 쓰게 하는 사람이 있다면, 자신의 경계선을 분명히 알려 주고 누군가에게 말해야 해.

하이파이브, 악수, 주먹 부딪치기, 부드럽게 등 토닥여 주기, 어깨동무하기 등은 학교에서 허용하는 적절한 스킨십이라는 것도 배웠지. 그리고 스킨십의 다른 두 유형인 불편하지만 필요한 스킨십과 부적절하고 위험한 스킨십도 배웠어.

불편하지만 필요한 스킨십은 건강상의 이유로 의사가 우리 몸을 검진할 때 하는 스킨십을 말하는데, 이때는 우리 몸의 은밀한 부분을 만지게 되는 경우도 있어. 이런 스킨십은 적절한 스킨십이 아닌 것처럼 느껴지지만 사실 적절한 스킨십이야.

부적절하고 위험한 스킨십은 보통 우리 몸에서 수영복으로 가려지는 부분 등을 접촉하는 것이지. 이런 일이 생기면 다음과 같이 행동해야 해.

1. 부모님께 말한다.
2. 반드시 학교에서 일하는 어른에게 말한다.
3. 부적절한 스킨십을 당한 친구가 자신이 겪은 일을 내게 말하면, 친구가 말하지 말라고 부탁해도 부모님과 학교에서 일하는 어른에게 알려야 한다.

마지막으로 부적절하고 위험한 스킨십은 일어날 가능성이 크지 않다고 말했지. 어른들은 대부분 아이들에게 나쁜 행동을 하려고 하지 않아. 그러니까 사람들을 너무 의심하거나 무서워할 필요는 없어. 부적절하고 위험한 스킨십에 대해 배우는 건 혹시라도 위험한 일이 생기면 그에 대처하는 방법을 알고 안전을 지키기 위함이야. 그걸 알면 다른 많은 아이에게도 도움을 줄 수 있을 거야.

오늘 무엇을 배웠는지 생각해 보고 이 질문에 대해 생각해 보면 좋겠구나. "나는 스킨십을 그냥 좋아하는 것인가, 아니면 스킨십을 받으면서 사랑을 느끼는 것인가?" 활동지의 상단 오른쪽에 있는 두 문장 중 하나를 선택해 그 옆에 있는 네모 칸에 표시해 보렴. 문항은 "내가 사랑받는다고 느끼게 해준다."와 "나는 이 사랑의 언어를 좋아한다."야. 스킨십은 5가지 사랑

정리

오늘 우리는 스킨십이라는 사랑의 언어에 대해 이야기를 나눴어. 어떤 사람들은 다른 사람과 포옹하거나, 입맞춤을 하거나, 신체적인 접촉이 이루어질 때 진정한 사랑을 받는다고 느끼지. 스킨십으로 사랑을 느낀다면 아마 너희의 사랑의 언어는 스킨십일 거야.

그런데 너희의 사랑의 언어가 스킨십이든 스킨십이 아니든 다른 사람이 스킨십을 원하지 않는다면 그 사람의 의견도 존중해야 한단다. 어쩌면 너희가 아닌 다른 사람에게 받는 스킨십은 좋아할지도 몰라. 아무튼 우리는 각자의 사적인 영역을 존중할 줄 알아야 해. 다른 사람이 자신을 만지는 것이 싫다면 상대에게 그 사실을 알려야 하고. 이건 중요한 거야. 너희가 스킨십을 싫어한다는 사실을 그 사람이 알아차리지 못할 수도 있거든. 계속 원하지 않는 스킨십으로 신경을 쓰게 하는 사람이 있다면, 자신의 경계선을 분명히 알려 주고 누군가에게 말해야 해.

하이파이브, 악수, 주먹 부딪치기, 부드럽게 등 토닥여 주기, 어깨동무하기 등은 학교에서 허용하는 적절한 스킨십이라는 것도 배웠지. 그리고 스킨십의 다른 두 유형인 불편하지만 필요한 스킨십과 부적절하고 위험한 스킨십도 배웠어.

불편하지만 필요한 스킨십은 건강상의 이유로 의사가 우리 몸을 검진할 때 하는 스킨십을 말하는데, 이때는 우리 몸의 은밀한 부분을 만지게 되는 경우도 있어. 이런 스킨십은 적절한 스킨십이 아닌 것처럼 느껴지지만 사실 적절한 스킨십이야.

부적절하고 위험한 스킨십은 보통 우리 몸에서 수영복으로 가려지는 부분 등을 접촉하는 것이지. 이런 일이 생기면 다음과 같이 행동해야 해.

1. 부모님께 말한다.
2. 반드시 학교에서 일하는 어른에게 말한다.
3. 부적절한 스킨십을 당한 친구가 자신이 겪은 일을 내게 말하면, 친구가 말하지 말라고 부탁해도 부모님과 학교에서 일하는 어른에게 알려야 한다.

마지막으로 부적절하고 위험한 스킨십은 일어날 가능성이 크지 않다고 말했지. 어른들은 대부분 아이들에게 나쁜 행동을 하려고 하지 않아. 그러니까 사람들을 너무 의심하거나 무서워할 필요는 없어. 부적절하고 위험한 스킨십에 대해 배우는 건 혹시라도 위험한 일이 생기면 그에 대처하는 방법을 알고 안전을 지키기 위함이야. 그걸 알면 다른 많은 아이에게도 도움을 줄 수 있을 거야.

오늘 무엇을 배웠는지 생각해 보고 이 질문에 대해 생각해 보면 좋겠구나. "나는 스킨십을 그냥 좋아하는 것인가, 아니면 스킨십을 받으면서 사랑을 느끼는 것인가?" 활동지의 상단 오른쪽에 있는 두 문장 중 하나를 선택해 그 옆에 있는 네모 칸에 표시해 보렴. 문항은 "내가 사랑받는다고 느끼게 해준다."와 "나는 이 사랑의 언어를 좋아한다."야. 스킨십은 5가지 사랑의 언어 중 마지막 언어야. 사랑의 언어 5가지는 인정하는 말, 함께하는 시간, 봉사, 선물, 스킨십이라는 걸 기억하렴. 다음 시간에는 각자 마음에 드는 사랑의 언어 2가지를 선택할 거야. 너희의 진짜 사랑의 언어가 무엇인지, 그다음으로 좋아하는 사랑의 언어는 무엇인지 찾을 수 있길 바란다.

개별 학습 및 과제

학생들에게 각자 다음을 해보게 한다.

1. 부모님을 포옹해 드리라고 제안한다. (의무적으로 하게 하지는 말 것)
   부모님을 한 번도 안아 보지 않았거나 안아 본 지 오래되었다면, 꼭 시도해 보고 부모님의 반응이 어떤지 알아보라고 말한다.
2. 5가지 사랑의 언어를 생각해 보고 그중에 2가지를 선택하게 한다. 자신의 진짜 사랑의 언어라고 생각되는 언어는 무엇이고, 그다음으로 좋아하는 언어는 무엇인지 생각해 보게 한다. 다음 수업 시간에 어떤 사랑의 언어를 택했는지 물어볼 거라고 말한다.
3. 학생들에게 다음 수업 시간이 언제인지 알려 주고, 그때 사랑의 언어를 배운 뒤 겪은 경험에 관해 물어볼 거라고 말한다.
4. 칠판에 적힌 학습 목표를 복습한다. 옆 친구와 무엇을 배웠고, 어떻게 해야 할지 이야기를 나누게 한다. 질문이 있는지 물어보고 잘못 알고 있는 부분은 제대로 알려 준다.

의 언어 중 마지막 언어야. 사랑의 언어 5가지는 인정하는 말, 함께하는 시간, 봉사, 선물, 스킨십이라는 걸 기억하렴. 다음 시간에는 각자 마음에 드는 사랑의 언어 2가지를 선택할 거야. 너희의 진짜 사랑의 언어가 무엇인지, 그다음으로 좋아하는 사랑의 언어는 무엇인지 찾을 수 있길 바란다.

개별 학습 및 과제

학생들에게 각자 다음을 해보게 한다.

1. 부모님을 포옹해 드리라고 제안한다. (의무적으로 하게 하지는 말 것)
   부모님을 한 번도 안아 보지 않았거나 안아 본 지 오래되었다면, 꼭 시도해 보고 부모님의 반응이 어떤지 알아보라고 말한다.
2. 5가지 사랑의 언어를 생각해 보고 그중에 2가지를 선택하게 한다. 자신의 진짜 사랑의 언어라고 생각되는 언어는 무엇이고, 그다음으로 좋아하는 언어는 무엇인지 생각해 보게 한다. 다음 수업 시간에 어떤 사랑의 언어를 택했는지 물어볼 거라고 말한다.
3. 학생들에게 다음 수업 시간이 언제인지 알려 주고, 그때 사랑의 언어를 배운 뒤 겪은 경험에 관해 물어볼 거라고 말한다.
4. 칠판에 적힌 학습 목표를 복습한다. 옆 친구와 무엇을 배웠고, 어떻게 해야 할지 이야기를 나누게 한다. 질문이 있는지 물어보고 잘못 알고 있는 부분은 제대로 알려 준다.

수업을 마치며

스킨십을 가르칠 때는 미리 학생들의 부모님에게 연락하여 이 수업의 특성을 알려야 한다. 어떤 부모가 자신의 아이를 이 수업 후반부에 참여하지 못하도록 한 적이 있다. 그 아이가 과거에 심각한 아동 학대를 당한 적이 있기 때문이다. 이러한 학생이 또 있을 수 있다는 것과 그런 학생의 부모님이 자신의 자녀를 수업에 참여시킬지 말지 선택할 권리가 있다는 것을 명심해야 한다.

내가 '나쁜 스킨십'이 아니라 '위험한 스킨십'이란 용어를 사용한 이유가 궁금했을지도 모르겠다. 우리는 대부분 '좋은 스킨십'과 '나쁜 스킨십'이란 용어로 일부 교육 과정을 배웠다. 하지만 모든 '나쁜 스킨십'이 누군가를 다치게 하거나 불쾌하게 하는 것은 아니라는 점이 바로 용어의 선택 문제를 일으킨다. 가령 우리는 '나쁜 스킨십'이라고 부르는데, 아이들은 그것을 나쁘게 느끼지 않을 경우, 용어에 관해 혼란을 느낄 수도 있기 때문이다. 아이들은 대부분 자신이 경험하고 있는 것을 좋고 즐거운 것이라고 믿으며 자란다는 점을 명심하라. 아이들은 나쁜 스킨십이 일으키는 장기적인 피해를 예측할 능력이 없다. 이런 의미에서 '위험한 스킨십'이 더 정확한 용어라고 할 수 있다. '위험한 스킨십'이라는 용어는 그러한 행위가 가져오는 피해와 이후에 그보다 더 안 좋은 문제가 발생할 수도 있다는 의미를 내포하기 때문이다.

나는 아동 학대에 관한 수업을 할 때마다 성인 한 명을 동석시키는데, 그 첫째 이유는, 내가 무엇을 설명하고 학생들의 질문에 어떻게 대답하는지 기록하기 위해서이고, 두 번째 이유는, 내가 가르치는 동안에 부정적인 몸짓이나 태도를 보이는 학생이 있는지 관찰하기 위해서다. 우리는 몇 차례, 수업 중 이상하게 행동하는 아이들이 있음을 알게 되었고, 나중에 그 아이들이 일종의 아동 학대를 경험했다는 사실을 확인했다. 부정적인 몸짓에는 시선을 피하거나, 수업을 받고 싶어 하지 않는다거나, 얼굴이 창백해지거나, 긴장하거나, 공포감을 느끼는 모습 등이 있다. 하지만 단지 이 주제가 불편해서 불쾌한 감정을 표시할 수도 있다는 사실을 기억하라. 따라서 학생들을 관찰할 때는 신중해야 한다.

생동감 있는 표현으로 학생들이 이야기를 쉽게 꺼낼 수 있는 환경을 조성하라. 아이들은 교사가 어떤 장면을 연기하거나 우스꽝스러운 표정을 짓는 걸 좋아한다. 가벼워도 될 때는 가볍게, 진지해야 할 때는 진지하게, 그 균형을 잘 유지하라. 그러면 학생들은 교사가 원할 때 진지한 태도로 수업에 임할 것이다. 이러한 분위기를 조성해 놓으면, 학생들은 교사를 가까이 다가갈 수 있는 대상으로 여기고 교사에게 자신의 비밀을 말해 주어도 괜찮을 거라고 생각할 것이다.

아이들이 아무런 얘기를 하지 않는다고 해서 실패라고 생각할 필요는 없다. 아동 범죄를 조사하는 수사관 친구가 있는데, 한번은 그가 나에게 아이들은 대부분 나이가 들 때까지 그러한 사실을 드러내지 않는다고 말한 적이 있다. 지금의 이런 수업은 언젠가 아이들이, 자신이 겪었던 일을 누군가에게 말할 수 있을 만큼 용감해졌을 때를 위해 미리 씨앗을 심고 있는 것일지도 모른다.

또한, 이는 학생들이 자신의 친구를 도울 수 있도록 훈련하는 과정임을 기억하라. 어린아이들은 나쁜 일을 당하면 부모님께 알리는 것이 일반적이다. 반면, 십대는 과거의 일이든 현재의 일이든 자신이 겪은 일을 보통 친구들에게 말한다. 아이들이 더 큰 뒤, 자신이 아동 학대를 당했던 사실을 말한다면 누구에게 먼저 말할 것 같은가? 그렇다. 바로 가장 친한 친구다. 우리는 매년 얼마나 많은 성범죄가 일어나는지는 잘 모르지만, 아이들이 그런 일을 더 많이 당한다는 사실은 알고 있다. 아동 학대에 대한 교육을 할 때, 바로 이 점을 명심해야 한다. 교사는 많은 아이가 불행한 일을 겪은 친구를 발견하고 도울 수 있도록 교육해야 한다. 모든 학생에게 아동 학대가 어떤 것인지 가르침으로써 피해를 당한 친구들을 더 빨리 도울 수 있게 하는 것이다. 이는 그 자체만으로도 엄청난 성과다.

교실 이야기

어떤 3학년 교실에서 이 수업을 했을 때, 마지막 수업 시간에 평소와 다름없이 복습을 하면서 어떤 경험이든 간에 그것을 말해 볼 사람이 있느냐고 물었다. 그리고 자원한 학생들에게 자신의 사랑의 언어가 스킨십인지 알게 된 사람이 있는지 물었다. 한 여학생이 손을 들었다.

"애슐리, 말해 볼래?" 그 아이에게 발표할 기회를 주었다.

"프리드 선생님, 제 사랑의 언어는 스킨십이 분명해요."

"그렇게 생각한 이유가 뭐지?" 내가 물었다.

"가족 모두 거실에 앉아서 텔레비전을 볼 때마다 저는 항상 엄마나 아빠 옆에 가장 먼저 가서 앉거든요. 저는 제가 좋아하는 사람에게 바싹 달라붙어 있는 걸 좋아하는데, 그러면 제가 사랑받는다는 느낌이 들어요. 또 있는데 그것도 얘기할까요?"

"그게 뭔데?" 내가 물었다.

"아빠가 바로 누워서 주무실 때 아빠 배를 베개 삼아 누워 있는 게 저는 정말 재미있어요. 아빠의 숨소리를 듣는 게 좋고 그러면 제가 진짜 사랑받는 것 같거든요."

그 학생의 얘기를 듣고 우리는 모두 웃었다. 나는 속으로 '이제 자신의 사랑의 언어가 무엇인지 알게 되었구나.'라고 생각했다.

Chapter 8
사랑의 언어 선택하기

수업을 시작하며

축하한다! 드디어 마지막 수업에 이르렀다. 이번 수업은 앞에서 배운 모든 내용을 실행해 보는 데 중점을 두고 학생들이 자신의 사랑의 언어를 결정하는 데 필요한 핵심 사항을 제시해 줄 것이다. 그리고 학생들은 자신의 제1의 사랑의 언어와 제2의 사랑의 언어를 결정하게 될 것이다. 이 수업 시간은 항상 흥분된다. 학생들이 자신의 사랑의 언어를 발견할 수 있는 시간이 될 뿐 아니라 같은 반 친구 중 자신과 같은 사랑의 언어를 가진 친구들이 얼마나 있는지 알 기회가 되기 때문이다. 이를 통해 교사와 학생 모두 서로에 대해 더 많이 이해하고 공감할 수 있을 것이다.

  이 수업은 5가지 사랑의 언어에 대한 요약으로 시작하고 각 사랑의 언어의 실제적인 사례를 일부 제시한다. 그다음, 교사는 학생들에게 자신의 사랑의 언어를 결정하는 것이 아이스크림 가게에 가는 것과 매우 유사하다고 설명한다. 일단 아이스크림 가게에 들어가면 자신이 가장 좋아하는 아이스크림 맛을 고르지, 친구가 좋아하는 맛을 고르지는 않기 때문이다. 이 설명은 과도하게 친구의 것에 신경 쓰는 것을 막아 주고, 학생들이 자신의 사랑의 언어를 찾는 데 집중하게 해주기 때문에 필요하다.

  학생들이 자신의 사랑의 언어를 보여 주는 실제 과정은 최대한 편견 없이 진행되어야 한다. 이 과정은 학생들이 고개를 숙인 뒤 손가락으로 숫자를 표시해 제1, 제2의 사랑의 언어를 알려 줌으로써 신속하고 쉽게 진행될 수 있다. 학생들이 고개를 숙이고 있는 동안 교사는 내가 고안한 서식이나 출석부에 학생들의 답을 기록한다. 여기서 중요한 점은 (상담 교사, 서무 교사, 보건 교사, 행정 교사와 같은) 실무자가 나중에 기록을 참고할 때 쉽게 이해할 수 있게 기록해야 한다는 것이다.

  작성되는 모든 문건은 똑같은 형식으로 기록하는 것이 좋다. 예를 들면, 나는 번호를 사용하는데, 1은 인정하는 말, 2는 함께하는 시간 등과 같이 번호를 정하고, 그 번호 옆에 해당하는 학생들의 이름을 적는다. 교사는 다음 해의 담당 교사가 참고할 수 있도록 학생들의 사랑의 언어를 기록해 두는 것에도 신경을 써야 한다. 이 자료는 다음 해에 다시 사랑의 언어를 가르쳐야 할 때도 도움이 될 수 있다. 컴퓨터를 활용하는 것도 좋은 방법이다. 이러한 시스템은 교사가 새 반을 맡는 첫날부터 학생들과 깊은 교감을 갖고 관계를 형성할 수 있게 해주는 굉장한 이점이 있다.

일단 교사가 학생들의 제1, 제2의 사랑의 언어를 기록하고 나면, 학생들을 제1의 사랑의 언어를 기준으로 나누어 보고 다시 제2의 사랑의 언어별로 나눔으로써 상당한 흥미를 느낄 수 있다. 나는 보통 교실 내에 사랑의 언어별로 다섯 구역을 지정하고, 학생들에게 자신들이 선택한 제1의 사랑의 언어를 찾아 움직이라고 한다. 제2의 사랑의 언어를 기준으로 나눌 때도 이와 같다.

학생들을 각 사랑의 언어로 나누어 보면 그 교실이 어떤 특성의 학생들로 구성되어 있는지 알게 될 것이다. 그뿐만 아니라 사랑의 언어별로 학생들이 골고루 나누어지든, 한쪽으로 몰리든 교사는 한눈에 결과를 확인할 수 있게 된다. 또한, 학생들에게도 자신과 같은 모둠에 어떤 친구들이 있는지 알 기회가 될 것이다. 자신과 같은 사랑의 언어를 지닌 친구들을 알게 되면 때로 그들과 발생하는 갈등의 벽도 좀 더 쉽게 허물 수 있다. 그리고 자신과 공통점이 없다고 여겼던 친구가 알고 보니 사랑의 언어가 같은 경우도 볼 수 있다. 사랑의 언어는 학습, 운동, 인기, 문화, 인종 또는 그 어떤 차이도 초월하는 능력이 있다. 이는 사랑의 언어를 가르치는 데 따르는 유익이기도 하다.

학생들이 자신의 제1, 제2의 사랑의 언어 모둠에 어떤 친구들이 있는지 서로 확인한 후 제자리로 돌아가면, 친구들이 볼 수 있도록 자신의 사랑의 언어 2가지를 종이에 적어 책상에 붙여 놓게 한다. 어떤 교사들은 학생들에게 임시로 사랑의 언어를 써 붙여 놓게 한 뒤, 나중에 더 오래 사용할 수 있도록 다시 만들어 코팅하게 한다. 종이를 책상에 붙여 놓으면 수업을 진행할 때 학생 개개인의 사랑의 언어를 쉽게 인지할 수 있을 것이다. 이 장의 내용을 꼼꼼하게 읽다 보면, 구체적인 훈육법과 사랑의 언어를 활용하는 방법을 자세히 알게 될 것이다.

끝으로 학급 토의가 이루어진다. 교사와 학생들이 한자리에서 각자 사랑의 언어를 어떻게 알아냈는지, 집과 학교에서 사랑의 언어가 자신에게 어떤 도움을 줄지, 가족이나 친구에 대해 무엇을 배웠는지, 사랑의 언어가 학급 또는 학교에 유용하게 사용될 수 있는 방법은 무엇인지 등을 주제로 토의하게 될 것이다. 토의에서 교사는 사랑의 언어와 관련된 학생들의 경험담을 다시 한 번 들음으로써 많은 것을 깨우치게 될 것이다.

교실에서 사랑의 언어를 유용하게 사용할 수 있는 방법을 토의할 때는 특별히 더 주의를 기울이는 것이 좋다. 학생들은 교실과 운동장을 아주 멋진 환경으로 변화시킬 수 있는 번뜩이는 아이디어들을 제시해 줄 수 있다. 교사는 자신이 배운 것을 학생들과 나누어야 할 의무가 있다. 그것은 교사에 관한 것일 수도 있고 학생에 관한 것일 수도 있다. 교사는 적절한 때에 학생들에게, 학년이 끝날 때까지 우리가 나눈 내용을 잊지 말고 잘 적용하길 바란다고 상기시킨다. 이것은 교사가 학생들과 함께 진행했던 수업을 깊이 생각하고 있으며 그 수업이 충분히 의미가 있었다는 강력한 메시지가 된다.

7강
사랑의 언어 선택하기
(원고형 교안)

목표

학생들은 제1, 제2의 사랑의 언어를 선택할 수 있게 된다. 교사는 자신이 만든 서식에 학생들의 선택을 기록한다. 학생들은 종이에 자신의 사랑의 언어를 적고 책상에 부착한다. 그리고 배운 내용과 이를 활용할 계획을 교사에게 말하고 교실에서 적용할 수 있는 계획을 세운다.
 칠판에 다음과 같이 쓴다.

1. 나는 나의 사랑의 언어 2가지를 설명할 수 있다.
2. 나는 각각의 사랑의 언어를 설명할 수 있으며, 다른 사람들의 사랑의 언어를 알고 그 언어를 활용해 사랑을 표현할 수 있다.

 (30초간 오늘 배우게 될 것에 대해 학생들끼리 이야기하게 한다.)

복습

 자원하는 학생을 지목해 다음의 내용을 설명하게 한다.

1. 다섯 번째 사랑의 언어는 무엇인가? (스킨십)
2. 교사가 칠판에 써 놓은 지난 수업의 학습 목표를 복습한다.
3. 자원하는 학생 몇 명을 지목해 과제가 어떻게 진행되었고, 어떤 경험을 했는지 토의하게 한다.
4. 학생들에게 5가지 사랑의 언어를 하나씩 전부 말해 보게 한다.

도입

오늘은 중요한 날이야! 너희 모두 각자 자신에게 가장 맞는다고 생각하는 사랑의 언어 2가지를 고르게 될 거야. 순서대로 하나씩 고르면 돼. 이 상위 2가지 언어는 '제1의 사랑의 언어'와 '제2의 사랑의 언어'라고 부르자꾸나. 처음에는 사랑받는 느낌이 가장 큰 사랑의 언어를 선택하고, 두 번째는 첫 번째만큼은 아니지만 그래도 그다음으로 사랑받는 느낌이 드는 언어를 선택하면 돼. 모두 준비됐니? 좋아, 그럼 간단한 평가부터 시작해 볼까? 이 평가는 오늘 너희가 사랑의 언어를 결정하는 데 도움이 될 거야.

7강
사랑의 언어 선택하기
(요약형 교안)

목표
학생들은 제1, 제2의 사랑의 언어를 선택할 수 있게 된다. 교사는 자신이 만든 서식에 학생들의 선택을 기록한다. 학생들은 종이에 자신의 사랑의 언어를 적고 책상에 부착한다. 그리고 배운 내용과 이를 활용할 계획을 교사에게 말하고 교실에서 적용할 수 있는 계획을 세운다.
　칠판에 다음과 같이 쓴다.

1. 나는 나의 사랑의 언어 2가지를 설명할 수 있다.
2. 나는 각각의 사랑의 언어를 설명할 수 있으며, 다른 사람들의 사랑의 언어를 알고 그 언어를 활용해 사랑을 표현할 수 있다.

　(30초간 오늘 배우게 될 것에 대해 학생들끼리 이야기하게 한다.)

복습
자원하는 학생을 지목해 다음의 내용을 설명하게 한다.

1. 다섯 번째 사랑의 언어는 무엇인가? (스킨십)
2. 교사가 칠판에 써 놓은 지난 수업의 학습 목표를 복습한다.
3. 자원하는 학생 몇 명을 지목해 과제가 어떻게 진행되었고, 어떤 경험을 했는지 토의하게 한다.
4. 학생들에게 5가지 사랑의 언어를 하나씩 전부 말해 보게 한다.

도입
1. 모든 학생이 사랑의 언어 2가지를 선택할 기회를 얻는다.
2. 첫 번째는 '제1의 사랑의 언어'라고 부르고, 두 번째는 '제2의 사랑의 언어'라고 부른다.
3. 첫 번째로 선택할 언어는 사랑받는 느낌이 가장 큰 언어다. 두 번째는 첫 번째만큼은 아니지만 그와 유사하게 사랑받는 느낌이 드는 언어다.

> **1-6학년, 여기서부터 이어서 하세요.** 7강, 1-6학년, 전체 페이지
>
> 7강 활동지에 있는 검사지를 볼까? 내가 문제를 읽을 테니 너희는 조용히 눈으로 읽어 보렴. 지금부터 왼쪽에 있는 내용을 차례로 하나씩 읽을 거야. 잘 듣다가 너희에게 사랑받는 느낌이 들게 하는 내용이 나오면 그 줄에 있는 X 표시에 동그라미를 치렴. 앞서 나가지는 말고 한 번에 하나씩 순서대로 진행하자꾸나. (고학년 아이들은 검사지를 스스로 작성하게 해도 좋다. 이 검사지는 전 학년을 대상으로 만들어졌다.) 다 하고 나면 각 사랑의 언어에서 동그라미 친 X 표시의 개수를 세고 아래 빈칸에 그 수를 써넣으렴. 각 사랑의 언어당 동그라미를 칠 수 있는 X 표시의 최대 개수는 4란다. X 표시가 가장 많은 2개의 사랑의 언어를 찾으렴. 같은 숫자가 나와도 괜찮아. 무엇보다 빨리 잘 판단해서 결정해야 한단다.

전개

　우선 5가지 사랑의 언어를 배운 순서대로 칠판에 써볼까? (사랑의 언어가 서로 다른 아이들을 몇 명 지목해 5가지 사랑의 언어를 배운 순서대로 쓰게 하고 정확한지 확인한다. 그리고 각각의 사랑의 언어 옆에 번호를 적는다. 예를 들면 다음과 같다. 1. 인정하는 말. 이렇게 하면 사랑의 언어가 학교에 있는 모든 사람에게 동일한 체계로 인식될 것이다.) 그동안 매주 한 가지씩 사랑의 언어를 배웠는데, 오늘은 각자 5가지 사랑의 언어 중에 자신이 가장 많이 사랑받는다고 느끼는 사랑의 언어 2가지를 선택할 거야. 가장 친한 친구의 것이 아닌 바로 자신의 언어를 고르는 거지. 이건 마치 아이스크림 가게에 가는 것과 비슷해. 자기 앞에 놓인 여러 종류의 아이스크림 중에서 두 종류의 아이스크림을 선택해야 할 때, 친구가 좋아하는 맛을 고르지는 않을 테니 말이야. 아마 자신이 정말 좋아하는 아이스크림을 선택할 거야.

　너희의 사랑의 언어도 이렇게 선택하렴. 사랑받는다는 느낌을 가장 많이 받게 하는 사랑의 언어 2가지를 말이야. 자신의 사랑의 언어를 당당하게 생각하고 우리 반에서 그 언어를 선택한 사람이 나뿐일지라도 전혀 신경 쓰지 마. 알겠니? [학생들이 결정을 어려워하거나 2가지 사랑의 언어를 똑같이 좋아하는 등 선택을 잘 못할 수도 있으니 명확히 이해했는지 묻는 것이 중요하다. 학생들의 질문에는 이렇게 대답하면 된다. "자신의 언어라고 확신하지 못해도 정말 좋아하는 2가지를 선택하기만 하면 돼." 가끔 2가지 사이에서 결정을 잘 못하는 학생이 있으면 나는 괜찮다고 하고 언젠간 할 수 있을 거라고 격려해 준다. 그리고 그 아이가 추정으로라도 자신의 제1, 제2의 사랑의 언어가 무엇인지 선택할 수 있게 한다. 지금껏 사랑의 언어를 가르쳐 오면서, 도저히 결정하기가 어려워서 자신의 사랑의 언어를 선택하지 못한 학생은 딱 한 명 있었다. 그때 나는 그 수업 시간을 효율적으로 보내기 위해 일단 그 학생을 내버려 두었다. 보통 결정을 잘 내리지 못하는 아이들에게 나는 "가장 적절한 추정을 해봐."라고만 말하며 주의를 환기한다.]

전개

1. 5가지 사랑의 언어를 수업 시간에 배운 순서대로 칠판에 쓴다.

2. 학생들에게 사랑의 언어 2가지를 선택하라고 말한다.

3. 아이스크림 가게 그림을 사용한다.

4. 학생들에게 설명이 필요한지 묻는다.

그리고 하나 더 알아야 할 게 있어. 지금 여기서 사랑의 언어를 선택했다고 해서 앞으로 그런 방식으로 사랑을 더 얻을 거라는 보장은 없다는 거야. 다시 말해서, 자신이 사랑의 언어로 선물을 선택하면, 내가 다른 학생보다 더 많은 선물을 줄 거라는 생각은 하지 말라는 거지. 그런 생각으로 사랑의 언어를 선택하면 안 된단다. 사랑받는다는 감정을 가장 크게 느끼게 하는 2개의 언어를 솔직하게 고르는 것이 무엇보다 중요해. 모두 무슨 말인지 알겠지? (질문이 나오면 답한다.)

좋아. 그럼 사랑의 언어를 복습해 볼까? 내가 예를 하나씩 들어 볼게. (학생들이 사랑의 언어가 쓰여 있는 칠판을 바라보게 한다.) 각각의 언어를 보며 이렇게 생각해 보렴. "이 언어는 나를 사랑받는다고 느끼게 하는가, 아니면 단지 내가 좋아하는 것인가?"

좋아. 첫 번째 사랑의 언어는 인정하는 말이야. 너희는 누군가가 너희한테 "잘했어.", "훌륭해.", "네가 최고야!"라고 말할 때 사랑받는다고 느끼니, 아니면 단지 누군가 이런 말을 해주는 걸 좋아하는 거니? 두 번째 언어는 함께하는 시간이야. 사람들이 너희와 함께 있고 싶어 할 때 사랑받는다고 느끼니? 예를 들어, 엄마나 아빠가 "토요일을 함께 보내자꾸나. 영화도 보고 점심도 함께 먹자."라고 하면 사랑받는다고 느끼니, 아니면 그냥 사람들이 너희와 시간을 보내고 싶어 하는 것이 좋은 거니? 세 번째는 봉사야. 사람들이 너희를 위해 뭔가를 해줄 때 사랑받는다고 느끼니? 예를 들면, 누군가가 너희 침대를 정돈해 주거나, 방을 청소해 주거나, 하기 싫은 일을 해줄 때 말이야. 이처럼 사람들이 너희를 위해 무언가를 해줄 때 사랑받는다고 느끼니, 아니면 누군가가 너희를 도와주는 게 그냥 좋은 거니? 네 번째 언어는 선물이야. 너희는 사람들이 너희에게 예상치 못한 선물을 줄 때 사랑받는다고 느끼니? 예를 들면, 누군가가 일부러 너희에게 선물을 사준다거나 정말 굉장한 것을 만들어 줄 때 말이야. 이처럼 선물을 받으면 사랑받는다고 느끼니, 아니면 단지 그냥 선물을 받는 게 좋은 거니? 마지막으로 다섯 번째 사랑의 언어는 스킨십이야. 너희는 누군가가 너희에게 스킨십을 해주면 사랑을 받는다고 느끼니? 예를 들면, 엄마나 아빠 옆에 아주 가까이 붙어 앉거나, 누군가 등을 쓰다듬어 주거나, 안아 주면 사랑받는다는 느낌이 들어? 이처럼 신체적 접촉이 사랑받는 느낌을 주는 거니, 아니면 단지 그냥 스킨십이 좋은 거니?

지금까지 우리는 위의 5가지 사랑의 언어에 대해서 배웠어. 이제는 자신에게 가장 크게 사랑을 느끼게 하는 언어 2가지를 선택할 시간이야. 먼저 너희가 작성한 검사지를 보렴. 다른 언어보다 동그라미를 친 X 표시가 더 많은 두 열을 고르면, 아마도 그게 너희의 2가지 사랑의 언어일 거야. 각 열은 칠판에도 쓰여 있지만, 1에서 5까지 사랑의 언어들이야. 같은 수가 나왔다면 그 두 언어 중에서 자신의 사랑의 언어가 무엇인지 잘 생각해 봐. (학생들에게 자신의 검사지를 검토하고 질문할 수 있는 충분한 시간을 준다.)

자, 칠판을 보고 제1의 사랑의 언어를 선택해 보렴. 소리 내어 말하지 말고 첫 번째로 선택한 사랑의 언어를 보고 그 번호를 기억하는 거야. 이해했니? (준비가 다 됐는지 확인한다.) 모두 번호 외웠지? 좋아. 그럼 전부 고개를 숙여 봐. 이제 손을 올려 첫 번째 선택한 번호를 손가락으로 표시해 보자. 인정하는 말이 자신이 선택한 사랑의 언어라면 손을 올리고 손가락 하

5. 학생이 사랑의 언어를 선택했다고 해서, 교사가 학생에게 그 언어에 맞는 무언가를 더 해 주어야 한다는 것은 아니다. 예를 들면, 사랑의 언어로 선물을 고른 학생에게 교사가 선물을 더 많이 주어야 하는 것은 아니라는 뜻이다.

6. 학생들에게 설명이 필요한지 묻는다.

7. 학생들에게 5가지 사랑의 언어를 예를 들어 보며 다시 한 번 살펴볼 것이라고 말한다.

8. 예와 함께 5가지 사랑의 언어를 복습한다. 각 사랑의 언어에 대한 설명이 끝날 때마다 학생들에게 다음과 같은 질문을 한다. "이 사랑의 언어가 사랑받는 느낌을 주는 거니, 아니면 그저 이 사랑의 언어가 좋은 거니?"

9. 이제 학생들이 자신의 사랑의 언어 2가지를 선택할 차례다.
   - 학생들에게 첫 번째로 선택한 언어의 번호를 기억하게 한다.
   - 학생들에게 고개를 숙이게 한다.
   - 어떤 선택을 했는지 알 수 있도록 손을 들어 손가락 수로 그 번호를 표시하게 한다.
   - 학생들의 답을 기록한다.
   - 두 번째로 선택한 언어 역시 같은 과정을 반복한다.

나를 펴면 돼. 이제 너희가 각자 선택한 제1의 사랑의 언어를 적을 거야. 손을 들고 자신이 첫 번째로 선택한 언어의 번호를 손가락 수로 표시해 볼래? 그게 바로 너희가 가장 사랑받는다고 느끼게 해주는 사랑의 언어란다. (학생들이 오랜 시간 팔을 들고 있을 필요가 없게 한 줄씩, 또는 앉아 있는 상황에 맞춰 나누어 진행해도 좋다. 각 학생들의 답을 기록한다. 나는 보통 이때 학생의 이름을 부르며 다음과 같이 말한다. "고맙구나, ○○야. 이제 팔을 내리렴.") 고맙다. 자, 이제 모두 고개를 들렴. 이제 다시 칠판을 봐봐. 그리고 제2의 사랑의 언어를 선택해 보렴. 선택한 언어의 번호를 기억해야 하는 거 알지? 두 번째 사랑의 언어를 다 결정했니? 번호도 기억하고? 좋아. 이제 다시 고개를 숙이렴. 그리고 아까처럼 손을 들고 두 번째로 선택한 언어의 번호를 표시해 보자. (교사는 각 학생의 두 번째 사랑의 언어를 기록한다.) 고맙구나. 자, 이제 고개를 들렴.

지금까지 너희는 각자 2가지 사랑의 언어를 선택했어. 축하한다! 그럼 우리 반은 어떤 결과가 나왔는지 한번 볼까? 이제 사랑의 언어별로 너희를 나눠 볼 거야. 그러면 누가 어떤 사랑의 언어를 선택했는지, 나와 같은 사랑의 언어를 선택한 친구들은 누구인지 알 수 있을 거야. (교실 안에 각 사랑의 언어 모둠이 모일 위치를 교사가 임의로 선정한다. 예를 들면, "첫 번째 사랑의 언어로 인정하는 말을 선택한 사람은 여기에 서."처럼 말이다. 이런 방식으로 모든 학생이 자신의 사랑의 언어 자리를 찾아 서게 한다.) 각자 자신의 언어를 찾아서 자리를 잡았으니 이젠 누가 나와 같은 사랑의 언어인지 잘 살펴보렴. 같은 사랑의 언어에 속한 친구 중에 자신과 공통점이 거의 없다고 생각했던 친구도 있을 거야. 재미있지 않니? 그런데도 사랑의 언어는 같으니 말이야. 그런데 이젠 그 둘도 공통점이 하나 생긴 거지.

좋아, 이제 두 번째 사랑의 언어별로 각자 자리를 옮겨 보자. 두 번째로 선택한 언어가 인정하는 말이라면 이쪽으로 오렴. (인정하는 말의 위치를 가리킨다.) 두 번째로 선택한 언어가 함께하는 시간이라면 이쪽으로 오고. (함께하는 시간의 위치를 가리킨다.) 그리고 봉사라면 이쪽으로 와. (봉사의 위치를 가리킨다.) 선물이라면 이쪽으로. (선물의 위치를 가리킨다.) 스킨십이라면 이쪽으로 오면 돼. (스킨십의 위치를 가리킨다. 첫 번째와 똑같은 자리에 서 있는 사람은 없어야 한다. 학생들을 둘러보고 이를 확인한다.) 첫 번째 자리에 그대로 서 있으면 안 돼. 모두 다른 자리로 옮겼지? (필요하다면 조정해 준다.) 이제 옆 사람들을 봐봐. 제2의 사랑의 언어로 같은 걸 선택한 친구들이란다. 처음에 너희가 서 있던 자리에 지금은 누가 서 있는지도 한번 보렴. 친구들과 공통점을 발견하게 됐지? 두 번째 선택이지만 너희는 같은 방식으로 사랑을 느끼는 거야.

자, 이제 모두 자기 자리로 돌아가서 앉으렴. (학생들이 제자리에 다 앉으면 종이를 나눠 준다. 그리고 학생들에게 자신의 제1, 제2의 사랑의 언어를 종이에 쓰게 한다. 그런 다음 종이를 걷고 학생들을 둥그렇게 모여 앉게 한다. 다 같이 바닥에 앉거나, 원래 하던 방식대로 둘러앉게 하면 된다. 이것은 서로 토의할 수 있는 시간을 주기 위함이다. 모든 학생이 서로 마주 보며 앉을 수 있다면 가장 좋다. 그리고 교사는 마지막 질문에 대해 학생들이 어떤 생각을 하는지 적을 준비를 한다.)

10. 학생들이 자신의 사랑의 언어 자리로 가게 한다.

11. 교사는 같은 자리에 있는 친구들이 전에는 나와 다르다고 생각한 친구였을지도 모르지만, 이제는 같은 사랑의 언어를 가지고 있는 친구임을 알려 준다.

12. 학생들이 자신의 제2의 사랑의 언어 자리로 가게 한다.

13. 교사는 학생들의 공통점을 언급한다.

14. 학생들이 제자리에 앉아 자신의 사랑의 언어를 종이에 쓰게 한다.

15. 교사는 필기할 준비를 한 뒤, 학생들이 서로 마주 볼 수 있도록 둥그렇게 앉게 한다.

16. 학생들에게 사랑의 언어에 관해 서로의 생각을 나누어 보라고 말한다.

7강 사랑의 언어 선택하기 — 연고와 피우

이제 우리의 사랑의 언어에 관해 토의해 볼 거야. 자신의 사랑의 언어와 관련된 어떤 흥미로운 일화가 있으면 함께 나눠 볼 수 있는 시간이지. 먼저 내가 질문을 던져 볼까? "너희는 어떻게 자신의 제1의 사랑의 언어를 알아냈니? 다시 말하면, 그냥 단번에 알았니, 아니면 어떤 일로 자신의 언어임을 깨닫게 되었니? 간략하게 말해 보렴." (몇몇 학생에게 물어보고, 다음 질문으로 넘어간다.) 자신의 사랑의 언어를 알게 되면 집에서나 학교생활에 어떤 도움이 될 거라고 생각하니? (가능한 한 많은 학생에게 질문한다.) 사랑의 언어를 배운 뒤, 가족이나 친구들에 대해 무엇을 알게 되었지? (몇몇 학생에게 물어보고, 마지막 질문으로 넘어간다.) 우리 반을 정말 멋진 학급으로 만들려면 사랑의 언어를 어떻게 활용해야 할까? (학생들이 모두 참여하도록 독려한다. 학생들의 생각을 적는다.)

정리

훌륭한 토의를 해줘서 정말 고맙구나. 우리 반을 더 좋은 학급으로 만들기 위해 너희가 제시한 사랑의 언어 활용법 모두 내 마음에 쏙 든단다. 너희에게 사랑의 언어를 쓰라고 했는데, 그걸 책상에 붙이면 우리 모두의 사랑의 언어를 다 잘 기억할 수 있을 거야. 그리고 오늘 너희가 제시한 의견들을 실천하기가 더 쉬워질 거고.

이제 새로운 사람을 만나면 그 사람의 사랑의 언어가 무엇인지 파악하려고 노력해 보렴. 그러려면 그 사람을 잘 알아야겠지? 먼저 그 사람의 말을 잘 들어 주고 그 사람의 삶에 관심을 보이면 돼. 그 정도면 시작은 아주 훌륭한 거지. 혹시 가까운 사람에게서 사랑받는 느낌을 받지 못한다면, 너희의 사랑의 언어를 얘기해 줘. 그리고 너희는 어떨 때 사랑받는다고 느끼는지 잘 설명해 주는 거야. 물론 그렇다고 해도 그 사람이 너희가 원하는 방식으로 사랑해 주지 않을 수도 있어. 하지만 적어도 한 번은 생각할 기회를 주는 거니까 나쁘진 않겠지? 어쩌면 다른 사람들은 사랑의 언어를 한 번도 들어 보지 못했을 수도 있단다.

어찌 됐든 집에 가서 가족들에게 너희의 사랑의 언어를 이야기해 주는 건 매우 중요해. 나는 너희 가족들이 너희의 사랑의 언어를 인정해 줄 거라고 확신해. 그리고 아직 이야기해 본 적이 없다면, 가족들의 사랑의 언어가 무엇인지 대화해 보는 것도 좋을 거야. 사랑의 언어를 아는 건 정말 중요한 일이란다. 평생 활용할 수도 있고 말이야. (학생들과 함께 칠판에 쓴 학습 목표를 복습한다.) 수업을 잘 들어 줘서 정말 고맙구나. 이제 각자 자리로 돌아갈까?

과제

이 수업에서는 학생들이 해야 할 과제가 없다. 교실에서 필요한 사랑의 언어 활용법에 대한 설명은 다른 장을 참조하라. 다양한 사람들에 대한 내용이 있다. 행정 교사에 대한 부분을 읽으면 학급을 위한 좋은 생각이 떠오를 수도 있고, 만약 행정 교사라면 상담 교사에 대한 부분을 읽는 것도 도움이 될지 모른다. 중요한 것은 사랑의 언어가 일상적인 학교 문화의 일부가 되게 하는 것이다.

17. 다음과 같이 질문한다. "너희는 어떻게 자신의 제1의 사랑의 언어를 알아냈니? 다시 말하면, 그냥 단번에 알았니, 아니면 어떤 일로 자신의 언어임을 깨닫게 되었니? 간략하게 말해 보렴." (몇몇 학생에게 물어보고, 다음 질문으로 넘어간다.)

18. 다음과 같이 질문한다. "자신의 사랑의 언어를 알게 되면 집에서나 학교생활에 어떤 도움이 될 거라고 생각하니?" (가능한 한 많은 학생에게 질문한다.)

19. 다음과 같이 질문한다. "사랑의 언어를 배운 뒤, 가족이나 친구들에 대해 무엇을 알게 되었지?" (몇몇 학생에게 물어보고, 마지막 질문으로 넘어간다.)

20. 다음과 같이 질문한다. "우리 반을 정말 멋진 학급으로 만들려면 사랑의 언어를 어떻게 활용해야 할까?" (학생들이 모두 참여하도록 독려한다. 학생들의 생각을 적는다.)

정리

훌륭한 토론을 해줘서 정말 고맙구나. 우리 반을 더 좋은 학급으로 만들기 위해 너희가 제시한 사랑의 언어 활용법 모두 내 마음에 쏙 든단다. 너희에게 사랑의 언어를 쓰라고 했는데, 그걸 책상에 붙이면 우리 모두의 사랑의 언어를 다 잘 기억할 수 있을 거야. 그리고 오늘 너희가 제시한 의견들을 실천하기가 더 쉬워질 거고.

이제 새로운 사람을 만나면 그 사람의 사랑의 언어가 무엇인지 파악하려고 노력해 보렴. 그러려면 그 사람을 잘 알아야겠지? 먼저 그 사람의 말을 잘 들어 주고 그 사람의 삶에 관심을 보이면 돼. 그 정도면 시작은 아주 훌륭한 거지. 혹시 가까운 사람에게서 사랑받는 느낌을 받지 못한다면, 너희의 사랑의 언어를 얘기해 줘. 그리고 너희는 어떨 때 사랑받는다고 느끼는지 잘 설명해 주는 거야. 물론 그렇다고 해도 그 사람이 너희가 원하는 방식으로 사랑해 주지 않을 수도 있어. 하지만 적어도 한 번은 생각할 기회를 주는 거니까 나쁘진 않겠지? 어쩌면 다른 사람들은 사랑의 언어를 한 번도 들어 보지 못했을 수도 있단다.

어찌 됐든 집에 가서 가족들에게 너희의 사랑의 언어를 이야기해 주는 건 매우 중요해. 나는 너희 가족들이 너희의 사랑의 언어를 인정해 줄 거라고 확신해. 그리고 아직 이야기해 본 적이 없다면, 가족들의 사랑의 언어가 무엇인지 대화해 보는 것도 좋을 거야. 사랑의 언어를 아는 건 정말 중요한 일이란다. 평생 활용할 수도 있고 말이야. (학생들과 함께 칠판에 쓴 학습 목표를 복습한다.) 수업을 잘 들어 줘서 정말 고맙구나. 이제 각자 자리로 돌아갈까?

과제

없음.

수업을 마치며

마지막 수업에 이르면 언제나 성취감을 느낄 수 있다. 교사가 몇 주에 걸쳐 열심히 수업한 결과, 이제 학생들은 사랑에 대한 기초를 견고하게 세우고 그 진정한 의미를 알게 되었다. 학생들이 얼마나 사랑의 언어에 관해 이야기하고 싶어 하는지 알게 되면 깜짝 놀랄지도 모른다. 나는 교사가 학생들의 이러한 관심과 흥미를 계속 이어 가게 했으면 좋겠다. 궁극적인 목표는 사랑의 언어가 학교 문화의 일부가 되는 것이다. 마치 구구단처럼 사랑의 언어는 학생들이 평생 활용할 수 있는 중요한 도구이기 때문이다. 사랑의 언어가 무엇이고, 어떻게 작용하는지를 명확히 이해하면 삶에 대해 통찰력을 얻게 되는 것과 같다. 이렇게 사랑의 언어를 이해하고 활용할 줄 알면 사람들은 자신을 넘어 다른 사람들의 요구를 인정하게 된다. 자신의 관점에서 벗어나 다른 사람의 요구를 인정하는 일은 아이는 물론이거니와 어른에게도 매우 어려운 과제다. 하지만 놀랍게도 사랑의 언어는 이를 가능하게 해준다.

사랑의 언어를 매일 실생활에 적용하고 활용하라. 이것이 우리가 배운 사랑의 언어를 체화하는 가장 좋은 방법이다. 상대방의 사랑의 언어로 사랑하는 사람을 본다면, 그 사람의 노력을 인정하라. 사랑의 언어를 활용하는 학생들에게는 보상을 제공하라. 그러면 사랑의 언어는 평생토록 그들 삶의 일부분이 될 것이다. 다른 사람의 필요에 유념하는 정신을 바탕으로 확립된 학교 문화는 학교를 아주 훌륭한 삶의 공간으로 만든다. 학생들이 예의를 갖추길 기대하는 것처럼 학교는 학생들이 사랑의 언어도 활용하길 기대해야 한다. 사랑의 언어가 학교에서 일상적인 표현이 되게 하라. 그러면 학생들에게 바라는 모든 덕목은 자연히 뒤따르게 될 것이다. 사랑의 언어 교육 과정은 교실 밖까지 확장될 수 있으며, 앞으로 올라갈 상급반이나 가족, 친구 그리고 언젠가 만날 배우자에게까지도 영향을 미칠 수 있다. 교사는 사랑의 본보기가 되어 학생들에게 사랑을 주어야 한다.

학생들에게 사랑을 표현하고 수용하는 방법을 가르쳐 준 것에 감사를 표한다. 분명 다음 세대도 감사할 것이다.

교실 이야기

지금까지 나는 사랑의 언어 수업을 360회 가량 진행해 왔다. 솔직히 말하건대, 내 교사 인생 전체에 걸쳐 이토록 보람 있는 과정은 없었다. 많은 교사가 이 수업을 들은 학생들의 태도에 큰 변화가 일어나는 것을 목도했다. 학생들은 더 많은 수업을 원했다. 매주 학부모들의 찬사가 쏟아졌다. 교사가 이루고자 하는 것을 인정해 줄 뿐 아니라 가르치는 것의 가치를 알아주는 사람들이 있다면, 이보다 교사를 기운 나게 하는 일은 없을 것이다.

이제 공은 교사에게 넘어갔다. 사랑의 언어를 배우는 것이 학생과 가족, 그리고 교사에게 얼마나 놀라운 영향을 미치는지 증명할 수 있게 되기를 바란다. 또한, 이 수업을 가르치면서 교사 자신의 인생이 밝아지고, 새로워지고, 기운도 북돋워지길 바란다. 부디 사랑의 언어가 삶의 일부가 되어 이러한 일이 계속되길 기원한다.

이제 교실에서 일어난 위대한 이야기들을 다른 이들에게 들려줄 때가 되었다. 나도 그 이야기들이 정말 듣고 싶다.

Chapter 9
사랑의 언어 활용하기

　이 장은 교육계에 종사하는 다양한 직책의 교직원들을 위해 여러 범주로 나누었다. 모두 알다시피, 어느 학교에나 그 학교를 운영하는 데 필요한 다양한 직책이 있다. 학교에서 근무하는 교직원은 저마다 독특한 관점을 지닌다. 교육자가 사랑의 언어를 활용함으로써 학생에게 미칠 수 있는 영향을 생각하면서 잠시 학교나 지역의 기타 교육 기관에 종사하는 교육자들의 다양한 관점을 자세히 살펴보자.

　상담 교사나 사회복지사는 학생들을 교실에서 역량 강화를 위해 전인 교육을 받아야 할 대상으로 여길 것이다. 교사는 학생을 놀라운 학습 잠재력을 지닌 존재로 생각하며 막대한 시간을 투자하여 학습 향상을 지원할 것이다. 교장은 학생이 가능한 한 최고의 교육을 받아야 한다는 생각으로 우수한 교직원을 배치하고 효율적인 조직 체계 및 규율을 정립하는 등 학생들에게 모든 편의를 제공하려 할 것이다. 서무 직원은 학생을 지원받아야 할 대상으로 여기고 학생이 학교생활에 필요한 물품을 제때에 사용할 수 있도록 필요한 정보를 가정에 전달해 줄 것이다. 양호 교사는 학생을 학교생활을 잘하기 위해 신체적으로 건강해야 할 대상으로 생각할 것이다. 운동장 감독관은 학생을 안전하게 운동할 권리가 있는 존재로 여길 것이다. 지원 교사와 전문가는 학생을 보충 학습의 도움이 필요한 존재로 간주하고 아울러 그 누구와도 다를 바 없는 잠재력을 지닌 존재로 생각할 것이다. 사서 교사는 학생을 책을 통해 가능성이 활짝 열릴, 열렬한 독자로 생각할 것이다. 학교 시설 관리인은 학생을 학업 목표를 달성하기 위해 쾌적한 환경이 필요한 존재로 생각할 것이다. 교육감은 학생을 투자할 가치가 있는 대상으로 생각하고 학습이 가능하도록 재원을 지원할 것이다. 학교 이사회는 학생을 배울 권리가 있고 방침을 통해 보호받아야 할 대상으로 간주할 것이다. 학부모들은 학생을 무조건적인 사랑의 대상으로 여길 것이다. 그리고 학생은 다른 사람들이 자신을 어떻게 생각하는지에 따라 자신을 판단할 것이다.

뒤에 나오는 교직원의 각 내용을 읽어 보면, 동료와의 관계 형성에 자신감을 얻고, 사랑의 언어로 모든 학생에게 영향을 줄 수 있는 제도를 정착시키는 데 힘을 얻게 될 것이다. 크게 세 범주, '교사', '전문가 및 지원 교사', 그리고 '관리자'로 나뉘어 있지만, 그 안에서 자신의 현재 업무 과제에 부합하는 내용을 발견할 수 있을 것이다. 나는 모두가 이 세 부분을 다 읽기를 권한다. 그러면 좀 더 쉽게 각 분야에서 힘을 모아 사랑의 언어를 학교 문화의 일부로 만들 수 있을 것이기 때문이다.

사랑의 언어를 학교 문화의 일부로 만드는 것은 학교 문화에 깊이를 더하고 학교 자체에 큰 의미를 부여해 줄 것이다. 교직원과 학생은 학교생활을 즐길 것이고, 서로 연합함으로써 학생의 학업 성취도는 더 오르고 부적절한 행동은 줄어들 것이다. 내가 이렇게 확신할 수 있는 이유가 궁금하지 않은가? 사실 이는 간단한 방정식과도 같다. 사람들은 이해받고, 인정받고, 사랑받는다고 느끼면 자신감을 얻는다. 자신감이 있으면 열심히 노력하려는 의지가 생기고 이는 결국 장애물을 극복하는 힘이 된다. 이 장애물은 학업 문제일 수도 있고, 사회적 또는 개인적 문제일 수도 있다. 사랑의 언어는 사람들을 서로 연합하게 함으로써 단순한 교육 과정 그 이상이 된다. 연합은 동지애를 형성하여 모든 관계자가 공동의 목표를 달성하기 위해 함께 노력하도록 힘을 북돋워 준다.

교사

사랑의 언어는 담임교사에게 연합, 기대, 그리고 행동 방식을 형성할 수 있는 기초를 제공해 준다. 교사가 사랑의 언어 활용에 본을 보이고, 이를 지지하며 격려하는 것은 중요하다. 담임교사는 같은 반 학생들과 매일 만나기 때문에, 학교 어디에서도 볼 수 없는 학생들의 역동적인 모습을 보게 될 것이다. 역동성은 학급을 학생들이 서로 어떻게 행동해야 하는지를 배울 수 있는 훌륭한 환경으로 만들어 준다. 이런 환경은 매일 학생들이 소통의 기술을 연마하고 다른 사람들의 필요를 생각할 기회를 제공한다. 담임교사는 학생에게 보상을 해줌으로써 사랑의 언어를 활용하도록 권장할 수 있다. 교사는 동기 부여와 보상을 사랑의 언어와 부합하는 5가지 범주에서 학생이 하나를 선택할 수 있게 하는 방식으로 활용해야 한다. (동기를 부여하는 방법 부분을 참조하라.)

학업도 사랑의 언어에 통합시킬 수 있다. 일부 교사들은 학생들이 사랑의 언어를 배운 뒤 좀 더 깊이 생각하게 된다는 사실을 알게 될 것이다. 또한, 집단 토의로 학생들은 사랑의 언어에 관한 지식을 글로 설명할 수 있게 된다. 글은 이야기하는 방식 또는 설명하는 방식으로도 쓸 수 있다. 학생들의 글은 게시하여 공유한다.

1. **격려하기**: 사랑의 언어 활용에 좋은 본을 보인 학생들을 지명해 칭찬한다.
2. **보상**: 제비뽑기를 이용한 보상 제도를 만든다. 사랑의 언어를 사용하는 학생을 발견할 때

마다, 제비뽑기함에 해당 학생의 이름을 쓴 쪽지를 넣고 매주 제비를 뽑아 보상한다. 쪽지는 버리지 않고 일 년 내내 사용한다. 자신의 이름을 쓴 쪽지가 많이 모일수록 뽑힐 가능성도 커진다. 보상은 5가지 사랑의 언어에 속하는 내용으로 학생들이 그중 하나를 선택할 수 있게 한다. (발상을 위해 동기 부여 부분을 참조하라.)

3. **규율** : 학생이 부적절한 행동을 하면 사랑의 언어에서 인용한 예를 활용한다. "다른 친구를 놀리고 욕하는 행위를 뭐라고 하지?" (괴롭힘) 그 학생과 그 일에 대해 이야기를 나누고, 앞으로 어떻게 달라질 것인지 말하게 함으로써 학생이 다시 바른 행동을 하도록 교육하는 데 초점을 둔다.

4. **학생 모둠** : 하루 동안 학생들을 사랑의 언어가 같은 학생끼리 또는 다른 학생끼리 묶어 모둠 활동을 하도록 한다. "사랑의 언어가 스킨십인 학생을 찾아 함께 책을 읽어 보렴."

5. **글쓰기** : 매주 학생들이 새로운 사랑의 언어를 배울 때마다, 그 언어와 관련한 글쓰기 과제를 내준다. 주말 과제로는 사랑의 언어로 다른 사람을 돕는 이들에 대한 이야기를 만들어 보게 한다. 복도에 있는 게시판에 그 이야기들을 게시한다.

6. **수학** : 제1, 제2의 사랑의 언어로 나누어 유형별로 학생의 분포 비율을 나타내는 도표를 만든다. 학교 전체 학생을 대상으로 조사한다면, 이 자료를 추후 훨씬 더 큰 프로젝트에 활용해도 좋다.

7. **특별 과제** : 매주 돌아가며 사랑의 언어를 하나씩 중점적으로 다룬다. 학생들에게 그 주의 사랑의 언어에 해당하는 사람을 학교에서 찾아보게 한다. 사랑의 언어 수업에서 다루었던 익숙한 과제 방식으로 특별 과제를 수행한다.

8. **게임하기** : 학급에서 사랑의 언어에 따라 모둠을 구성해 모둠별 게임을 만든다.

전문가 및 지원 교사

사랑의 언어는 학생들의 심리적 측면을 다루는 이들에게 훌륭한 정보를 제공한다. 사랑의 언어를 인지하면 행동의 원인을 간파할 수 있기 때문이다. 사랑의 언어에 대한 욕구가 없는 학생은 종종 지원 교사를 따르는 경향이 있다. 이렇게 지원 교사를 찾는 것은 학생 자신이 더 이상 자신의 사랑의 언어로 사랑을 느끼지 못할 거라는 두려움 속에 살고 있기 때문일지도 모른다. 부모님의 다툼, 이혼, 이사 등이 보통 이러한 두려움의 원인이 된다.

사랑의 언어 수업을 다 마친 학생이 상담 교사, 사회복지사나 양호 교사를 자주 찾아간다면, 그 학생에게 사랑의 언어가 무엇인지 물어보라. 이 질문은 학생에게 어떤 숨겨진, 또는 이미 인지된 결핍이 있는지 알아보는 시발점이 된다. 사랑받지 못하고 있다는 느낌을 극복할 방안을 제시해 주기 때문이다.

스킨십 수업 후에 학생들은 자신의 이야기를 털어놓을 수도 있다. 교사는 이런 상황을 대비해야 한다. 교사의 반응이 부적절하다고 생각하면, 학생들은 수업 후 지원 교사를 찾아가게 될 것이다. 상담 교사나 양호 교사는 학생이 자신이 겪은 학대에 대해 말하려는 느낌이 들면, 사랑의 언어로 안전하게 반응해야 한다. 우선 다음과 같이 질문할 수 있다. "스킨십 수업 잘 받았니? 어땠어?" 이런 질문은 아동 학대를 당한 적이 있다고 생각되는 어떤 학생에게나 쓸 수 있는 접근 방법이다. 사랑의 언어는 전문가들이 학생과 함께 학생의 행동에 관하여 솔직하게 상담할 수 있는 길을 열어 줄 것이다.

1. **확인하기** : 상담을 시작하면서, 먼저 학생의 사랑의 언어를 확인한다.
2. **문제점** : 우울함, 우정, 가족, 자존감 등 학생들의 문제는 다양할 수 있다. 이들의 사랑의 언어가 부족한지 살펴보고 해결하기 위한 방법을 논의한다.
3. **학부모** : 부모가 자녀의 사랑의 언어를 이해하고, 자녀를 더 의미 있는 방법으로 사랑하도록 돕는다. 부모들이 더 나은 가정생활을 꾸리는 데 도움이 되는 『자녀의 5가지 사랑의 언어』와 게리 채프먼의 다른 책들을 읽도록 권장한다.
4. **교직원** : 교직원들을 도와 그들이 함께 생활하는 학생들에게 동기를 부여해 줄 방법을 알게 한다. 이때에도 역시 사랑의 언어가 바탕이 된다.
5. **전산 자료** : 사랑의 언어 수업을 받은 학생들의 모든 자료를 컴퓨터에 저장해 놓는다. 학생들의 사랑의 언어를 기록하면 다음에 참고가 될 수 있다.
6. **지속적인 교육** : 학급으로 돌아가 '짤막한' 수업을 진행함으로써 다시 한 번 사랑의 언어를 환기한다. 학생들에게 사랑의 언어와 관련된 용어를 사용하도록 권한다.

관리자

관리자는 자신이 근무하는 학교에서 많은 학생이 사랑의 언어가 부족한 상태일 거라는 사실을 알게 될 것이다. 실제 학생들이 사랑을 느끼지 못해 하는 행동인지를 판단하기 위해서는, 사랑의 언어를 활용하는 것이 큰 도움이 된다. 교사와 유대감을 느끼지 못하는 경우, 학생들은 종종 학급 내에서 불성실한 자세를 보일 것이다. 관리자는 교사를 만나거나 학생을 만나서, 또는 모두를 함께 만나서 사랑의 언어를 활용해 유대감을 형성하는 토의의 장을 마련할 수 있다.

한편, 학생이 사랑의 언어에 부합하는 바른 행동을 했을 때 보상을 주는 행동 계약을 세운다. 행동 계약은 학생에게 동기 부여가 될 때 가장 잘 이행된다. 학생들과 토의의 자리를 마련하여 학생들에게서 바람직한 행동과 기대감을 끌어내라. 학생들의 부적절한 행동을 설명하기 위해 부정적인 용어를 사용하라.

먼저 사랑의 언어 활용에 모범을 보인다. 이로써 교직원과 학생에게 좋은 영향을 줄 수 있다. 학교에서 일상적으로 사랑의 언어와 관련된 용어를 사용하고 기대하는 학교 풍토를 조성하라. 학생과 교직원, 부모들에게 다음과 같은 메시지를 보내라. "우리 학교는 모든 구성원을 관심 있게 돌보고 성공을 향해 함께 일하면서, 주변 사람들과 긍정적인 관계를 맺길 원합니다." 학교에 사랑의 언어가 적용되고 실행으로 이어짐으로써 이 메시지는 현실화된다. 사랑의 언어 교육 과정은 학교가 모든 학생에게 관심을 두고 있으며 괴롭힘을 당하는 학생에게는 해결 방안을 제시함으로써 도움을 준다는 사실을 입증하고 있다.

1. **교육 과정** : 모든 교직원이 활용할 수 있는 사랑의 언어 교육 과정을 제작한다.
2. **교직원 연수** : 교직원이 학교에서 사랑의 언어를 사용하도록 현직 교육을 시행한다. 교직원은 학생들에게 동기를 부여해 주는 사람이므로 이들이 사랑의 언어를 잘 활용하도록 격려한다. 또한, 교직원이 개인적으로 다른 사랑의 언어 도서들을 읽을 수 있도록 대여를 지원한다.
3. **교육** : 사랑의 언어 수업 중 하나의 수업을 선택해 발표한다.
4. **규율** : 부적절한 행동을 보일 때 사랑의 언어의 실례를 활용한다. 사랑의 언어 수업이 끝나면 학생들에게 괴롭힘, 왕따, 뇌물, 부적절한 스킨십은 익숙한 화제가 된다. 학생들과 개인의 경계선을 긋는 방법에 관해 토의하고, 사랑의 언어를 활용한 적절한 행동 방식을 제시해 준다.
5. **기풍 확립** : 학생들이 자신의 사랑의 언어를 쓴 배지를 착용하는 사랑의 언어 날이나 사랑의 언어 주간을 정한다. 상급생이 하급생을 지도하게 한다.
6. **교내 방송** : 하나의 사랑의 언어를 선택해 그와 관련된 말로 한 언어마다 하루씩 사랑의 언어 날을 알린다. 사랑의 언어 날에는 학생들이 그날의 사랑의 언어를 표현해 보도록 제안한다.
7. **자료** : 학생들의 사랑의 언어에 관련된 자료를 수집한다. 부모와 교직원이 학생을 대할 때 참고할 수 있는 자료로 활용한다. 학교 전체 자료를 이용해 학생들의 분포도가 어떻게 되는지 확인하고 경향을 파악한다. 학급 단위로도 같은 작업을 시행한다. (자료 부분을 참조하라.)

자료

학생에 대한 자료는 학생의 성향을 파악하고 판단하는 데 유용하게 쓰일 수 있다. 예를 들어, 학급 자료는 다음 해에 새롭게 반을 구성할 때 학생 배치에 참고 자료로 사용될 수 있다. 한 학급을 구성하는 학생 중 사랑의 언어가 함께하는 시간과 인정하는 말인 학생이 너무 많다면 교사는 지치기 쉽다. 이런 학생들은 교사의 지속적인 관심을 받아야 기쁨을 느끼는 경향이 있기 때문이다. 따라서 한 반을 구성할 때 사랑의 언어가 같은 학생들이 균등한 비율로 배치되는 것이 좋다.

나는 모든 학생의 사랑의 언어를 엑셀 프로그램에 기록하고 그래프와 도표를 작성했다.

이 방법은 비교적 쉽고 자료 입력에 많은 시간이 걸리지 않았다. 나는 교사들과 교장에게 흥미롭고 유용한 자료가 될 것이라 생각하며 이 자료들을 전달했다. 학교 전체와 학년별, 그리고 학급별로 사랑의 언어 자료가 정리된 원그래프와 그 밖의 다양한 정보를 보냈다. 또한, 학생들의 제1의 사랑의 언어와 제2의 사랑의 언어를 써넣을 출석부를 만들어 각 반 담임교사에게 제공했다. 관리자들에게는 학교 전체와 학교 전체 남녀별, 그리고 학년별로 사랑의 언어 자료를 정리한 3개의 원그래프 자료를 전달했다.

학급 또는 학교에 사랑의 언어가 고르게 분포되면 다양한 방침이 필요하지 않다. 그러나 구성비가 한쪽으로 쏠리면, 예를 들어 전체 학생 대다수의 사랑의 언어가 특정한 사랑의 언어로 심하게 쏠리는 현상을 보이면, 전략적인 프로그램이 필요해질 수 있다. 내가 여기서 말하는 '프로그램'이란 학부모 자원봉사자 수를 늘려서 학생 개개인이 관심을 더 많이 받도록 하는 단순한 방법을 말한다. 다음은 학생들이 특정 사랑의 언어에 심하게 쏠려 있는 학교의 경우, 관리자와 지원 교사에게 도움이 될 방안들이다.

전 학년 대상 실행 방법

학생들의 사랑의 언어가 특정 언어로 심하게 쏠릴 경우.

인정하는 말

1. 학교 복도에 아름다운 자연환경을 담은 인쇄물을 많이 게시한다.
2. 모든 교직원은 교실 밖에서도 학생들에게 인정하는 말을 많이 해주어야 한다.
3. 학생이 선행을 한 경우, 이를 인정하면서 학생 가정에 전화나 편지로 알려 준다.
4. 소모임, 학급별, 또는 학년별 행사에서 공개적으로 인정할 수도 있다.
5. 학생들이 능력과는 상관없이 칭찬받을 수 있는 활동을 한다.

함께하는 시간

1. 학생 개개인이 관심을 더 많이 받을 수 있도록 자원봉사자를 늘린다.
2. 점심시간에 학생들과 함께 식사한다.
3. 쉬는 시간에 밖으로 나가 학생들과 함께 활동한다.
4. 학생의 이름을 기억하고 필요한 경우 이름으로 부른다.
5. 시간을 내서 학생들에게 학생 자신에 대해서나 학교와 관련된 것 이외의 관심거리에 대해 질문한다.
6. 학생들이 어른과 함께할 수 있는 프로그램과 활동을 늘린다.
7. 보상으로 교장과의 오찬을 제공한다.

봉사

1. 개인 교습과 같은 학업 지원을 더 많이 제공하기 위해 자원봉사자 수를 늘린다.
2. 점심시간에 친구들을 위해 식탁을 닦아 주거나, 쓰레기를 버려 주거나, 음식을 가져다주는 등의 봉사를 할 경우 보상을 제공한다. 예를 들면, '한 주 동안 종업원 역할하기' 같은 유형의 프로그램도 진행해 볼 수 있을 것이다.
3. 모든 교직원에게 작은 일이라도 학생들을 도울 기회를 찾게 한다. (조력자의 자세로 임한다.)
4. 운동장 감독관은 학생들이 갈등을 해결하도록 도와주며, 운동 경기 등의 실외 활동을 준비해 주고, 장비들을 최상으로 관리해 준다. "공에 바람을 더 넣어 주마."

선물

1. 교내 방송으로 생일인 학생들을 호명하여 교무실에서 이 사실을 인지하게 하고, 생일인 학생은 교무실에 선물을 받으러 갈 수 있게 한다. 선물은 쿠폰이나 연필, 작은 장난감 등 소박한 선물이면 된다.
2. 학생들의 선행에 구체적인 보상을 제공하는 프로그램을 만든다.
3. 보상으로 교장과의 오찬을 제공하되, 학생들이 특별히 원하는 음식이 있는지 물어본다.

스킨십

1. 학생들과 악수나 하이파이브로 인사를 나눈다.
2. 기회가 되면 등을 토닥여 준다. 위치는 양 어깨뼈 사이가 적당하다.
3. 체육 교사는 학생들에게 술래잡기나 춤 등 신체 접촉이 많은 활동을 하도록 권장한다.
4. 자유 시간에 일어날 수 있는 안전사고를 예방하기 위해 어른의 관리, 감독을 늘린다.
   주의 : 자유 시간에는 학생들이 좀 더 과격한 장난을 할 가능성이 크다. 예를 들면, 몸싸움, 밀어내기 놀이, 그리고 거칠게 밀고 때리는 장난 등인데 이는 징계로 이어지기도 한다.

교실 내 동기 부여 방법

이러한 제안들이 늘 이루어져야 하는 것은 아니며, 또 단순히 한 학생을 대상으로 하는 것이 아님을 이해해야 한다. 교실에서 이와 같은 시도가 늘 진행된다면 진부하게 생각될 때가 올 것이며, 단 한 명을 대상으로 진행한다면 질투가 뒤따를 것이다. 사랑의 언어로 동기 부여를 하려면 진심 어린 자세로 직접, 그리고 계획적으로 진행해야 한다. 모든 사람은 자신의 사랑의 언어에서만큼은 똑같이 사랑받는다고 느껴야 한다. 모든 학생을 평등하게 사랑하기 위해 간단한 유형의 기록 보관 체계를 이용하라. 경험으로 보건대 가장 좋은 방법은, 학생들이 너무 당연하게 생각하는 표현은 하지 않는 것, 또 너무 자주 표현하지 않는 것이다.

인정하는 말

1. 칭찬의 말 (일반적) : "잘했어!"
2. 칭찬의 말 (구체적) : "읽는 사람들이 끝까지 흥미를 잃지 않고 읽을 수 있도록 이렇게 공들여 이야기를 써주다니 정말 대견하구나. 나 역시 고래에 대해서 정말 많이 배웠단다."
3. 짧은 메모를 이용해 학생들을 칭찬한다.
4. 특별히 어떤 일을 잘 해낸 경우, 학생을 인정하는 내용의 편지를 학생의 집으로 보낸다.
5. 학생을 부를 때는 학생의 이름을 불러 준다.
6. 학급 모임이나 회의 등이 있을 때 잘한 일을 공개적으로 인정해 준다.
7. 교실 밖에서도 이름을 부르며 인사를 나눈다.
8. 게시판에 학생의 작품과 그 작품에 대한 교사의 긍정적인 평가를 함께 게시한다.

함께하는 시간

1. 각 학생에게 일상생활에서 겪은 일들을 함께 나눌 수 있는지 물어본다.
2. 학생과 학업 목표에 관해 면담한다.
3. 학생의 이야기를 잘 들어 준다.
4. 종종 교육 프로젝트나 업무에 동참할 기회를 주겠다고 학생에게 말한다.
5. 점심시간에 학생들과 함께 식사한다.
6. 가끔은 쉬는 시간에 학생들과 함께 밖으로 나간다.
7. 각 학생에게 관심을 더 많이 주기 위해 학부모 자원봉사자 수를 늘린다.
8. 하급생의 경우, 상급생 짝을 붙여 주고, 상급생에게 하급생이 읽는 것을 들어 주게 한다.

봉사

1. 학생이 잃어버린 물건을 찾도록 도와준다.
2. 학생들이 복잡한 문제를 이해할 수 있도록 (이목을 끌지 않게) 같이 앉아서 과정을 설명해 준다.
3. 평상시 학생을 도울 기회를 찾아본다. 다만 학생을 돕고자 하는 마음이 분명하고 학생도 그 마음을 느낄 때 학생을 도와준다. 마지못해 하는 일이어서는 안 된다!

선물

1. 학습 목표를 성취한 학생에게는 상을 준다.
2. 사랑의 언어가 선물인 학생들을 대상으로는 제2의 사랑의 언어도 함께 활용한다. 평상시 매일 선물을 줄 수는 없기 때문이다.
3. 구체적인 물건을 선물로 받을 수 있는 보상 체계를 만든다.

4. 생일이나 크리스마스 같은 특별한 날에 가족에게 받은 선물이 무엇이었는지 물어본다.
5. 생일에는 작은 선물을 하며 축하해 준다. 이는 반 학생 모두에게 적용된다.

스킨십

1. 매일 아침 교실 문 앞에 서서 등교하는 학생들과 악수하며 인사한다. 이 시간을 활용하여 학생들에게 손을 꼭 잡고 시선을 마주치는 예절을 가르쳐 준다.
2. 하이파이브나 주먹 부딪치기를 한다.
3. 등을 토닥여 준다. 위치는 양 어깨뼈 사이가 적당하다.

부 록

부모님께 드리는 편지
학생용 활동지 활용법
- 활동지 1-2학년
- 활동지 3-4학년
- 활동지 5-6학년
- 메모 및 적용 일지

부모님께 드리는 편지

부모님께.

학부모님의 자녀가 배우게 될 매우 중요한 교육 과정에 대해 알려 드리게 되어 매우 기쁩니다. 이 교육 과정은 '5가지 사랑의 언어'를 배우고 활용하기 위한 것입니다. 이 과정을 통해 아이들 스스로 자신이 사랑받는다고 느끼게 하는 것이 무엇인지 아는 방법을 가르쳐 줄 것입니다. 그리고 다른 사람들에게 사랑을 느끼게 해주는 것은 무엇인지 알아내는 방법 또한 가르쳐 줄 것입니다. 참고로 이 교육 과정은 뉴욕타임스 베스트셀러인 『5가지 사랑의 언어』(게리 채프먼 저)에 기초합니다. 학부모님의 자녀는 앞으로 한 주에 하나씩, 몇 주에 걸쳐 5가지 사랑의 언어를 배우게 될 것입니다. 수업마다 아래에 나열된 사랑의 언어 중 한 가지를 탐구할 것이며, 그 사랑의 언어와 반대되는 것도 함께 배울 것입니다.

수업 내용을 요약하면 다음과 같습니다.

1. 인정하는 말 vs. 괴롭힘
2. 함께하는 시간 vs. 소외(왕따)
3. 봉사 vs. 괴롭힘
4. 선물 vs. 뇌물
5. 적절한 스킨십 vs. 부적절한 스킨십(성추행)

이 교육 과정을 마친 많은 학생이 가족과 친구, 그리고 선생님과 더 가까워졌다고 말합니다. 우리 학교 학생들도 이 교육을 통해 주위 사람들과 올바른 관계를 맺고, 성숙한 시민 의식을 기르길 바랍니다. 다른 사람과 원만한 관계를 형성하는 학생이 보통 학업에서도 훨씬 더 높은 성취도를 보인다는 연구 결과가 있으며 이는 이 교육의 필요성을 간접적으로 나타냅니다.

매주 사랑의 언어를 배운 뒤, 학부모님의 자녀가 이 개념들을 체화할 수 있도록 자녀와 함께 학습 내용을 주제로 이야기해 보시길 바랍니다. 학생들이 수행하게 될 활동지에는 그 주 수업에 알맞은 내용과 함께 '가정 연계 학습'이라는 특별 영역이 있습니다. 이 부분은 학부모님께서 자녀와 함께 검토해 보셔야 할 매우 중요한 영역으로, 쉽게 참고할 수 있도록 따로 표시했습니다. 자녀가 배운 5가지 사랑의 언어에 흥미를 느껴 더 자세히 알기 원하신다면, 『5가지 사랑의 언어』나 『자녀의 5가지 사랑의 언어』 등 관련 도서들을 읽어 보시길 권하고 싶습니다.

새로운 모험을 함께 시작해 주신 학부모님께 진심으로 감사드립니다. 문의 사항이 있으면 언제든 연락해 주십시오.

학생용 활동지 활용법

학생용 활동지는 학생이 한 차원 더 깊이 사고할 수 있도록 돕기 위해 만들어졌다. 이 과정으로 수업의 목표는 더욱 뚜렷해질 것이다. 제시된 문제 대부분은 연구에 기반을 두고 제작된 것으로, 교사와 학생의 사고력을 키우고 학업 성취도를 높이는 데 기여할 것이다. 또한, 이 실습을 수행하면서 교사와 학생의 관계는 더 강고해질 것이다. 모든 수업은 2가지 유형의 교안으로 제시되었으며, 앞서 배운 수업 내용을 반영하는 동시에 보강하는 내용으로 짜여 있다. 학생들은 힌트, 질문, 선행 조직자, 비교/대조, 비언어적 표현, 목표 설정, 요약/필기, 적용의 과정을 거쳐 학습하게 될 것이다.

이상적으로는 수업을 시작할 때부터 학생들이 '메모 및 적용 일지'를 활용하는 것이 가장 좋은 방법이다. 그런데 요약/필기를 잘하려면 학생들이 꼼꼼하게 살펴보고 분석하여 어떤 지식이 지속적으로 중요한 것인지를 결정해야 한다. 이것은 모든 내용과 영역에 활용될 수 있을 뿐 아니라 학업 성취를 촉진하는 매우 중요한 방법이다. 하지만 학생들이 이것을 저절로 잘하게 되는 것은 아니므로 이를 위해 구체적인 지도가 필요할 수도 있음을 교사는 알고 있어야 한다. 참고로 필기 공간은 꼭 써야 할 내용만 쓰도록 의도적으로 제한해 놓았다.

메모 및 적용 일지의 후반부는 적용과 관련한 것이다. 이 부분은 학생들이 교사가 칠판에 쓴 수업 목표를 달성하도록 도와준다. 학생들이 학습한 지식을 활용하도록 개인의 목표나 기술을 설정하게 함으로써 수업은 더욱 의미 있게 될 것이다. 아울러 교사는 이것이 각 수업의 마지막에 있는 과제와 조화를 이룬다는 사실을 알게 될 것이다. 학생들은 과제를 하면서 자신이 배운 것을 학교나 가정 등 '실제 생활'에 적용하게 되는데, 학습 내용이 적용 부분에 다시 언급됨으로써 과제 수행에 도움을 얻게 된다.

일반적으로 메모 및 적용 일지에는 수업 주제와 각 강의 번호를 적는 난을 두어 학생들이 직접 기록하게 만들었다. 학생들에게 메모 및 적용 일지와 활동지를 번갈아 작성하게 하거나 그냥 별도로 메모 및 적용 일지의 내용으로 일지를 만들어 사용하게 할지는 교사가 정하기 나름이다. 학교 풍토 조성을 위해 학교가 전체적으로 활동지를 어떻게 활용하느냐에 따라 교사는 방식을 달리할 수 있다. 예를 들면 다음과 같다.

1. 학생들에게 과제에 참고하도록 메모 및 적용 일지는 자신의 책상에 두고 활동지만 제출하게 한다.
2. 매시간 작성한 모든 활동지는 걷어서 학부모와 상담할 때 보여 줄 수 있도록 모음집을 만들고, 상담 후에는 부모님이 가져가게 한다.
3. 수업이 끝날 때마다 모든 실습지를 집으로 보낸다. (권장하지 않음)
4. 2년 주기로 학년 말에 학생이 자신의 성장을 비교할 수 있도록 교사는 활동지를 복사해 두거나 원본을 다음 학년 담임교사에게 전달한다. (권장함) 학년 말이 되면 학생에게 그 2개의 실습 모음집을 가져가게 한다.
5. 교사와 학생 및 학생 가족에게 효과가 있을 것이라고 생각되는 다른 어떤 방식을 선택해도 좋다.

이 수업의 목표는 5가지 사랑의 언어를 발견하는 것이다. 나는 학생들이 새로운 사랑의 언어를 발견할 때마다 수업에 흥미와 호기심을 더 느낀다는 사실을 알았다. 그리고 이는 학생들이 그날의 학습 목표에 더 집중하게 해준다. 나는 교사가 활동지를 묶어 하나의 모음집을 만드는 것보다는 수업을 진행할 때마다 그때그때 활동지를 학생들에게 나눠 줄 것을 제안한다. 또한, 학생들이 작성한 활동지와 메모 및 적용 일지의 원본을 집으로 보내 부모님이 자녀와 함께 검토할 수 있게 하고, 교사는 복사본을 모아 두길 적극적으로 추천한다. 복사본은 학생들과 밀접한 분야에서 일하는 전문가들에게도 하나의 자료가 될 수 있다는 점에서 필요성이 크다. 좀 더 신경을 써야 하거나 지원이 필요한 학생들은 항상 있기 마련이기 때문이다. 상담 교사와 양호 교사 그리고 교장은 자료를 통해 학생을 격려하고 학생에게 동기를 부여하는 방법을 알게 되어 고마워할 것이다. 아울러 이는 학생이나 학부모에게 조언을 하는 데 커다란 통찰력을 제공할 것이다.

마지막으로 평가를 기억해야 한다. 좋은 교육과 교육 자료는 교사가 학생의 성취도를 확인하고 필요한 경우 조정할 수 있게 해준다. 활동지를 활용함으로써 교사는 학생의 이해도를 측정하고 학생의 관심 분야를 찾을 수 있다. 게다가 교사와의 관계는 물론, 다른 학생 또는 가족과 더 좋은 관계를 맺도록 학생을 지도할 수 있다. 활동지나 메모 및 적용 일지를 다 작성하면 교사는 이를 주의 깊게 검토해야 한다. 특히 개인의 안전에 관한 수업과 관련해서는 더욱 그러하다. 학생들이 자기 삶에서 힘들었던 위기의 순간을 드러낼지도 모르고, 교사의 도움이 필요할 수도 있기 때문이다.

할 수 있다면 직접 모든 활동지를 인쇄하여 학생들에게 제공해 주는 것이 좋다. 귀찮은 일이 될지 모르지만, 그로 인한 결과에 만족할 것이라고 나는 생각한다. 각 학생은 의미 있고 실생활에 적용할 수 있는 활동지를 모두 실행하게 될 것이다. 수업은 같은 내용으로 2년 동안 이어서 진행하게 된다. 이는 배운 것을 확실히 이해하게 하고, 학생들에게 처음 해와 그다음 해의 차이를 비교/대조할 기회를 제공해 준다.

더 나아가 앞서 언급한 것처럼 학생들의 실습 자료는 학부모 상담 기간에 사용될 수 있다. 사랑의 언어 수업은 학부모에게 귀중한 정보와 통찰력을 제공하여 학부모가 가정에서 자녀와 소통하는 방법을 더 잘 이해하도록 도울 수 있다. 또한, 주제 자체가 긍정적이어서 어려운 회의는 물론 어떠한 간담회에서도 학부모와 말문을 트는 데 좋은 수단이 될 수 있다.

결국, 중요한 것은 학생들이 사랑을 표현하고 수용하는 법을 배우는 것이다. 즉, 학생들이 삶 속에서 가장 가까운 사람들과 의미 있는 관계를 형성할 수 있게 되는 것이다. 이 책에서 제시한 연구에서 보다시피, 삶 속에서 다른 사람과 연결되어 있다고 느끼는 학생들이 학업 성취도나 우정, 회복력, 일상생활에서 앞선다는 사실은 시사하는 바가 크다.

교사들과 학생들 모두에게 5가지 사랑의 언어를 발견하는 행운이 있길 바란다!

활동지
1-2학년

행복한 교실을 만드는
5가지 사랑의 언어

 인정하는 말

 함께하는 시간

 봉사

 선물

 스킨십

| 1강 |

이름 _____ 날짜 _____

사랑의 진정한 의미

시작!

1. 내가 진정으로 가족에게 사랑받는다고 느낄 때는 언제인지 그림으로 그려 보세요.

```
┌─────────────────────────────────────┐
│                                     │
│                                     │
│                                     │
│                                     │
│                                     │
│                                     │
│                                     │
│                                     │
└─────────────────────────────────────┘
```

왜 이때 사랑받는다고 느끼는지 글로 써보세요.

_____

_____

_____

_____

1-2학년

이름 _____ 날짜 _____

💬 인정하는 말

☐ 내가 사랑받는다고 느끼게 해준다.
☐ 나는 이 사랑의 언어를 좋아한다.

2강

1. 인정하는 말은 말 또는 글로 표현되는 진실한 언어입니다. 이를 통하여 상대방을 높여 주고, 기분 좋게 하거나, 격려하고, 사랑을 느끼게 해줄 수 있습니다. 사람들을 기분 좋게 하거나, 격려하거나, 그들이 사랑받는다고 느끼게 하는 말 5개를 생각해 보세요. 그리고 그 5개를 아래 말풍선에 적으세요. 예문을 참고하세요!

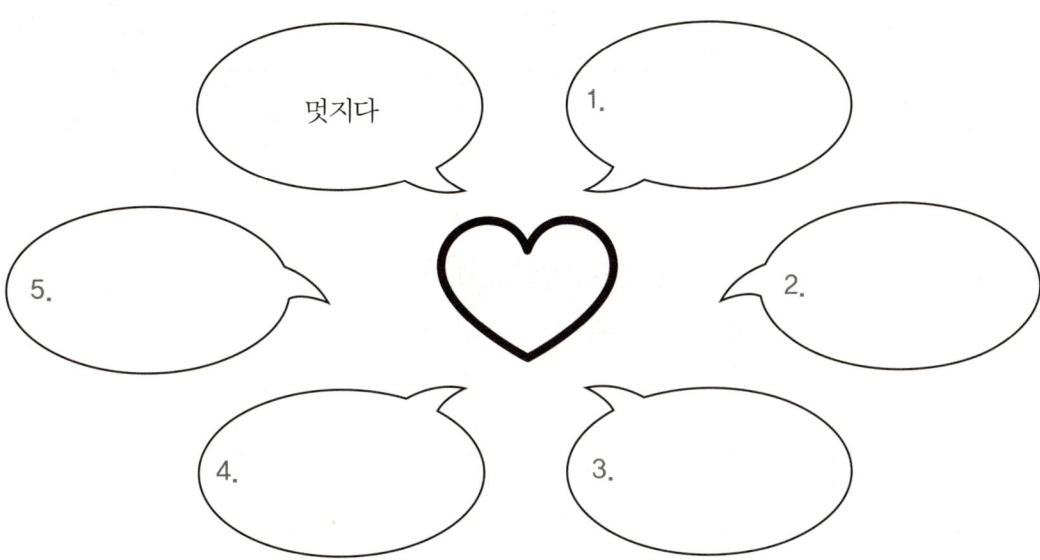

멋지다
1.
2.
3.
4.
5.

위에 쓴 말을 이용해서 사람들을 기분 좋게 하는 글을 만들어 보세요.
예) 너는 아주 **멋진** 친구야!

1. _____

2. _____

3. _____

4. _____

5. _____

1-2학년

이름 _____ 날짜 _____

2-1강
가정 연계 학습

💬 인정하는 말

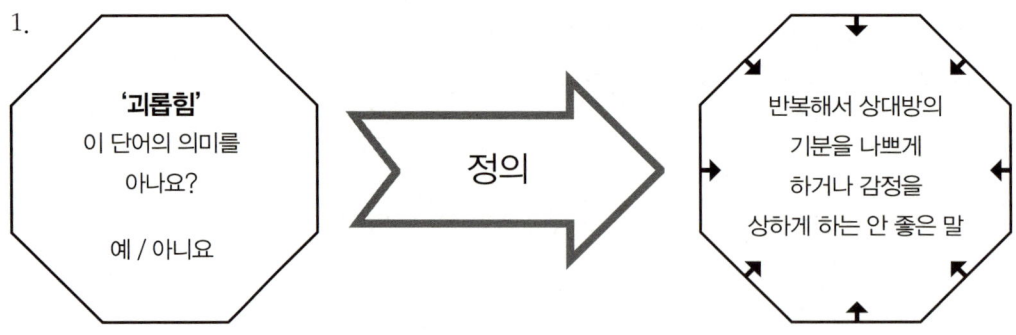

~ 반대되는 면 ~

1. '괴롭힘' 이 단어의 의미를 아나요? 예 / 아니요 → 정의 → 반복해서 상대방의 기분을 나쁘게 하거나 감정을 상하게 하는 안 좋은 말

2. '괴롭힘'이라는 말을 사용하여 문장을 만들어 보세요.

_____

_____

_____

3. 좋은 말을 들었을 때 얼굴 표정이 어떨지 그려 보세요.

4. 괴롭힘을 당했을 때 얼굴 표정이 어떨지 그려 보세요.

5. 이 수업을 듣고 나서 '괴롭힘'의 의미를 얼마나 잘 이해하게 되었나요?
   (1) _____ 나는 괴롭힘이 의미하는 것을 확실히 이해한다.
   (2) _____ 나는 괴롭힘이 의미하는 것을 어느 정도 이해한다.
   (3) _____ 나는 괴롭힘이 무엇인지 아직 잘 모르겠다.

1-2학년

| | 3강 |

이름 _____ 날짜 _____

🕐 함께하는 시간

☐ 내가 사랑받는다고 느끼게 해준다.
☐ 나는 이 사랑의 언어를 좋아한다.

1. 친구와 함께하는 시간을 그림으로 그려 보세요.

```
┌─────────────────────────────────────────┐
│                                         │
│                                         │
│                                         │
│                                         │
└─────────────────────────────────────────┘
```

2. 위 그림의 내용을 글로 써보세요.

_____

_____

_____

3. 같이 놀지 못하고 소외된 사람을 그려 보세요.

```
┌─────────────────────────────────────────┐
│                                         │
│                                         │
│                                         │
│                                         │
└─────────────────────────────────────────┘
```

4. 소외된 사람들은 어떤 느낌이 들까요? _____

1-2학년

이름 _____ 날짜 _____

4강

 **봉사**

☐ 내가 사랑받는다고 느끼게 해준다.
☐ 나는 이 사랑의 언어를 좋아한다.

봉사란 누군가를 위해 그 사람이 기대하지 않았던 좋은 일을 하는 거예요.

아래의 사람들을 위해 내가 할 수 있는 봉사는 어떤 것이 있을까요?

부모님	
친구	
남자 형제	
여자 형제	
선생님	
그 밖의 사람들	

1-2학년

4-1강
가정 연계 학습

이름 _____ 날짜 _____

 **봉사**

1. 봉사란 친절한 행동으로 다른 사람을 돕는 것을 말해요. 그 반대는 다른 사람을 괴롭히거나 상처를 입히는 일이 되겠죠. 이는 말로나 감정적으로, 또는 신체적으로도 행해질 수 있어요. 이 부정적인 행동을 '괴롭힘'이라고 불러요.

어떻게 괴롭히는 행동을 멈추게 할까요?

(1) 나는 진지한 목소리로 그 사람에게 _____ 라고 말할 것이다.

(2) 나는 그 사람에게서 _____ 것이다.

(3) 그 사람이 계속 나를 따라온다면, 진지한 목소리로 _____ 라고 말할 것이다.

(4) 그래도 계속 따라오거나 괴롭히면, 학교의 _____ 를 말할 것이다.

우리 학교는 안전을 매우 중요하게 생각합니다!
괴롭힘에 대한 오해와 진실을 알아보아요.

참	거짓	
☐	☐	누가 어떤 사람을 괴롭히는 모습을 본 경우, 나를 괴롭히는 것은 아니므로 무시해야 한다.
☐	☐	악의적인 문자 메시지를 보내는 것은 괴롭히는 행동이 될 수 있다.
☐	☐	누군가가 동네에서 어떤 학생을 괴롭히고 있다면, 이는 학교의 문제는 아니다.
☐	☐	다른 사람을 괴롭히는 사람들은 괴롭히는 대상보다 늘 체격이 크다.

언제든 괴롭힘이나 어떤 위험한 상황이 발생하면 어른에게 신고하세요. 학교라면 선생님 또는 학교에서 일하는 어떤 분이든 상관없어요. 가정이라면 가족, 친척, 또는 그 외 어른 등이 있겠죠.

괴롭힘은 이제 그만! 언제든 신고하세요!

1-2학년

이름 _____   날짜 _____

5강

🎁 선물

☐ 내가 사랑받는다고 느끼게 해준다.
☐ 나는 이 사랑의 언어를 좋아한다.

1.

( ) — (내가 정말 받고 싶은 선물) — ( )
( ) — — ( )

2. 왜 이 선물들을 골랐나요? 하나를 골라 그 이유를 말해 보세요.

_____
_____
_____

뇌물
가정 연계 학습

뇌물을 주는 것은 좋지 않은 행동이에요. 이것은 자신을 위해 상대방에게 어떤 행동을 요구하거나 자신이 원하는 무언가를 상대방에게서 얻어 내기 위해 선물을 주는 행위를 의미해요. 따라서 선물을 받기 전에는 항상 부모님의 허락을 받아야 해요. 누군가가 선물을 주려고 하는데 허락을 받지 않았다면 다음의 3단계를 따라 행동하세요.

(1) "아뇨, 괜찮아요."라고 말하며 선물을 정중히 거절한다. 부모님이 허락 없이 아무에게서나 선물이나 돈을 받지 말라고 하셨다고 이야기한다.
(2) 부모님에게 어떤 사람이 선물을 주려 했다고 말한다.
(3) 어떤 사람이 차에 탄 채 선물을 주며 차에 타라고 하면, 소리를 지르며 그 자리를 벗어난다. 그리고 주변에 도움을 청한다. 그 사람과 어떤 대화도 하지 말고, 가까이에도 가지 않는다.

1-2학년

6강

이름 _____ 날짜 _____

 ## 스킨십

☐ 내가 사랑받는다고 느끼게 해준다.
☐ 나는 이 사랑의 언어를 좋아한다.

1. 아래 각 원 안에는 스킨십의 유형이 적혀 있어요. 원 안에 적힌 스킨십을 누가 했을 때 기분이 좋거나 사랑받는 느낌이 드는지 적어 보세요. 한 사람을 적어도 되고 여러 사람을 적어도 돼요. 아빠, 엄마, 형제, 자매, 친구, 그 외에 떠오르는 누구나 적어도 상관없어요.

포옹 / 몸싸움 / 악수
뽀뽀 / 어깨동무하기 / 간지럼 태우기
머리 쓰다듬기 / 하이파이브 / 등 토닥여 주기
꼭 붙어 앉기 / 어깨 주물러 주기 / 주먹 부딪치기

2. 위에 나온 스킨십 말고 생각나는 스킨십 유형이 있다면 3가지를 적어 보세요.

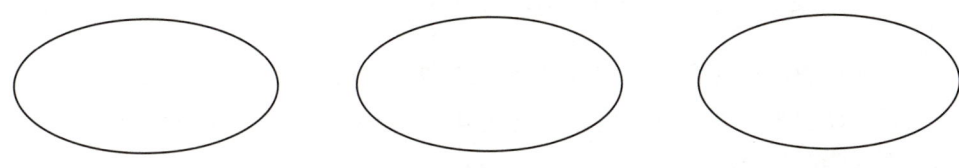

가정 연계 학습

사람마다 스킨십을 받아들이는 정도는 달라요. 스킨십을 좋아하는 사람도 있고, 싫어하는 사람도 있지요. 어떤 사람은 특정한 사람의 스킨십만 좋아하기도 해요. 이렇게 누구나 자신이 원하는 수준의 스킨십을 선택할 권리가 있어요. 우리는 상대방의 사랑의 언어가 스킨십일지라도 그 사람의 사적 영역을 존중해 주어야 해요.

1-2학년

 스킨십(개인의 안전)

1. 스킨십의 3가지 유형은 무엇인가요? (힌트 : 이 중 한 가지는 '안전하지 않다.')
   (1) _____
   (2) _____
   (3) _____

2. 누군가가 아이에게 위험한 스킨십을 한다면, 그런 사람들은 대개 어떤 사람들일까요?
   (1) _____
   (2) _____
   (3) _____

3. 알거나, 믿거나, 좋아하는 사람이 부적절한 방식으로 스킨십을 했을 때, 아이가 그 사실을 누구에게도 말하지 않는다면, 그 이유에는 어떤 것들이 있을까요?
   (1) _____ (2) _____
   (3) _____ (4) _____
   (5) _____ (6) _____

4. 나쁜 일이 생겼을 때 아이들은 대부분 누구에게 가장 먼저 이야기하나요?
   _____에게 이야기해요. 하지만 _____에게 이야기해야 합니다.

5. 누군가가 나에게 또는 친구에게 부적절하고 위험한 스킨십을 한다면, 언제든 적어도 2명의 어른에게 말해야 해요.
   (1) 우리 _____에 사는 어른
   (2) _____에서 일하는 어른

자신의 안전을 지키기 위해서는 다음과 같이 행동해야 해요.
- 안 좋은 느낌이 드는 누군가와 단둘이 있게 되는 상황을 피하고, 부모님께 그 사람과 같이 있고 싶지 않다고 조용히 말한다.
- 직감에 따른다. 올바른 행동이 아니라고 생각되면 하지 않는다.
- 부적절한 스킨십을 당하면 "하지 마세요."라고 말하고 자신의 경계선을 분명히 제시한다.
- 누군가의 스킨십이 적절한 스킨십이라고 확신하지 못할 때는 부모님에게 묻거나 학교 교직원에게 말한다.

이런 일은 쉽게 일어나지는 않는다는 점을 기억하세요. 그러니 어떤 사람도, 어떤 상황도 두려워하지 마세요. 이 수업으로 우리는 더욱 지혜롭고 안전해질 거예요.

1-2학년

이름 _____ 날짜 _____

7강

사랑의 언어 선택하기
(검사지)

왼쪽 칸에 나온 내용이 사랑받는다고 느껴지게 하는 것이라면, 그 줄에 있는 X 표시에 동그라미를 치세요.

	인정하는 말	함께하는 시간	봉사	선물	스킨십
안아 주기					X
넌 참 훌륭해.	X				
너 주려고 이거 샀어.				X	
네 일을 내가 대신 했어.			X		
방과 후에 같이 놀래?		X			
너 주려고 이거 만들었어.				X	
너 오늘 대단했어.	X				
하이파이브					X
내가 너의 방을 청소해 줄게.			X		
영화 보러 가자.		X			
등 쓰다듬어 주기					X
내가 도와줄게.			X		
생일 선물을 준비했어.				X	
그거 정말 멋지다.	X				
우리 집에 갈래?		X			
잘했어.	X				
네가 이거 모으는 거 알고 내가 하나 샀어.				X	
쉬는 시간에 함께 놀자.		X			
내가 네 짐을 들어 줄게.			X		
주먹 부딪치기					X
동그라미를 친 X 총계	◯	◯	◯	◯	◯

1-2학년

활동지
3-4학년

행복한 교실을 만드는
5가지 사랑의 언어

 인정하는 말

 함께하는 시간

 봉사

 선물

 스킨십

이름 _____ 날짜 _____

1강

사랑의 진정한 의미

시작!

1. 모든 사람이 사랑을 느끼는 방식이 같다고 생각하나요? (같다고 생각하면 왜 같은지, 다르다고 생각하면 왜 다른지 그 이유를 써보세요.)

_____
_____
_____
_____

2. 내가 진정으로 사랑받는다고 느끼게 하는 사람은 누구인가요? (아래 5개의 원 안에 그 사람들을 적으세요. 만약 5명까지 생각나지 않는다면 적을 수 있는 만큼만 적으세요.)

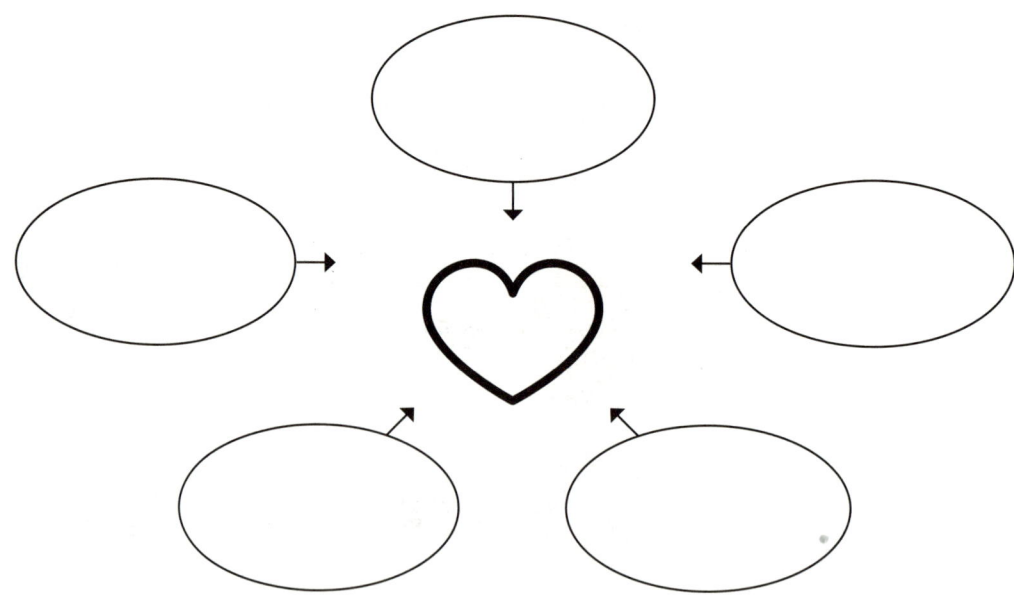

3-4학년

2강

이름 _____ 날짜 _____

💬 인정하는 말

☐ 내가 사랑받는다고 느끼게 해준다.
☐ 나는 이 사랑의 언어를 좋아한다.

~ 사랑의 언어 ~

1. 인정하는 말은 말 또는 글로 표현되는 진실한 언어입니다. 이를 통하여 상대방을 높여 주고, 기분 좋게 하거나, 격려하고, 사랑을 느끼게 해줄 수 있습니다. 아래의 사람들에게 어떤 인정하는 말을 해줄 수 있을지 써보세요.

   운동 경기를 하고 있는 친구 : _____

   내가 가장 좋아하는 간식을 만들어 준 가족 : _____
   _____

   직장에서 안 좋은 일을 겪은 가족 : _____
   _____

   나의 선생님 : _____
   _____

~ 반대되는 면 ~

2. 괴롭힘은 사람의 감정을 상하게 하고 기분을 나쁘게 합니다. 괴롭힘을 내버려 둔다면 학교는 어떻게 될까요? 그럴 경우, 학생들과 선생님들이 어떻게 느끼게 될지 아래 상자에 말을 써넣고 기호 또는 그림을 그려 보세요.

말	기호 또는 그림
슬프다	☹

⇔

3-4학년

이름 _____ 날짜 _____

3강

 ## 함께하는 시간

☐ 내가 사랑받는다고 느끼게 해준다.
☐ 나는 이 사랑의 언어를 좋아한다.

1. 함께하는 시간으로 누군가를 사랑하고자 한다면, 사랑을 느끼게 하려는 목적으로 기꺼이 자신의 시간을 써서 그 사람과 함께 있어 주어야 해요. 누군가와 함께 시간을 보내면서 자신이 그 사람에게 사랑받는 느낌을 주고 싶어 한다고 가정해 보세요. 어떻게 함께하는 시간을 보낼 건가요?

_____

_____

_____

_____

_____

소외되었다고 느끼는 사람을 돕는 방법
('방법'을 만화로 그려 보세요.)

2. 왕따 혹은 소외되었다는 느낌을 좋아할 사람은 아무도 없어요. 공원이나 운동장 또는 동네에서 소외당하는 한 아이를 보고 있다고 상상하면서 오늘 배운 내용을 이용해 그 아이를 어떻게 도울 수 있을지 짧은 만화 한 편을 만들어 보세요. (선생님이 허락하시면 종이를 더 사용해도 좋아요.)

3-4학년

이름 _____ 날짜 _____

4강

 봉사

☐ 내가 사랑받는다고 느끼게 해준다.
☐ 나는 이 사랑의 언어를 좋아한다.

1. 봉사란 누군가에게 좋은 일을 해주는 것으로, 의도적으로 그 사람이 기대하지 않은 도움을 주는 것을 말합니다. 아래 항목들을 읽고 봉사라고 생각되는 것에 동그라미 치세요.

> 친구 집에 음식 갖다 주기, 형제의 일을 대신 해주기, 친구의 무거운 짐 들어 주기,
>
> 버스에서 할머니께 자리 양보해 드리기, 방 청소하기, 선생님 대신 유인물 나눠 주기,
>
> 용돈을 받기 위해 아빠의 구두 닦기, 양치질하기, 집에서 기르는 애완견 목욕시키기,
>
> 이웃집 앞에 떨어진 쓰레기 줍기, 부모님을 위해 아침 식사 차리기

다른 사람들이 우리를 위해 하는 일 생각해 보기

2. 잠시 다른 사람들이 나를 위해 하는 일을 생각해 보세요. 고마움을 느끼게 될 거예요! 사람들이 나를 위해 하는, 생각조차 하지 못했던 봉사를 모두 알게 되면 놀랄지도 몰라요. 사람들이 나에게 해주는 봉사를 아래 상자에 써보세요.

부모님
□

친구
□

선생님
□

그 밖의 사람들
□

3-4학년

4-1강
가정 연계 학습

이름 _____ 날짜 _____

 # 봉사

1. 봉사란 친절한 행동으로 다른 사람을 돕는 것을 말해요. 그 반대는 다른 사람을 괴롭히거나 상처를 입히는 일이 되겠죠. 이는 말로나 감정적으로, 또는 신체적으로도 행해질 수 있어요. 이 부정적인 행동을 '괴롭힘'이라고 불러요.

어떻게 괴롭히는 행동을 멈추게 할까요?

(1) 나는 진지한 목소리로 그 사람에게 _____ 라고 말할 것이다.

(2) 나는 그 사람에게서 _____ 것이다.

(3) 그 사람이 계속 나를 따라온다면, 진지한 목소리로 _____ 라고 말할 것이다.

(4) 그래도 계속 따라오거나 괴롭히면, 학교의 _____ 를 말할 것이다.

우리 학교는 안전을 매우 중요하게 생각합니다!
괴롭힘에 대한 오해와 진실을 알아보아요.

참	거짓	
☐	☐	누가 어떤 사람을 괴롭히는 모습을 본 경우, 나를 괴롭히는 것은 아니므로 무시해야 한다.
☐	☐	악의적인 문자 메시지를 보내는 것은 괴롭히는 행동이 될 수 있다.
☐	☐	누군가가 동네에서 어떤 학생을 괴롭히고 있다면, 이는 학교의 문제는 아니다.
☐	☐	다른 사람을 괴롭히는 사람들은 괴롭히는 대상보다 늘 체격이 크다.

언제든 괴롭힘이나 어떤 위험한 상황이 발생하면 어른에게 신고하세요. 학교라면 선생님 또는 학교에서 일하는 어떤 분이든 상관없어요. 가정이라면 가족, 친척, 또는 그 외 어른 등이 있겠죠.

괴롭힘은 이제 그만! 언제든 신고하세요!

3-4학년

5강

이름 _____ 날짜 _____

🎁 선물

☐ 내가 사랑받는다고 느끼게 해준다.
☐ 나는 이 사랑의 언어를 좋아한다.

1. 세상에 있는 모든 선물 중 하나를 마음대로 고를 수 있다면 어떤 선물을 고르고 싶나요? 그 이유는 무엇인가요?

_____

_____

_____

그 선물을 그림으로 그리고 이름표를 붙여 보세요.

┌─────────────────────────────────────┐
│   │
│   │
│   │
│   │
└─────────────────────────────────────┘

뇌물
가정 연계 학습

뇌물을 주는 것은 좋지 않은 행동이에요. 이것은 자신을 위해 상대방에게 어떤 행동을 요구하거나 자신이 원하는 무언가를 상대방에게서 얻어 내기 위해 선물을 주는 행위를 의미해요. 따라서 선물을 받기 전에는 항상 부모님의 허락을 받아야 해요. 누군가가 선물을 주려고 하는데 허락을 받지 않았다면 다음의 3단계를 따라 행동하세요.

(1) "아뇨, 괜찮아요."라고 말하며 선물을 정중히 거절한다. 부모님이 허락 없이 아무에게서나 선물이나 돈을 받지 말라고 하셨다고 이야기한다.
(2) 부모님에게 어떤 사람이 선물을 주려 했다고 말한다.
(3) 어떤 사람이 차에 탄 채 선물을 주며 차에 타라고 하면, 소리를 지르며 그 자리를 벗어난다. 그리고 주변에 도움을 청한다. 그 사람과 어떤 대화도 하지 말고, 가까이에도 가지 않는다.

3-4학년

6강

이름 _____ 날짜 _____

 **스킨십**

☐ 내가 사랑받는다고 느끼게 해준다.
☐ 나는 이 사랑의 언어를 좋아한다.

나와 관계하는 사람은 누구인가?

1. 왼편에 있는 스킨십을 하는 사람이 오른편에 있다면 선으로 이어 보세요. 일부 생각지 못한 스킨십 유형을 보고 깜짝 놀랄 수도 있어요. 그은 선이 많지 않아도 괜찮아요. 사람들은 모두 다르니까요.

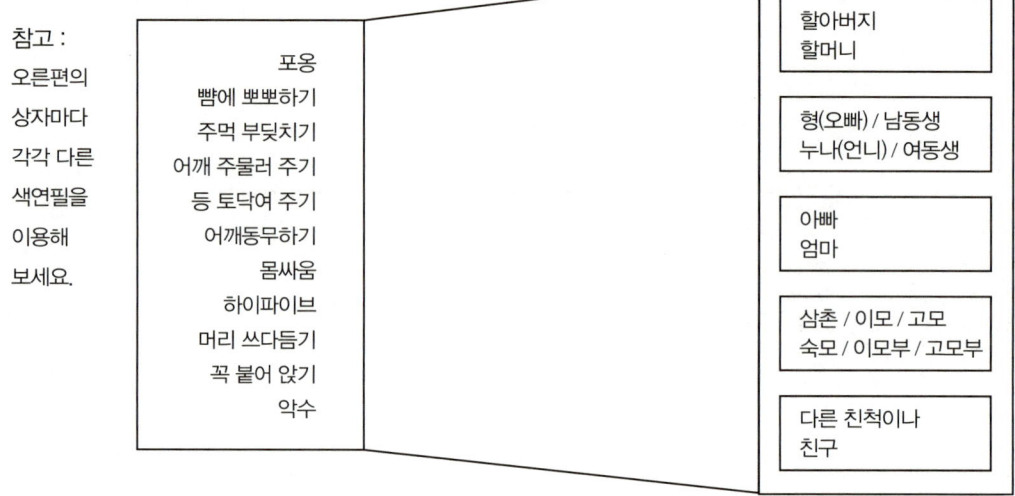

참고 : 오른편의 상자마다 각각 다른 색연필을 이용해 보세요.

포옹
뺨에 뽀뽀하기
주먹 부딪치기
어깨 주물러 주기
등 토닥여 주기
어깨동무하기
몸싸움
하이파이브
머리 쓰다듬기
꼭 붙어 앉기
악수

할아버지
할머니

형(오빠) / 남동생
누나(언니) / 여동생

아빠
엄마

삼촌 / 이모 / 고모
숙모 / 이모부 / 고모부

다른 친척이나
친구

적절한 스킨십은 무엇인가?

2. 위에 있는 스킨십 유형 중 학교에서 하기에 적절하다고 생각하는 스킨십은 무엇인지 써보세요. 만약 선생님이 "그 스킨십이 왜 학교에서 하기에 적절하다고 생각하니?"라고 묻는다면, 그 이유를 설명할 수 있나요?

_____

_____

가정 연계 학습

사람마다 스킨십을 받아들이는 정도는 달라요. 스킨십을 좋아하는 사람도 있고, 싫어하는 사람도 있지요. 어떤 사람은 특정한 사람의 스킨십만 좋아하기도 해요. 이렇게 누구나 자신이 원하는 수준의 스킨십을 선택할 권리가 있어요. 우리는 상대방의 사랑의 언어가 스킨십일지라도 그 사람의 사적 영역을 존중해 주어야 해요.

3-4학년

이름 _____   날짜 _____

6-1강
가정 연계 학습

 **스킨십(개인의 안전)**

1. 스킨십의 3가지 유형은 무엇인가요? (힌트 : 이 중 한 가지는 '안전하지 않다.')
   (1) _____
   (2) _____
   (3) _____

2. 누군가가 아이에게 위험한 스킨십을 한다면, 그런 사람들은 대개 어떤 사람들일까요?
   (1) _____
   (2) _____
   (3) _____

3. 알거나, 믿거나, 좋아하는 사람이 부적절한 방식으로 스킨십을 했을 때, 아이가 그 사실을 누구에게도 말하지 않는다면, 그 이유에는 어떤 것들이 있을까요?
   (1) _____   (2) _____
   (3) _____   (4) _____
   (5) _____   (6) _____

4. 나쁜 일이 생겼을 때 아이들은 대부분 누구에게 가장 먼저 이야기하나요?
   _____에게 이야기해요. 하지만 _____에게 이야기해야 합니다.

5. 누군가가 나에게 또는 친구에게 부적절하고 위험한 스킨십을 한다면, 언제든 적어도 2명의 어른에게 말해야 해요.
   (1) 우리 _____에 사는 어른
   (2) _____에서 일하는 어른

자신의 안전을 지키기 위해서는 다음과 같이 행동해야 해요.
- 안 좋은 느낌이 드는 누군가와 단둘이 있게 되는 상황을 피하고, 부모님께 그 사람과 같이 있고 싶지 않다고 조용히 말한다.
- 직감에 따른다. 올바른 행동이 아니라고 생각되면 하지 않는다.
- 부적절한 스킨십을 당하면 "하지 마세요."라고 말하고 자신의 경계선을 분명히 제시한다.
- 누군가의 스킨십이 적절한 스킨십이라고 확신하지 못할 때는 부모님에게 묻거나 학교 교직원에게 말한다.

이런 일은 쉽게 일어나지는 않는다는 점을 기억하세요. 그러니 어떤 사람도, 어떤 상황도 두려워하지 마세요. 이 수업으로 우리는 더욱 지혜롭고 안전해질 거예요.

3-4학년

사랑의 언어 선택하기
(검사지)

왼쪽 칸에 나온 내용이 사랑받는다고 느껴지게 하는 것이라면, 그 줄에 있는 X 표시에 동그라미를 치세요.

	인정하는 말	함께하는 시간	봉사	선물	스킨십
안아 주기					X
넌 참 훌륭해.	X				
너 주려고 이거 샀어.				X	
네 일을 내가 대신 했어.			X		
방과 후에 같이 놀래?		X			
너 주려고 이거 만들었어.				X	
너 오늘 대단했어.	X				
하이파이브					X
내가 너의 방을 청소해 줄게.			X		
영화 보러 가자.		X			
등 쓰다듬어 주기					X
내가 도와줄게.			X		
생일 선물을 준비했어.				X	
그거 정말 멋지다.	X				
우리 집에 갈래?		X			
잘했어.	X				
네가 이거 모으는 거 알고 내가 하나 샀어.				X	
쉬는 시간에 함께 놀자.		X			
내가 네 짐을 들어 줄게.			X		
주먹 부딪치기					X
동그라미를 친 X 총계					

3-4학년

활동지
5-6학년

행복한 교실을 만드는
5가지 사랑의 언어

 인정하는 말

 함께하는 시간

 봉사

 선물

 스킨십

1강

이름 _____ 날짜 _____

사랑의 진정한 의미

시작!

1. 내가 생각하는 사랑의 정의는 무엇인가요? (문장 또는 각기 다른 단어들로 자신만의 정의를 내려 보세요.)

_____
_____
_____
_____

위에 쓴 정의에서 사랑은 동사, 명사, 형용사 중 무엇으로 설명되었나요? (해당 사항에 동그라미를 치세요.)

　　　　　　　　동사　　　　명사　　　　형용사

2. 내가 사랑받는다고 느끼게 하는 것은 무엇인가요? 이 질문에 너무 오래 생각하지는 마세요! (아래에 나온 말들을 읽고 바로 해당하는 말 2개를 찾아 원 안에 체크 표시를 하세요. 선택한 2개 원에서 중간에 있는 물음표까지 선을 그으세요.)

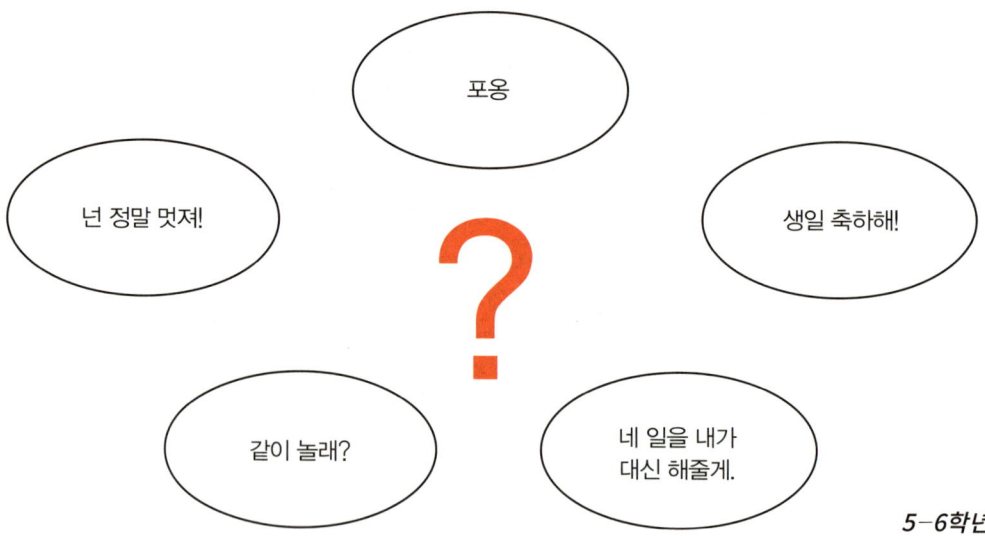

5-6학년

이름 _____ 날짜 _____

2강

 **인정하는 말**

☐ 내가 사랑받는다고 느끼게 해준다.
☐ 나는 이 사랑의 언어를 좋아한다.

1. 인정하는 말은 말 또는 글로 표현되는 진실한 언어입니다. 이를 통하여 상대방을 높여 주고, 기분 좋게 하거나, 격려하고, 사랑을 느끼게 해줄 수 있습니다. (자신에게 적용되는 인정하는 말을 생각해 보고, 그 말과 기호 또는 그림을 아래 두 상자에 채워 보세요. 예를 참고하세요!)

~ 사랑의 언어 ~

말

| 넌 정말 최고야! |

기호 또는 그림

| ♡ |

~ 반대되는 면 ~

2. 괴롭힘은 사람의 감정을 상하게 하고 기분을 나쁘게 합니다. (괴롭힘이 어떤 것인지 3가지 경우를 써보세요.)

1. _____
2. _____
3. _____

아첨도 부정적인 행동입니다. 아첨을 하는 사람들은 종종 다른 사람의 신뢰를 얻지 못하거나 성숙하지 못하다는 평가를 받습니다.

5-6학년

| 이름 _____ | 날짜 _____ |

3강

 ## 함께하는 시간

☐ 내가 사랑받는다고 느끼게 해준다.
☐ 나는 이 사랑의 언어를 좋아한다.

이번에는 어떤 내용일까요? 누군가에게 최고의 친구가 되는 4가지 기술을 배워 봐요!

1. 함께하는 시간은 _____이다.

2. 함께하는 시간으로 누군가를 사랑하고자 한다면, 사랑을 느끼게 하려는 목적으로 기꺼이 자신의 시간을 써서 그 사람과 함께 있어 주어야 해요. 왼쪽 4개의 상자 안에 선생님이 가르쳐 주신 기술들을 하나씩 써넣으세요. 오른쪽 상자에는 그 기술이 '왜' 중요한지 설명을 써넣으세요.

함께하는 시간의 4가지 기술　　　　　　　이 기술이 중요한 이유를 설명하세요.

1. ▢　➡　1. ▢
2. ▢　➡　2. ▢
3. ▢　➡　3. ▢
4. ▢　➡　4. ▢

~ 토의 ~

3. 다음 질문에 간단히 답해 보세요. "학교생활에서 학생들이 자주 소외되거나 제외된다면, 학교에 어떤 부정적인 영향이 있을까요?" (토의 전, 자신의 의견을 뒷받침해 줄 사례들을 생각해 보세요.)

_____
_____
_____
_____

5-6학년

4강

이름 _____ 날짜 _____

🔔 봉사

☐ 내가 사랑받는다고 느끼게 해준다.
☐ 나는 이 사랑의 언어를 좋아한다.

1. 봉사란 누군가에게 좋은 일을 해주는 것으로, _____
   _____ 을 말합니다.

2. 가족과 학교를 위해 내가 할 수 있는 봉사

가족	학교

3. 내가 다른 사람에게 받았던 봉사를 간략하게 써보세요.

_____

_____

_____

진정으로 고마움을 느낄 수 있는 2가지 방법
(1) 다른 사람이 우리를 위해 하는 일을 인식해야 한다.
(2) 다른 사람을 위해 봉사해야 한다.

5-6학년

이름 _____ 날짜 _____

4-1강
가정 연계 학습

 # 봉사

1. 봉사란 친절한 행동으로 다른 사람을 돕는 것을 말해요. 그 반대는 다른 사람을 괴롭히거나 상처를 입히는 일이 되겠죠. 이는 말로나 감정적으로, 또는 신체적으로도 행해질 수 있어요. 이 부정적인 행동을 '괴롭힘'이라고 불러요.

어떻게 괴롭히는 행동을 멈추게 할까요?

(1) 나는 진지한 목소리로 그 사람에게 _____라고 말할 것이다.

(2) 나는 그 사람에게서 _____ 것이다.

(3) 그 사람이 계속 나를 따라온다면, 진지한 목소리로 _____라고 말할 것이다.

(4) 그래도 계속 따라오거나 괴롭히면, 학교의 _____를 말할 것이다.

우리 학교는 안전을 매우 중요하게 생각합니다!
괴롭힘에 대한 오해와 진실을 알아보아요.

참	거짓	
☐	☐	누가 어떤 사람을 괴롭히는 모습을 본 경우, 나를 괴롭히는 것은 아니므로 무시해야 한다.
☐	☐	악의적인 문자 메시지를 보내는 것은 괴롭히는 행동이 될 수 있다.
☐	☐	누군가가 동네에서 어떤 학생을 괴롭히고 있다면, 이는 학교의 문제는 아니다.
☐	☐	다른 사람을 괴롭히는 사람들은 괴롭히는 대상보다 늘 체격이 크다.

언제든 괴롭힘이나 어떤 위험한 상황이 발생하면 어른에게 신고하세요. 학교라면 선생님 또는 학교에서 일하는 어떤 분이든 상관없어요. 가정이라면 가족, 친척, 또는 그 외 어른 등이 있겠죠.

괴롭힘은 이제 그만! 언제든 신고하세요!

5-6학년

이름 _____ 날짜 _____

4-2강
가정 연계 학습

 # 봉사

1. 봉사란 친절한 행동으로 다른 사람을 돕는 것을 말해요. 그 반대는 다른 사람을 괴롭히거나 상처를 입히는 일이 되겠죠. 이는 말로나 감정적으로, 또는 신체적으로도 행해질 수 있어요. 이 부정적인 행동을 '괴롭힘'이라고 불러요. (아래 글 상자를 이용해 봉사와 괴롭힘의 차이를 비교/대조해 보세요. 두 행동 사이의 차이점을 보여 주는 구체적인 사례를 적으세요. 사이버 괴롭힘도 포함하세요.)

봉사	괴롭힘
예) 누군가가 넘어졌을 때 일어서도록 도와주기	예) 다른 사람 넘어뜨리기

언제든 괴롭힘이나 어떤 위험한 상황이 발생하면 어른에게 신고하세요. 학교라면 선생님 또는 학교에서 일하는 어떤 분이든 상관없어요. 가정이라면 가족, 친척, 또는 그 외 어른 등이 있겠죠.

괴롭힘은 이제 그만! 언제든 신고하세요!

5-6학년

5강

이름 _____ 날짜 _____

🎁 선물

☐ 내가 사랑받는다고 느끼게 해준다.
☐ 나는 이 사랑의 언어를 좋아한다.

1. 지금까지 받아 본 선물 중에 최고의 선물은 무엇이었나요? 그 선물을 쓰고 그것을 받은 이유를 설명해 보세요.
   _____
   _____

2. 선물을 받았는데, 그 선물 자체가 나를 사랑할 수 있나요? 누군가를 사랑한다는 의미에 대해 생각해 보고, 선물 자체가 사랑을 느끼게 하는 것은 아닌 이유를 설명해 보세요.
   _____
   _____

3. 선물이 사랑받는 느낌을 줄 수 있는 3가지 이유는 무엇인가요?

   (1) _____
   (2) _____
   (3) _____

뇌물
가정 연계 학습

뇌물을 주는 것은 좋지 않은 행동이에요. 이것은 자신을 위해 상대방에게 어떤 행동을 요구하거나 자신이 원하는 무언가를 상대방에게서 얻어 내기 위해 선물을 주는 행위를 의미해요. 따라서 선물을 받기 전에는 항상 부모님의 허락을 받아야 해요. 누군가가 선물을 주려고 하는데 허락을 받지 않았다면 다음의 3단계를 따라 행동하세요.

(1) "아뇨, 괜찮아요."라고 말하며 선물을 정중히 거절한다. 부모님이 허락 없이 아무에게서나 선물이나 돈을 받지 말라고 하셨다고 이야기한다.
(2) 부모님에게 어떤 사람이 선물을 주려 했다고 말한다.
(3) 어떤 사람이 차에 탄 채 선물을 주며 차에 타라고 하면, 소리를 지르며 그 자리를 벗어난다. 그리고 주변에 도움을 청한다. 그 사람과 어떤 대화도 하지 말고, 가까이에도 가지 않는다.

5-6학년

이름 _____ 날짜 _____

6강

 **스킨십**

☐ 내가 사랑받는다고 느끼게 해준다.
☐ 나는 이 사랑의 언어를 좋아한다.

1. 더 생각해 보기.
   아기가 건강하게 자라기 위해서는 스킨십이 필요하다고 해요. 그 이유는 무엇일까요? 스킨십이 아기의 건강을 위해 필요하다고 생각되는 가장 적절한 이유가 무엇인지 구체적인 예를 들어 적어 보세요.

   _____
   _____
   _____

2. 다양한 문화와 생활 방식에 대해 생각해 보기.
   사람들이 서로 인사하는 모습이나 좋은 일을 축하해 주는 모습을 본 적이 있나요? 그 방식이 어땠나요? 예를 들어 볼까요? 나는 사람들이 축구를 할 때 골을 넣고서 하이파이브를 하는 모습을 봤어요. 이제 직접 적어 보세요.

   _____
   _____
   _____

3. 집에서 가족들과 하는 스킨십이나 운동 중에 하는 스킨십은 분명 학교에 있을 때와는 많이 달라요. 학교에서 해도 된다고 생각하는 적절하고 안전한 스킨십 유형을 최대한 많이 적어 보세요. 학교 규칙을 살펴보면 답을 적는 데 도움이 될 거예요.

   _____
   _____
   _____

사람마다 스킨십을 받아들이는 정도는 달라요. 스킨십을 좋아하는 사람도 있고, 싫어하는 사람도 있지요. 어떤 사람은 특정한 사람의 스킨십만 좋아하기도 해요. 이렇게 누구나 자신이 원하는 수준의 스킨십을 선택할 권리가 있어요. 우리는 상대방의 사랑의 언어가 스킨십일지라도 그 사람의 사적 영역을 존중해 주어야 해요.

5-6학년

이름 _____ 날짜 _____

6-1강
가정 연계 학습

 ## 스킨십(개인의 안전)

1. 스킨십의 3가지 유형은 무엇인가요? (힌트 : 이 중 한 가지는 '안전하지 않다.')
   (1) _____
   (2) _____
   (3) _____

2. 누군가가 아이에게 위험한 스킨십을 한다면, 그런 사람들은 대개 어떤 사람들일까요?
   (1) _____
   (2) _____
   (3) _____

3. 알거나, 믿거나, 좋아하는 사람이 부적절한 방식으로 스킨십을 했을 때, 아이가 그 사실을 누구에게도 말하지 않는다면, 그 이유에는 어떤 것들이 있을까요?
   (1) _____ (2) _____
   (3) _____ (4) _____
   (5) _____ (6) _____

4. 나쁜 일이 생겼을 때 아이들은 대부분 누구에게 가장 먼저 이야기하나요?
   _____에게 이야기해요. 하지만 _____에게 이야기해야 합니다.

5. 누군가가 나에게 또는 친구에게 부적절하고 위험한 스킨십을 한다면, 언제든 적어도 2명의 어른에게 말해야 해요.
   (1) 우리 _____에 사는 어른
   (2) _____에서 일하는 어른

자신의 안전을 지키기 위해서는 다음과 같이 행동해야 해요.
- 안 좋은 느낌이 드는 누군가와 단둘이 있게 되는 상황을 피하고, 부모님께 그 사람과 같이 있고 싶지 않다고 조용히 말한다.
- 직감에 따른다. 올바른 행동이 아니라고 생각되면 하지 않는다.
- 부적절한 스킨십을 당하면 "하지 마세요."라고 말하고 자신의 경계선을 분명히 제시한다.
- 누군가의 스킨십이 적절한 스킨십이라고 확신하지 못할 때는 부모님에게 묻거나 학교 교직원에게 말한다.

이런 일은 쉽게 일어나지는 않는다는 점을 기억하세요. 그러니 어떤 사람도, 어떤 상황도 두려워하지 마세요. 이 수업으로 우리는 더욱 지혜롭고 안전해질 거예요.

5-6학년

7강

이름 _____ 날짜 _____

사랑의 언어 선택하기
(검사지)

왼쪽 칸에 나온 내용이 사랑받는다고 느껴지게 하는 것이라면, 그 줄에 있는 X 표시에 동그라미를 치세요.

	인정하는 말	함께하는 시간	봉사	선물	스킨십
안아 주기					X
넌 참 훌륭해.	X				
너 주려고 이거 샀어.				X	
네 일을 내가 대신 했어.			X		
방과 후에 같이 놀래?		X			
너 주려고 이거 만들었어.				X	
너 오늘 대단했어.	X				
하이파이브					X
내가 너의 방을 청소해 줄게.			X		
영화 보러 가자.		X			
등 쓰다듬어 주기					X
내가 도와줄게.			X		
생일 선물을 준비했어.				X	
그거 정말 멋지다.	X				
우리 집에 갈래?		X			
잘했어.	X				
네가 이거 모으는 거 알고 내가 하나 샀어.				X	
쉬는 시간에 함께 놀자.		X			
내가 네 짐을 들어 줄게.			X		
주먹 부딪치기					X
동그라미를 친 X 총계	( )	( )	( )	( )	( )

5-6학년

이름 _____   날짜 _____
사랑의 언어 _____   강 _____

메모 및 적용 일지

요약/메모: 수업 내용을 모두 적는 것이 아닙니다. 메모는 단순하게 내가 의미를 알 수 있을 정도로만 적으면 돼요. 메모는 요점을 기억할 수 있게 도와주는 방법이에요. 오늘 수업 내용을 잘 기억할 수 있게 아래의 빈 공간에 의미 있는 단어나 기호를 써보세요.

적용: 적용은 중요해요. 배운 것을 생활 속에서 실제로 생각하고 있다는 의미이기 때문이죠. 다음 물음에 답해 보세요. 오늘 배운 내용을 어떻게 적용할 것인가? 배운 내용을 생활에서 적용하기 위해 스스로 설정한 목표는 무엇인가? 목표 달성을 어떻게 알 수 있는가?

_____
_____
_____
_____
_____
_____

3–6학년

사명선언문

너희가 흠이 없고 순전하여……세상에서 그들 가운데 빛들로
나타내며 생명의 말씀을 밝혀 _ 빌 2:15-16

1. 생명을 담겠습니다
만드는 책에 주님 주신 생명을 담겠습니다.
그 책으로 복음을 선포하겠습니다.

2. 말씀을 밝히겠습니다
생명의 근본은 말씀입니다.
말씀을 밝혀 성도와 교회의 성장을 돕겠습니다.

3. 빛이 되겠습니다
시대와 영혼의 어두움을 밝혀 주님 앞으로 이끄는
빛이 되는 책을 만들겠습니다.

4. 순전히 행하겠습니다
책을 만들고 전하는 일과 경영하는 일에 부끄러움이 없는
정직함으로 행하겠습니다.

5. 끝까지 전파하겠습니다
모든 사람에게, 땅 끝까지, 주님 오시는 그날까지
복음을 전하는 사명을 다하겠습니다.

서점 안내

광화문점 서울시 종로구 새문안로 69 구세군회관 1층
02)737-2288(T) 02)737-4623(F)

강남점 서울시 서초구 신반포로 177 반포쇼핑타운 3동 2층
02)595-1211(T) 02)595-3549(F)

구로점 서울시 구로구 시흥대로 577 3층
02)858-8744(T) 02)838-0653(F)

노원점 서울시 노원구 동일로 1366 삼봉빌딩 지하 1층
02)938-7979(T) 02)3391-6169(F)

분당점 경기도 성남시 분당구 황새울로 315 대현빌딩 3층
031)707-5566(T) 031)707-4999(F)

신촌점 서울시 마포구 서강로 144 동인빌딩 8층
02)702-1411(T) 02)702-1131(F)

일산점 경기도 고양시 일산서구 중앙로 1391 레이크타운 지하 1층
031)916-8787(T) 031)916-8788(F)

의정부점 경기도 의정부시 청사로47번길 12 성산타워 3층
031)845-0600(T) 031) 852-6930(F)

인터넷서점 www.lifebook.co.kr